中国非洲研究院文库·学术译丛

卢旺达转型

重建之路的挑战

Transforming Rwanda

Challenges on the Road to Reconstruction

［卢旺达］让－保罗·基莫尼奥
（Jean-Paul Kimonyo） /著

黄立波 /等译

中国社会科学出版社

图字：01 - 2023 - 2819 号

图书在版编目（CIP）数据

卢旺达转型：重建之路的挑战／（卢旺达）让 - 保罗·基莫尼奥著；黄立波
等译. —北京：中国社会科学出版社，2023.6
（中国非洲研究院文库. 学术译丛）
书名原文：Transforming Rwanda：Challenges on the Road to Reconstruction
ISBN 978 - 7 - 5227 - 1640 - 4

Ⅰ. ①卢… Ⅱ. ①让…②黄… Ⅲ. ①卢旺达—研究 Ⅳ. ①D742.7

中国国家版本馆 CIP 数据核字（2023）第 050797 号

出 版 人	赵剑英	
责任编辑	赵 丽	朱亚琪
责任校对	闫 萃	
责任印制	王 超	

出 版	中国社会科学出版社
社 址	北京鼓楼西大街甲 158 号
邮 编	100720
网 址	http://www.csspw.cn
发 行 部	010 - 84083685
门 市 部	010 - 84029450
经 销	新华书店及其他书店

印刷装订	三河市华骏印务包装有限公司
版 次	2023 年 6 月第 1 版
印 次	2023 年 6 月第 1 次印刷

开 本	710×1000 1/16
印 张	18.5
插 页	2
字 数	326 千字
定 价	99.00 元

凡购买中国社会科学出版社图书，如有质量问题请与本社营销中心联系调换
电话：010 - 84083683

充分发挥智库作用　助力中非友好合作

——"中国非洲研究院文库"总序言

当今世界正面临百年未有之大变局。世界多极化、经济全球化、社会信息化、文化多样化深入发展，和平、发展、合作、共赢成为人类社会共同的诉求，构建人类命运共同体成为各国人民的共同愿望。与此同时，大国博弈加剧，地区冲突不断，恐怖主义难除，发展失衡严重，气候变化问题凸显，单边主义和贸易保护主义抬头，人类面临诸多共同挑战。中国是世界上最大的发展中国家，是人类和平与发展事业的建设者、贡献者和维护者。2017 年 10 月中国共产党第十九次全国代表大会胜利召开，引领中国发展踏上新的伟大征程。在习近平新时代中国特色社会主义思想指引下，中国人民已经实现了第一个百年奋斗目标，正在意气风发地向着全面建成社会主义现代化强国的第二个百年奋斗目标迈进，同时继续努力为人类作出新的更大贡献。

非洲是发展中国家最集中的大陆，是维护世界和平、促进全球发展的重要力量之一。近年来，非洲在自主可持续发展、联合自强道路上取得了可喜进展，从西方眼中"没有希望的大陆"变成了"充满希望的大陆"，成为"奔跑的雄狮"。非洲各国正在积极探索适合自身国情的发展道路，非洲人民正在为实现《2063 年议程》与和平繁荣的"非洲梦"而努力奋斗。

中国与非洲传统友谊源远流长，中非历来是命运共同体。中国高度重视发展中非关系，2013 年 3 月习近平担任国家主席后首次出访就选择了非洲；2018 年 7 月习近平连任国家主席后首次出访仍然选择了非洲；6 年间，习近平主席先后 4 次踏上非洲大陆，访问坦桑尼亚、南非、塞内加尔等 8 国，向世界表明中国对中非传统友谊倍加珍惜，对非洲和中非关系高度重视。在 2018 年中非合作论坛北京峰会上，习近平主席指出："中非早已结成休戚与共的命运共同体。我们愿同非洲人民心往一处想、劲往一处使，共筑更加紧密的中非命运共同体，为推动构建人类命运共同体树立典范。"在 2021 年中非合作论坛第八届部长级会议上，习近平主席首次提出了"中非友好合作精神"，即"真诚友好、平等相待，互利共赢、共同发展，主持公道、捍卫正义，顺应时势、开放包容"。这是对中非友好合作丰富内涵的高度概括，是中非双方在争取民族独立和国家解放的历史进程中积累的宝贵财富，是中非双方在发展振兴和团结协作的伟大征程上形成的重要风范，体现了友好、平等、共赢、正义的鲜明特征，是新型国际关系的时代标杆。

随着中非合作蓬勃发展，国际社会对中非关系的关注度不断提高，出于对中国在非洲影响力不断上升的担忧，西方国家不时泛起一些肆意抹黑、诋毁中非关系的奇谈怪论，诸如"新殖民主义论""资源争夺论""中国债务陷阱论"等，给中非关系发展带来一定程度的干扰。在此背景下，学术界加强对非洲和中非关系的研究，及时推出相关研究成果，提升中非国际话语权，展示中非务实合作的丰硕成果，客观积极地反映中非关系良好发展的局面，向世界发出中国声音，显得日益紧迫和重要。

以习近平新时代中国特色社会主义思想为指导，中国社会科学院努力建设马克思主义理论阵地，发挥为党和国家决策服务的思想库作用，努力为构建中国特色哲学社会科学学科体系、学术体系、话语体系作出新的更大贡献，不断增强我国哲学社会科学的国际影响力。中国社会科学院西亚非洲研究所是遵照毛泽东主席指示成立的区域性研究机构，长期致力于非洲问题和中非关系研究，基础研究和应用研究并重。

以西亚非洲研究所为主体于 2019 年 4 月成立的中国非洲研究院，是习近平主席在中非合作论坛北京峰会上宣布的加强中非人文交流行动的重要举措。自西亚非洲研究所及至中国非洲研究院成立以来，出版和发表了大量论文、专著和研究报告，为国家决策部门提供了大量咨询报告，在国内外的影响力不断扩大。按照习近平主席致中国非洲研究院成立贺信精神，中国非洲研究院的宗旨是：汇聚中非学术智库资源，深化中非文明互鉴，加强治国理政和发展经验交流，为中非和中非同其他各方的合作集思广益、建言献策，为中非携手推进"一带一路"合作、共同建设面向未来的中非全面战略合作伙伴关系、构筑更加紧密的中非命运共同体提供智力支持和人才支撑。中国非洲研究院有四大功能：一是发挥交流平台作用，密切中非学术交往。办好"非洲讲坛""中国讲坛""大使讲坛"，创办"中非文明对话大会""非洲留学生论坛""中国非洲研究年会"，运行好"中非治国理政交流机制""中非可持续发展交流机制""中非共建'一带一路'交流机制"。二是发挥研究基地作用，聚焦共建"一带一路"。开展中非合作研究，对中非共同关注的重大问题和热点问题进行跟踪研究，定期发布研究课题及其成果。三是发挥人才高地作用，培养高端专业人才。开展学历学位教育，实施中非学者互访项目，扶持青年学者和培养高端专业人才。四是发挥传播窗口作用，讲好中非友好故事。办好中国非洲研究院微信公众号，办好中英文中国非洲研究院网站，创办多语种《中国非洲学刊》。

为贯彻落实习近平主席的贺信精神，更好汇聚中非学术智库资源，团结非洲学者，引领中国非洲研究队伍提高学术水平和创新能力，推动相关非洲学科融合发展，推出精品力作，同时重视加强学术道德建设，中国非洲研究院面向全国非洲研究学界，坚持立足中国，放眼世界，特设"中国非洲研究院文库"。"中国非洲研究院文库"坚持精品导向，由相关部门领导与专家学者组成的编辑委员会遴选非洲研究及中非关系研究的相关成果，并统一组织出版。文库下设五大系列丛书："学术著作"系列重在推动学科建设和学科发展，反映非洲发展问题、发展道路及中非合作等某一学科领域的系统性专题研究或国别研究成果；"学术译丛"系列主要把非洲学者以及其他方学者有关非洲问题研究的学术著作翻译成中文出版，特别注重全面反映非洲本土学者的学术水平、学术观点和对自身发展问题的见识；"智库报告"系列以中非关系为研究主线，中非各领域合作、国别双边关系及中国与其他国际角色在非洲的互动关系为支撑，客观、准确、翔实地反映中非合作的现状，为新时代中非关系顺利发展提供对策建议；"研究论丛"系列基于国际格局新变化、中国特色社会主义进入新时代，集结中国专家学者研究非洲政治、经济、安全、社会发展等方面的重大问题和非洲国际关系的创新性学术论文，具有基础性、系统性和标志性研究成果的特点；"年鉴"系列是连续出版的资料性文献，分中英文两种版本，设有"重要文献""热点聚焦""专题特稿""研究综述""新书选介""学刊简介""学术机构""学术动态""数据统计""年度大事"等栏目，系统汇集每年度非洲研究的新观点、新动态、新成果。

　　期待中国的非洲研究和非洲的中国研究在中国非洲研究院成立新的历史起点上，凝聚国内研究力量，联合非洲各国专家学者，开拓进取，勇于创新，不断推进我国的非洲研究和非洲的中国研究以及中非关系研究，从而更好地服务于中非共建"一带一路"，助力新时代中非友好合作全面深入发展，推动构建更加紧密的中非命运共同体。

中国非洲研究院

献给我的朋友萨夫瑞和卡利萨

听不见音乐的人，
认为跳舞的人疯了。

——弗里德里希·尼采

目　录

绪论　卢旺达转型

自1990年首个《联合国人类发展报告》发布以来，卢旺达始终位居全世界居民生活水平提高最快的国家之列[1]。卢旺达时有"经济奇迹"之称。[2] 尽管如此，同样自1990年起，这个国家开始饱受内战和种族大屠杀的摧残。在这场由胡图族广泛参与的种族大屠杀中，近十分之一的卢旺达人口惨遭屠戮，其中，图西族四分之三的人口被灭绝。[3]

1994年，在卢旺达正值四分五裂的同时，其社会经济发展方面却呈现出一派生机盎然的景象，反差如此之大，使得近年来人们眼中卢旺达的绘景更加五花八门、扑朔迷离。

2012年2月，国际组织公布和确认的官方数据表明，五年内，近

---

[1] United Nations Development Programme, 2015 Human Development Report-Rethinking Work for Human Development, UNDP, New York, 2015.

[2] Katrina Manson, "Kagame Seeks Lasting Economic Miracle for Rwanda", *Financial Times*, London, 24 April 2015.

[3] 据人权观察组织估计，被杀害的图西族人数达507000人，按照此数据，占生活在卢旺达图西族人口总数的77%。Alison Des Forges, *Leave None to Tell the Story*: *Genocide in Rwanda*, Human Rights Watch, New York and Brussels, Paris, 1999, p. 15；据杰拉德·普鲁尼尔估计，图西族的死亡人数为80万人，幸存者人数为130000人，被杀害的胡图斯反对派人数在10000人至30000人。Gérard Prunier, *The Rwanda Crisis*, *History of a Genocide*, Columbia University Press, New York, 1997, p. 261 and p. 265. 卢旺达地方行政和社会事务部公布了受害者普查结果：共计1074017名受害者宣告死亡，统计在数的为934218人，卢旺达共和国地方行政和社会事务部规划署，《死亡人数》，基加利，2001年3月。另请参阅 Jean-Paul Kimonyo, *Rwanda's Popular Genocide*: *A Perfect Storm*, *Boulder*, Lynne Rienner Publishers, 2008.

100 万（卢旺达）人走出贫困。[①] 卢旺达常被奉为发展中国家的楷模，体现在经济发展、医疗保健、有效治理、强化女性在社会中所发挥的作用等方方面面。卢旺达国内局势稳定、社会经济发展迅速，但这些并未对西方主流学术观点和媒体报道产生丝毫影响。美国和欧洲多所顶尖大学的专业人士将卢旺达描绘成一幅近乎末日般的景象：社会政治衰退、贫穷蔓延、不平等现象日益加剧。[②] 这与当前广为接受的观点南辕北辙。这个稳定但不具任何传统战略意义的非洲小国开始"备受瞩目"，[③]《纽约时报》观点与社论专栏多有报道，但往往负面之词居多。[④] 一些分析人士开始拿警惕的目光审视日渐受到推崇的"卢旺达楷模"，他们提醒世人，建立在社会经济有效性和政治压迫之上的新兴"基加利共识"不过是一个个空头承诺。[⑤]

上述批评带有敌意和偏见，使得人们无法真正地认识卢旺达的重建过程。

然而，不乏一些学术研究（大多是一些出自英国的大学和智囊团）站在新自由主义规范学说的立场上，将目光更多地投向政府发展举措及其对民众产生的影响，以及这些举措自身的合法性问题。[⑥] 人

---

① Republic of Rwanda, National Institute of Statistics of Rwanda, EDPRS 2, EICV 3, DHS 4, Joint Launch, February 2012; World Bank, "Rwanda Economic Update, Maintaining Momentum-with a special focus on Rwanda's pathway out of poverty", Washington, D. C., Fourth edition, May 2013.

② Scott Straus and Lars Waldorf (eds.), *Remaking Rwanda: State Building and Human Rights After Mass Violence*, Madison, University of Wisconsin Press, 2011.

③ 指引起人们极大兴趣的一项有争议的事业。

④ The Editorial Board, "Rwanda's Entrenched President", *New York Times*, 11 January 2016; P. A., "Rwanda's Leader Must Step Down", *New York Times*, 17 December 2015. Stephen W. Smith, "War Crimes and Rwandans Realities", *New York Times*, 19 July 2015.

⑤ Jeffrey Herbst and Greg Mills, "The Kigali consensus is a mirage", *The World Today*, Vol. 70, No. 3, June 2014.

⑥ Maddalena Campioni and Patrick Noack (eds.), *Rwanda Fast Forward: Social, Economic, Military and Reconciliation Prospects*, London, Palgrave Macmillan, 2012; Special issue, "Rwanda under the RPF: Assessing twenty years of post-conflict governance", *Journal of Eastern African Studies*, Taylor & Francis Online, Vol. 8, No. 2, 2014; David Booth and Fred Golooba-Mutebi, "Developmental patrimonialism? The case of Rwanda", *African Affairs*, Oxford, Oxford University Press, 111 (444), 2012, pp. 379 – 403.

们可能会提出这样一个问题：卢旺达在社会生活方方面面所取得的成绩是否并非得益于其有效的治理和政府的统筹政策。评估种族大屠杀后卢旺达发展进程的关键，在于其政治合法性问题。为此，有必要区分国内和国外两种合法化标准。同时，区分两种合法性：一种是源自卢旺达人自身生活经历的价值观和规范，另一种是基于自由主义规则的合法性。

以提供政治解决方案著称的专家穆斯塔格·汗给出了他对这个问题的看法：

> 在大多数发展中国家，如果一个精英大众联盟能够经受得住来自外围精英或本联盟内部的重大影响而维持自身权力地位的话，那么，该联盟称得上一个"合法"的执政联盟。这显然不应被理解为反对民主的观点，而应被理解为反对指望民主解决其所不能解决的问题的一种论据。[1]

国际局势风云变幻，政治上不堪一击的国家要将实现解放提上议程，难免困难重重，因此，解读那些在激烈的国内冲突中挣扎求生的贫穷社会时，应采取一种更加细致入微的方法。伊拉克遭受灾难，"阿拉伯之春"宣告失败，非洲乃至世界范围内巩固民主的举措举步维艰，再加上成熟的西方民主主义国家核心层对自由主义议程充满质疑，皆是例证。[2]

一些人认为，卢旺达代表了一种寻求社会经济快速转型的发展状态。[3]

---

[1] Mushtaq H. Khan，"Growth-enhancing Institutions and Governance Capabilities in Fragile Situations"，World Bank Headline Seminar：Promoting Inclusive Growth and Employment in Fragile Situations，2010，p. 3.

[2] *The Economist*，"What's gone wrong with democracy"，1 March 2014；Thomas Carothers and Oren Samet-Marram，"The new global marketplace of political change"，Carnegie Endowment for International Peace，March 2015.

[3] "卢旺达是发展中国家还是捐助者的宠儿?"研讨会，德国发展研究所，波恩，2016年10月6日至7日。

通常情况下，尽管这样的社会主要得益于发展迅速而获得政治合法性，但追溯历史，可能其并未遵循自由民主准则。①

渴望民主自由是千千万万卢旺达人和全世界人民的共同心愿。这种对自由主义价值观的渴望无可非议，然而，问题在于，在贫穷和社会政治分化的情况下，自由主义价值观将有碍于补救性社会经济改革的正常实施，同时容易带来广泛的暴力。② 考虑到卢旺达的历史经验，我们有理由提出另一个问题：卢旺达对自由理想的坚持是否遵循了不同的模式和优先次序。

本书的第一个目标，是将卢旺达置于其漫长的历史语境中，理解并解读种族大屠杀之后卢旺达的重建过程。第二个相关目标，是客观看待卢旺达社会转型所取得的进展，是否如其引领者所言，卢旺达由此可能摆脱政治暴力、贫穷和对外依赖。

为此，有必要确立一些标准，用以表明转变何时发生，或至少哪些步骤引发了这一转变。笔者参照的一项研究，将收入阈值视为政治转型即迈向更稳定、更和平的政治体制的一个条件。该研究涉及竞争性选举民主，确切而言，更让我感兴趣的研究结果是，某一特定社会能够通过或对抗或达成一致的竞争选举维持其和平的政治局势。这里，收入阈值充当了判断社会和政治影响的间接有效标准。

上述颇具影响力的研究聚焦经济发展和民主之间的关系。研究者亚当·普热沃斯基和费尔南多·利蒙吉指出，统计数据和历史证据表明，从独裁转型到民主，不能从发展水平或其他结构性条件来推断；相反，民主确立，与行为者及其战略存在更密切的关系，或者说，与外部压力等其他因素有关。随着20世纪70年代中期民主在一些意想不到的地方萌发，有人开始质疑，将民主与财富相联系的现代主义观

---

① Adrian Leftwich, *States of Development：On the Primacy of Politics in Development*, Cambridge, Polity Press, 2000.

② Paul Collier, *Wars, Guns and Votes：Democracy in Dangerous Places*, London, Vintage Books, 2010；Edward D. Mansfield and Jack Snyder, *Electing to Fight：Why Emerging Democracies Go To War*, Cambridge, MIT Press, 2004.

点是否恰当。针对上述误解，该研究予以澄清，这也成为该研究最重要的一个贡献。普热沃斯基和利蒙吉强调，在民主建设过程中，起作用的是机构，而非结构。相比之下，民主一旦得以建立，其存续下去的概率在很大程度上取决于人均收入水平。在人均收入少于 1000 美元的极贫穷国家，独裁政权会极有规律地一个个接踵而至。人均收入在 1000 美元到 4000 美元的国家，独裁政权不再固若金汤。而在人均收入超过 4000 美元的国家，民主政体一旦建立，几乎不可撼动。① 保罗·科利尔在对政治暴力和民主之间的关系做统计分析后发现，民主政体可有效降低中高收入国家发生政治暴力的风险，但会使低收入国家的社会变得更加危险。他将收入阈值设为人均年收入 2700 美元左右。科利尔表示，在最不发达的国家实行民主，不仅会提高暴力风险，而且难以保障合法性或问责制。②

收入水平并非和平的政治驱动力唯一决定性因素，经济停滞、衰退或萎缩也是造成社会政治不稳定甚至动荡的重要因素。即便在富裕社会也是如此。③ 收入水平与维持和平的政治驱动力之间存在着某种联系。这种联系基于这样一个事实：国家富裕，财富可通过多种方式缓和激烈的分配冲突。对较贫穷的社会阶层而言，较高收入水平的经济发展会带来更高程度的经济安全、更持续的时间观念以及更复杂的渐进主义者的政治眼光。④ 生活水平提高后，这些阶层不易受到极端主义意识形态的影响。而随着庞大的中产阶级崛起，他们往往会支持温和的政治力量，反对极端主义者，因而起到了中和的政治作用。高度的有机发展使得中产阶级不再那么热衷于权力角逐。在这类社会结

---

① Adam Przeworski and Fernando Limongi, "Modernization: Theories and Facts", *World Politics*, Vol. 49, No. 2, pp. 155–183. 美元指 1985 年美国美元。

② Paul Collier, *Wars, Guns & Votes: Democracy in Dangerous Places*, London: Vintage Books, 2010.

③ Paul Collier, *The Bottom Billion: Why the Poorest Countries are Failing and What Can Be Done About It*, Oxford: Oxford University Press, 2008.

④ Seymour Martin Lipset, "Some Social Requisites of Democracy: Economic Development and Political Legitimacy", *American Political Science Review*, Vol. 53, No. 1 (Mar 1959), p. 83.

构形态中，政府的权力较小，不足以主宰最具权力群体的人生机遇，此外，国家富裕足以提供一个平稳的社会财富再分配机制。最后，社会财富多寡会影响该社会的精英分子会在多大程度上吸纳普遍主义者、精英主义者的规范。一个国家越贫穷，越会强调亲朋好友编织的裙带关系网。①

后殖民时期的卢旺达冲突不断，最终导致种族大屠杀爆发。这些冲突的产生，必定与该国所经历的已然加剧的分配冲突有关，政治变革由此演变成一场危险的零和博弈。无论是第一共和国还是第二共和国，这些演变都可被解读为一个持续的政治或社会排他过程，首先是依据种族，然后依据区域性和家族。随着越来越多的人被排除在外，灾难性的后果接踵而至。尽管这种不平等化的水平不高，其存在却是个不争的事实。当然，同样的分配张力将继续对种族大屠杀之后的状态产生影响。

因此，真正的政治和社会改革应当不仅仅凭借更好的资源分配缓和分配冲突，更应当通过创造更多的财富从根本上解决这一问题。基于普热沃斯基和利蒙吉的研究结果，能够引发政治竞争发生质变的第一个收入水平，大体上可以说，是从低收入国家到中低收入国家的转变。2018 年，世界银行将低收入经济体界定为人均 GNI 低于 995 美元。将高收入国家排除在外，对于非洲次撒哈拉地区来说，该水平适中；2017 年，该标准提升至 1452 美元。卢旺达的起点较低，与这一标准仍相距甚远，但是正稳步接近这一标准；卢旺达的人均 GNI 从 2005 年的 270 美元上升至 2017 年的 720 美元。从历史上看，该收入较种族大屠杀之前的最高水平翻了一番。②

重视资源及其分配，并不意味着代表权和政治身份问题便不再重要。代表权和政治身份问题在卢旺达意识形态发展中具有独立的、强

---

① Seymour Martin Lipset, "Some Social Requisites of Democracy: Economic Development and Political Legitimacy", *American Political Science Review*, Vol. 53, No. 1 (Mar 1959), pp. 83 - 84.

② 1983 年人均国民总收入为 428 美元，2005 年为 426 美元，2017 年为 747 美元，世界银行，WDI，2017 年。

有力的生命，但其仍是导致政治冲突的次要因素。① 不管卢旺达的国家秩序采取何种形式，鉴于其历史上的贫穷水平（20 世纪 80 年代末，卢旺达是世界上最贫穷的国家）②，要实现其长期的稳定与和平是不可能的。卢旺达有过两段政治解放的插曲（1957—1936，1991—1994），但均以大屠杀收场，这表明，激烈的政治斗争无异于雪上加霜。当然，这并不意味着现在和未来将被囚禁于过去的囚笼中。

本书对种族大屠杀后卢旺达重建进程的分析得益于分析型折中主义方法的启发。该方法主张"聚焦能够更为贴切地反映'现实世界'行动者所处困境之混乱性和复杂性的那些问题"③。通过分析卢旺达人民（无论是统治阶层还是被统治阶层）所面临的挑战及其抉择，同时采用实用主义和国内理解方法，本书旨在解释重建事件走过的种种历程。本书的一大目标，是通过展示卢旺达爱国阵线（RPF）的内部文件，再现卢旺达爱国阵线发展历程的敏感时期，以此打开 RPF 的"黑匣子"，尤其是种族大屠杀结束后的转型期末期，以及变化开始萌芽的关键阶段，这是本书的重点。以此为切入点，再探讨重建过程中的一系列事件，甚至勾勒出整个重建过程的轨迹。

本书采用跨学科的方法，涵盖安全、政治、经济、社会文化等诸多议题。通过考察卢旺达的核心权力组织——卢旺达爱国阵线的活动轨迹，探讨卢旺达的重建过程。本书聚焦该组织的历史及演变历程，以该组织在次区域和世界其他地区点燃星星之火为起点，一直到卢旺达成为当今国际社会关注的对象为止。

全书除绪论外分三部分。第一部分回顾历史，追溯卢旺达冲突的

① Crawford Young, "Nationalism, Ethnicity, and Class in Africa: A Retrospective", *Cahiers d'étudesafricaines*, 26, No. 103 (1986): 421 – 495; Paul Collier, *The Bottom Billion: Why the Poorest Countries are Failing and What Can Be Done About It*, Oxford: Oxford University Press, 2008.

② Michael Porter and Michael McCreless, "Rwanda: National Economic Transformation", Harvard Business School, February 2011.

③ Rudra Sil and Peter J. Katzenstein, "What is analytic eclecticism and why do we need it? A Pragmatist Perspective on Problems and Mechanisms in the Study of World Politics", Washington, D. C., Annual Meeting of the American Political Science Association, September 2005.

起源和转型动因。前两章首先从孕育未来变化萌芽的流亡时期讲起，回顾20世纪80年代中期身处次区域收容国难民的历史及困境，提出重返卢旺达并非当时摆脱困境的可行之策。第三章将视线转移至卢旺达国内局势的演变。20世纪80年代末，即独立30年后，卢旺达再度陷入了政治和社会腐败中，饥荒蔓延，国内局势动荡不安。第四章讲的是随着难民区RPF崛起并为重返卢旺达而战，国内外局势交织碰撞。

第二部分首先介绍种族大屠杀结束后1994年7月卢旺达的局势，当时的卢旺达被划分为三大区域，预示着战争还将继续下去。本部分还将讲到国际社会的反应。此外，在关闭国内外难民营和平定卢旺达西北部暴乱之后，卢旺达再次实现了统一。后来，由于推行新世袭制，加上腐败在某些领导人之间蔓延，原来的临时联合政府被迫解体，新政府取而代之。由此带来的挫败感导致部分革命阵线干部开始反抗，他们呼吁在本政党和政府中推行大刀阔斧的改革。本部分最后讨论卢旺达摆脱危机、实现大规模改革的种种举措，继而讨论作为改革领头羊的未来总统保罗·卡加梅取得政治优势的各种条件。

第三部分也是最后一部分，关注2000年保罗·卡加梅当选卢旺达共和国总统之后组织重建工作的各个阶段。本部分将介绍紧锣密鼓的体制发展，也就是服务于普遍利益、有利于新经济、社会政策实施的治理努力。还将介绍加查查（卢旺达语Gacaca）社区法庭的设立过程，以及种族大屠杀幸存者在余波中所遭受的迫害和政府在镇压暴行中所采取的行动。此外，本部分还将讨论，2010年，在政治局势紧张且争议不断的情况下，卡加梅总统在广泛而热烈的支持下连任卢旺达总统。本书最后几章讨论的是，时隔多年，卢旺达人民如何评价他们当时获得的政治和社会支持。此外，随着卢旺达的公共事务步入正轨，新的挑战应运而生。

第一部分

先行者

第一章　转变的根源

　　1986 年 7 月 26 日，哈比亚里马纳政府签署了名为"MRND 中央委员会对卢旺达难民问题的立场"① 这一政治文件，由于这一错误举措，该政府数年后垮台。全国革命发展运动（MRND）以卢旺达人口过多为由，否决了难民拥有集体返回权。文件表示，只考虑接纳那些回国后能够自给自足的个别人的申请。MRND 中央委员会对"卢旺达难民问题"持"人道主义"立场，支持难民在避难国永久定居，并敦促他们申请加入该国国籍。上述对集体返回权的官方公开否决，在政治难民群体之间引发了极大震动。由此吹响了复兴政治意识的号角，且呼声越来越高。哈比亚里马纳政府在经过长久沉默后明确公布了上述立场，在一定程度上重启了与图西族流亡者之间的对话；但其所面向的人群主要是在流亡中出生或成长的第二代难民，因为他们融入主要庇护国本土社会的前景渺茫。

　　哈比亚里马纳政府选择在特定时间公开宣布对难民的立场，并非一时兴起。20 世纪 80 年代早期，难民群体内部就发起了广泛的文化和政治动员运动，但很快便遭到基加利政府镇压。由诺韦里·穆塞韦尼领导的有数千名卢旺达人参与的全国抵抗运动（NRM）取得了胜利（比 MRND 发布政策文件早了六个月），这对哈比亚里马纳政权来说，并不是什么好兆头。在一些旁观者看来，难民群体活动蠢蠢欲

---

　　① 卢旺达共和国，MRND，"Position du comité central du MRND face au problème des réfugiés rwandais"，1986 年 7 月 26 日。

动，成千上万的武装卢旺达难民进入坎帕拉，加上国内事态的发展，似乎预示着了巨大的变化正蓄势待发。[1] 无论如何，这场声势浩大的变革，将深刻改写非洲大湖区的历史。

有必要明确的是，以卢旺达爱国阵线（RPF）为中央驱动力的变化起源，对于任何理解和评估卢旺达爱国阵线发展轨迹的研究来说，都至关重要。许多学者论述过 RPF 的起源，最详尽的研究出自密切接触过该运动的三位作者。但他们所关注的是该运动的内部历史，而非运动发起的外部环境。[2] 还有些学者将 RPF 起源追溯至 20 世纪 80 年代后期身处乌干达的卢旺达难民及其在乌干达全国抵抗军（NRA）中所遭受的挫折。然而，这些学者忽略了一点，那就是，20 世纪 80 年代初期，在所有卢旺达难民共同面对的政治危机和安全危机之下，所折射出的更为广泛的历史、文化和社会背景。[3] 马哈茂德·马丹尼认为，RPF 本质上是穆塞韦尼领导的 NRM 内部遭遇的第一次严重政治危机转嫁到卢旺达的产物。NRM 面临如何安置 4000 名卢旺达籍战士的问题，毕竟他们对穆塞韦尼取得的军事胜利做出了巨大贡献。[4] 还有些学者将 RPF 追溯至一组武装图西族难民，他们在乌干达取得胜利之后渴望权力，同时倍感沮丧。因此，他们决定通过武力占领卢旺达，然而这一激进行动导致了乌干达国内的图西族人惨遭屠戮。[5]

上述这些研究尝试从民族群体领导下异国军队的角度出发，解释卢旺达难民重返卢旺达的原因。如果 RPF 要想击溃卢旺达军队，尚

---

① 达喀尔大学，1987 年夏，笔者邀请卢旺达难民于 1995 年 8 月 15 日在基加利的米勒科林斯酒店见面。

② Paul Rutayisire, Privat Rutazibwa, and Augustin Gatera, *RWANDA: La Renaissance d'une Nation*, Butare, Éditions de l'Université du Rwanda, 2012.

③ Gérard Prunier, "Éléments pour unehistoire du Front patriotiquerwandais", *Politique africaine*, No. 51, October 1993, pp. 121 – 138.

④ Mahmood Mamdani, *When Victims Become Killers: Colonialism, Nativism, and the Genocide in Rwanda*, Princeton, Princeton University Press, 2001, p. 17.

⑤ André Guichaoua, *From War to Genocide: Criminal Politics in Rwanda, 1990 – 1994*, Madison, University of Wisconsin Press, 2015; Alan J. Kuperman "Provoking genocide: A revised history of the Rwandan Patriotic Front", *Journal of Genocide Research*, Vol. 6, No. 1, 2004, pp. 61 – 84.

需要广泛的政治和人力资源。事实上，RPF 得到了中等世界强国法国的支持。然而，上述这些研究并未考虑这一事实。此外，无论采用何种评估标准，单就种族灭绝后的重建规模而言，这些解释显然前后矛盾。除非基于这样一种看法：种族大屠杀爆发后，为了应对这种情况，卢旺达爱国阵线运动性质发生了彻底改变，卢旺达由此得以重建。① 这种看法虽然常见，但却是错误的。

以下研究考察 RPF 产生的背景。研究表明，RPF 面对惨绝人寰的种族大屠杀何去何从，由其在四十多年的运动中得以形成的政治身份所决定。这场运动是一段反殖民斗争的失败史，充满了大规模的种族暴力、流亡创伤以及长达三十五年压抑的难民生活。

卢旺达民族身份的文化维度

1959 年革命（这些难民后来被称为 1959 年难民）之后，难民们在各种各样的艰苦条件下度过了 35 年的流亡生活，然而，即便在重返卢旺达之前，他们始终感受到一股在强烈民族情感支配下的中心文化主旋律。

1986 年 10 月 5 日，在卢旺达国立大学鲁亨格里分校，历史系主任伊曼纽尔·恩特齐马纳在开学典礼上做了一篇题为"民族历史、文化和意识：从起源到 1900 年的卢旺达"的演讲。② 这篇演讲表明，文化身份在 1959 难民重返卢旺达运动中发挥着重要作用。

恩特齐马纳梳理了卢旺达民族意识的历时发展过程。他指出，语言和文化先于卢旺达民族意识出现，构成了其最具韧性的底层。他区分了非政治的文化底蕴和扎根于政治历史的民族意识，前者为自 17

---

① Benjamin Chemouni, "Explaining the design of the Rwandan decentralization: Elite vulnerability and the territorial repartition of power", *Journal of Eastern African Studies*, 8, No. 2, March 2014, pp. 462 – 497.

② Emanuel Ntezimana, "Histoire, culture et conscience nationale : le cas du Rwanda des origines à 1900", *Études rwandaises*, Vol. 1, No. 4, 1987, pp. 462 – 497.

世纪以来生活在当今卢旺达区域所有的族群所共有。恩特齐马纳认为，这种政治历史靠血统族群来维持，即使图西族血统产生的影响最为深远，一切所谓的种族皆是其来源。这种历史性意识以君主制为中心，本质易于浮夸，大肆渲染卢旺达人的"民族"及英雄形象。恩特齐马纳通过两个文化水平的相互作用，解释卢旺达"民族"意识的坚忍性。恩特齐马纳认为，自16世纪以来，一直到19世纪末的殖民时代，文化因素始终发挥着重要作用。

> 在卢旺达，关键性政治和军事胜利得益于文化层面。这解释了为什么即使在最严重的军事失败之后，卢旺达也从未放弃，……尤其是在阿巴尼约两次占领期间以及西布尔的武装突袭之后。最严重的政治危机，主要是继任危机……主要依靠文化因素来化解。①

恩特齐马纳接着解释到，历史记忆在塑造卢旺达祖先的政治文化中发挥了主要作用，其中的历史真相并不重要，卢旺达人相信这一记忆已经足够。正因如此，他们在该国崇高历史代表的引领下前行。②除了语言略显晦涩以外，这样的解释有助于我们了解当今的形势。

> 当然，神话、传说以及"狂热主义"和"宿命论"是人们有意识或无意识地编造或相信的产物，并非历史事实。随着个人和团体将其变成先决条件或具有社会、经济和政治意义的行为借口，它们就会不可避免地成为历史事实。继而势不可挡地成为"文化"和不可分割的"意识形态"事实，既起到解放的作用，又具有疏离的力量，证明破坏机构的基础和功能具备合理性。对于"卢旺达"来说，文化和历史服务是"狂热民族主义"和

---

① Emanuel Ntezimana, "Histoire, culture et conscience nationale : le cas du Rwanda des origines à 1900", *Études rwandaises*, Vol. 1, No. 4, 1987, p. 473.

② Ntezimana, "Histoire...", pp. 473 – 474.

"几乎不可避免的爱国主义"的基础。①

简单地说，这段文字以一种辩证的方法说明，文化因素和过度的历史记忆塑造了前殖民地时期卢旺达的历史。这就是说，政治和军事事件鼓励人们超越自我，塑造反映他们历史意识的崇高自我形象。上述对卢旺达的美好愿景，不仅占据了中心地位，而且要求所有卢旺达人具备一种在国家需要时牺牲自我的道德责任，这些统统在传统历史故事中得以强调。② 这些思想通过谚语和其他说法进入语言。③ 如今，相同的元素体现在 2017 年高中生公民教育计划中。④ 还有一种超越的元素，类似于卢旺达先人与当时神圣君主制统治下国家之间的关系。

作为结论，恩特齐马纳将其思想置于他所说的时间框架内，即 20 世纪 80 年代中期：

> 20 世纪末和千禧年伊始，有必要从长远角度考虑"民族历史、文化和意识"这一反复出现的微妙主题。几十年的"殖民化"或"恢复"独立不应掩盖或消除"民族"（Imbaga）的漫长轨迹。在过去的一个世纪里，卢旺达历史上由于外力频繁入侵而充满了战争与争端，尽管其历史丰富且久远，但仍不是过度扩张链条上的一个环节。所以情况更是如此。⑤

这里，历史学家要求将殖民化和 1959 年革命造成的断裂放在更

---

① Ntezimana，"Histoire..."，pp. 474 – 475.

② 这些故事（amakuru）声称是历史或事实上的宗族谱系（ibisekuru）。有些来自 18 世纪早期。还有歌颂宗族、家庭、特定个人和牛群的诗歌和歌曲。

③ 例如："上帝在别处度过白天，但在卢旺达过夜"；"卢旺达攻击他人而不被攻击"；"旁观者乐于看到你拒绝为国家流血"。

④ Nzahabwanayo，K. Horsthemke and T. P. Mathebula，"Identification and critique of the citizenship notion informing the Itorero training scheme for school leavers in postgenocideRwanda"，*South African Journal of Higher Education*，Vol. 31，No. 2，2017，pp. 226 – 250.（http：// dx. doi. org/10. 208535/31 – 2 – 1047/）

⑤ NteZimana，"Histoire..."，pp. 493 – 494.

大的语境下，这样一来，就可以更密切地关注卢旺达深厚的历史连续性。这种方法可能看似奇怪，因为人们对政府宣传 1959 年革命所唤起的历史断裂感越来越深。恩特齐马纳终其整个学术生涯致力于哈比亚里马纳政权的研究，凭借上述方法，这位杰出的历史学家预测，早在 1986 年，流亡在外的难民就曾试图与自己国家的历史重新建立起联系。

殖民统治下被迫出逃

1959 年 11 月到 1961 年 10 月，种族清洗运动烧毁了图西族人的房子，标志着 1959 年革命爆发。这场革命主要得益于机会主义的广泛参与。1959 年 11 月 1 日，帕梅胡图（胡图解放运动党）主导并合谋殖民地政府发动了一场纵火运动，目标是烧毁遍布卢旺达的图西族房子。他们焚烧、抢劫，因为他们被人教唆，而且风险很小。此外，他们还能从受害者的房子中抢走自己想要的东西。① 在一些地区，例如鲁亨格里，由于人口过多、土地供给不足，加上图西族人刚刚定居不久，民众参与纵火的规模比其他地区更大。

叛乱开始的头几日，图西族首领和副首领率领胡图族、图西族和塔瓦族共同对抗纵火犯，并声称要将他们制服。② 1959 年 11 月 10 日，比利时托管国从刚果（金）召集部队，宣布进入紧急状态，将卢旺达交由盖伊·洛吉斯特的军事领导之下。洛吉斯特上校政府对纵火置若罔闻，甚至有计划地逮捕抵抗运动领导人。③

---

① René Lemarchand, *Rwanda and Burundi*, New York, Praeger, 1970, p. 163.
② 在法院被起诉的 912 人中，48% 为图西族人，45% 为胡图族人，6.5% 为巴特瓦人，0.5% 为"斯瓦希里人"。Jean R. Hubert, *La Toussaint Rwandaise et sarépression*, Brussels, Académie Royale des Sciences d'Outre-Mer, 1965, p. 151. Lemarchand, *Rwanda and Burundi*, p. 165.
③ 比利时军事法庭审判了 912 人，其中包括镇压者胡图族人和图西族人，312 人曾是纵火犯。前者以小团体的形式活动，不以个人为目标。Hubert, J. R., *La Toussaint Rwandaise et sarépression*, Académie Royale des Sciences d'Outre-Mer, 1965, p. 151.

洛吉斯特上校是紧急状态下卢旺达殖民政府的首脑。他有计划地将图西族官员替换成胡图族成员及该党支持者。即使首领或副首领并未遭到当地人民的抗议，也照换不误。比利时托管管理机构试图将权力转移给独立后捍卫自己利益的盟友，利用这一政治渗透反叛，使近一半的图西族人口或流亡在外，或被驱逐出境。①

地方权力的转移大大地削弱了图西族头领的抵抗能力，在随后的袭击中，他们失去了自己的胡图族盟友，导致了新一波的难民外流。在少数情况下，殖民部队会采取火力对付图西族人的顽强抵抗。1960 年 6 月 21 日，布丰杜（即后来的吉孔戈罗县，当地有很多图西族人）发生了一起臭名昭著的事件：让·巴蒂斯特·鲁瓦西波下令，强迫图西族人搬迁至偏远的尼亚马塔安置营（比利时人新设立的营地），大约 1000 名图西族人（包括妇女和儿童）表示抗议。殖民政府派出了刚果军队，他们包围并用弓箭射击抗议的难民。导致二十七人被枪杀、四十多人受伤。②

一次次焚烧、杀戮过后，站在君主制一方积极寻求政治行动的图西族领导人，选择自愿离开，但大多数图西族人和胡图族人刚刚逃离本地暴力，便被随机集中安置在接待中心、教堂、学校和简易房屋中。比利时政府想尽一切办法，让流浪者尽快离开接待处回到家里，有时甚至使用暴力手段逼他们就范。

某些情况下，这些无家可归的难民并不受家乡欢迎，并被驱逐回原籍。回乡还是流放，分两个阶段决定。每个地区的土地行政长官会召集村镇居民和社区议员，通知他们，要么让这些难民回家，要么一致同意将这些不受欢迎的人赶出村子。每个部门会召集当地居民，决定允许名单上哪些人返乡或不得返乡。但凡公开对民族主义政党、卢旺达国家联盟（UNAR）表示同情者，但凡拥有较大财产者或对胡图

---

① "决定性的因素是，比利时当局对这些'事实'情况做出反应，使革命的成功成为一个必然的结论。一旦比利时一方认定 1959 年 11 月的农民起义是一场革命（他们显然不是），真正的革命就无法避免。" Lemarchand, *Rwanda and Burundi*, pp. 145 - 146.

② Antoine Mugesera, *Les conditions de vie des Tutsis au Rwanda de 1959 à 1990*, Kigali and Miélan, Edition Dialogue and Izuba, 2014, pp. 41 - 42.

族人持藐视态度者，被接纳的可能性较小。最坚决反对流亡者返乡的人，往往是当地的帕梅胡图党，因为他们觊觎难民的财产，而且希望铲除这些政治竞争对手。①

即使被允许返乡，一些难民也会拒绝，因为他们担心自己返乡后会遭遇不测。有的人则不想与被驱逐的亲人分开。一旦被赶出去，比利时殖民官员会强迫他们尽快离开。通过断粮向他们施压。宗教传教站也会驱赶在那里落脚的难民，切断他们的粮食供应。一些机构热烈响应。这项政策在全国各地实施，但在城镇更加风风火火，尤其在基加利。1961 年 11 月 7 日，士兵朝流浪难民开火，强迫他们离开基加利的天主教传教站（近 8000 名难民在那里避难）。② 一些流浪难民被送往位于布格塞拉和基本古等较偏远的安置区。据估计，卢旺达宣布独立时，国内共有 180000 人无家可归。③

流离失所，忍饥挨饿，还有被帕梅胡图虐杀的危险，许多流浪难民别无选择，只能流亡海外。基本古一位比利时籍的行政长官德·韦德表示，要不惜一切代价清除加希尼村新教传教站的难民，不惜出钱将这些国内流亡者（IDPs）送往乌干达。④ 这些流浪者及其家人常常在光天化日之下被送往邻国。⑤

针对比利时政府所采取的驱逐及强制流放政策，国内 UNAR 领导人表示抗议，他们鼓励持相同态度的难民不要离开，而是要尽可能回到家中。⑥ 在布格塞拉和基本古安置营，IDPs 被禁止离开营地。据

---

① 2001 年 5 月 3 日在布塔雷的卢旺达监狱和 2001 年 5 月 18 日在基格贝，A. K. 对 S. K. 的访谈。

② Mugesera, *Les conditions de vie*, p. 64.

③ André Guichaoua, "The problem of Rwandan refugees and Banyarwanda refugees in the African Great Lakes Region", Geneva, Office of the United Nations High Commissioner for Refugees, 1992, p. 20.

④ Mugesera, *Les conditions de vie*, p. 67.

⑤ 2015 年 4 月 15 日和 2015 年 9 月 18 日在基加利对 R. A. 与 E. G. 的采访。

⑥ Jean-Marie Vianney Rutsindintwarane [president of the internal UNAR], "Note sur le problème des réfugiés de l'UNAR", addressed to M. Guy Logiest, military commander in Rwanda, Kigali, 2 November 1961 in Mugesera, *Les conditions de vie*, p. 66.

说，比利时当局下定决心要清除包括图西族精英人士在内的流浪者。因此，比利时殖民统治期间，绝大多数难民都离开了本土，这种情况直到 1962 年 7 月 1 日卢旺达独立后才结束。①

因此，难民的愤怒首先指向的是比利时当局和天主教传教士，而非他们的胡图族同胞。1962 年，学者雷切尔·耶德对此做出解释。UNAR 的拥护者将之前发生的一切解读为对他们"文化民族主义"的一场攻击。比利时殖民统治者视"文化民族主义"为一种威胁，因此，他们与欧洲天主教传教士结盟，传播社会革命学说。这种学说可能打破卢旺达人民的和平共处和基本统一，并可能被"胡图族"精英利用以获取个人或部门政治权力。②

一旦走出国门，难民很难接受这种永久性流浪。耶德认为，这可以用一个事实来解释：

> 粗略地讲，外界将卢旺达局势解读为一场反封建贵族的农民社会主义革命。当时，人口众多，土地压力大，同时，享有特权的人形成了一个或多或少独特的种族群体。但是，难民们选择从权利政治角度去解读这场革命，他们并不认为从 1959 年到 1961 年卢旺达曾出现过真正的民主运动。③

这种观念上的差异使得难民在国际社会中处于尴尬境地，他们开始有了一种自己被殖民力量扔进了历史垃圾桶的感觉。

卢旺达临时政府向难民发出过一些象征性的号召。例如，1960 年中期，呼吁建立难民事务委员会，1964 年，在官方演讲中再次呼吁难民回到卢旺达。但是，同年初反图西族大屠杀的爆发表明这些演

---

① 在独立 4 个月后，难民接待中心和宗教使团的流离失所的难民散去。后来，一批小规模的新难民流亡海外，逃离"蟑螂"（inyenzi）袭击后的报复。

② Rachel Yeld, *Implications of Experience with Refugees Settlement*, Kampala, Makerere University, EAISR Conference Paper, p. 2.

③ Rachel Yeld, *Implications of Experience with Refugees Settlement*, Kampala, Makerere University, EAISR Conference Paper, p. 1.

讲并没有多少可信度，国内的图西族人陷入恐惧之中。1961 年 8 月，司法部部长阿纳斯塔斯·马库扎发出临时指示，要防止新分配的土地再次落入回归难民手中。① 但他的指示没有法律效力，许多被剥夺财产或继承权的难民向法院提起上诉。在某些情况下，他们的胡图族朋友充当了财产的监护人和捍卫者的角色，有时他们需要越过边境去给他们送钱。在其他情况下，当地官员一边等待难民返乡，一边需要雇人看守他们的牛。为了终止这些安排和呼吁，1966 年 2 月，卡伊班达总统发表了有关接收难民问题的总统法令，宣布将扣押难民及国内流亡者土地的行为合法化，从而将难民返乡事宜暂时搁置。②

流亡早期

　　1959 年至 1964 年，被驱逐出卢旺达的难民逃往布隆迪、刚果金沙萨、坦桑尼亚和乌干达。尽管很难确定一个精确数字，1963 年 2 月，据联合国难民事务高级专员公署高级专员（UNHCR）统计，大约共计 150000 名难民，其中，逃往布隆迪 40000 人，刚果东部 60000 人，坦桑尼亚 15000 人，乌干达 35000 人。1963 年 12 月，布格塞拉的 "inyenzi"（基尼亚兰达语中的 "蟑螂"）叛军发起袭击，随后引发了大屠杀，据难民署估计，10000 名新难民进入布隆迪，7000 名难民逃往乌干达。③ 1964 年刚果东部发生叛乱，逃往该国难民人数急剧下降，成千上万难民转而逃往布隆迪、坦桑尼亚或乌干达。UNHCR 公布的这些数字仅包括难民营登记在册的难民，无法反映实际人数。一些难民自发在营地外安顿下来，或回到城里。在那里，他们不再依赖 UNHCR，因此并未登记在册。因此，尽管 1965 年据 UNHCR 统计，

---

① 1961 年 6 月 8 日第 2/1961 号通告，Mugesera, *Les conditions de vie*, p. 75.

② 内政和公共行政部，1973 年 12 月 25 日第 2420 号通知，提及 1966 年 2 月 26 日关于难民重返社会措施和杂项要求的第 25/1 号总统令。

③ United Nations High Commissioner for Refugees, "The State of the World's Refugees 2000：Fifty Years of Humanitarian Action", Geneva, UNHCR, January 2000, p. 49.

乌干达官方登记了 36900 名难民，但如果将未登记难民包括在内，难民总数估计在 62000 人至 67000 人，几乎是官方数字的两倍。①

西方人道主义援助工作人员常常将难民描述为封建老顽固，这与帕梅胡图和比利时殖民当局的宣传一致。② 这些难民表现出了强烈的自尊心，让一些援助人员颇为恼怒，他们将难民最初拒绝做农场工作看作其傲慢的证明。

> 如何安置班亚旺达是联合国难民署碰到的第一个难题。据说卢旺达图西族难民作为"资深"流亡者，他们非常清楚自己应得的权利和特权。他们的优越感使许多新邻居感到恐惧和疏远。他们对定居持消极态度，妨碍了他们获得自给自足的生活。许多流亡者是牧民，因而拒绝耕种。他们是激进的流亡者，希望收回自己的家园和权力，因此拒绝永久性定居。③

事实上，难民的社会背景形形色色，他们离开故土的理由也各式各样。然而，他们中的大多数人是自给自足的农民。他们中有前政要或其亲属、首领和副首领、殖民地行政部门的地方官员、医务工作者、地方行政法官、会计师和农艺师等。传统地方官员被驱逐，首先是出于政治原因。一些人曾是不受欢迎的领导人，但其他人受到当地人民的热烈欢迎。一些难民，包括很多胡图族人，是民族主义 UNAR 的拥护者。其他人之所以依附于君主以及国王（非洲布隆迪等地称之为 mwami），常常是因为他们的家人在尼亚萨宫廷或前皇家领地的其他地方承担了古老的传统职能。其中不乏一些胡图族和塔瓦族家庭以

---

① T. F. Betts, "Refugees in Eastern Africa. A comparative study", Oxford, Oxfam, May 1966.

② 卢旺达国家联盟的反殖民立场以及自 1962 年以来因耶资在卢旺达杀害欧洲人的事实，使难民与一些帮助他们的西方人处于敌对关系。

③ Barry N. Stein and Lance Clark, "Refugee Integration and Older Refugee Settlements in Africa", *Refugee Policy Group Paper*, November 1990（https：//msu. edu/course/pls/461/stein/FI-NAL. htm/）.

及图西族家庭，他们通常收入不高。一些人被驱逐，因为他们拥有的财产尤其是土地，甚至他们拥有的社会影响力可能会对新当局构成威胁，例如，某个小山丘上组成的一个大家庭。最后，还有来自各行各业的图西族人，包括许多逃离大规模暴力活动的贫穷图西族人。大多数胡图族难民在卢旺达宣布独立后不久返乡，正是那时，帕梅胡图（即胡图解放运动）的宣传仅仅关注种族意义上的冲突，进而成功地消除了政治意义上的种族冲突。

一般而言，难民和图西族人之所以不愿在田地里工作，主要是因为他们的社会规范要求他们更加重视畜牧业。同样地，一些难民不愿从事这些工作，并非不愿脱离传统，而是出于对现代生活方式的依赖。对于已经脱离农村的学生或公务员来说尤为如此。[1] 他们拒绝耕种，尤其种植像香蕉这样的永久性作物，或拒绝接受在永久性流亡地搭设建屋。这些首先是出于政治上的考虑。UNAR 领导人在营地频繁接触，他们希望说服联合国强迫比利时托管，让帕梅胡图领导人接受和解及遣返难民政策，包括提供一段有保障的保护期。难民和平主义者领导人仍然希望，能够在 1962 年 7 月独立之前据此方针做出决定。他们愿意等到 1962 年 8 月，直到卢旺达问题在联合国大会上进行讨论。至于"军国主义者"，他们有自己的截止日期，即 1962 年年底，直到比利时的突击队宣布从卢旺达撤军。对于这些群体而言，但凡表露出任何可能暗示接受流亡的态度，都会削弱他们的战略。[2]

难民们在任何宿主国流亡的头几年，都异常艰苦。20 世纪 60 年代的卢旺达难民危机是国际社会在撒哈拉以南地区面对的首次危机。1963 年，难民署在该地区采取了初步行动，与卢旺达的难民危机不无关系；当时，UNHCR 尚无处理此类情况的机制。在大多数宿主国，难民首先接触的通常都是地方当局和国家红十字协会，还有一些人道主义组织，它们对待难民的方式极为潦草。难民被安置在偏远地区，

---

① 这是殖民时期引进现代教育的结果之一，也是当时许多非洲社会的普遍现象。
② Yeld，*Implications*，p. 4.

那里不宜农耕，舌蝇肆虐，野生动物出没。他们必须先开垦土地然后才能耕种。除条件恶劣以外，图西族游击队活跃的军事行动使他们的日子难上加难。

图西族游击队（Inyenzi，本义"蟑螂"）的武装活动

图西族游击队运动对难民头几年的流亡生活造成了重大影响，给卢旺达和多个避难国带来了灾难性后果。该运动于 1966 年结束。

截至 1959 年年底，卢旺达国家联盟大多数具有历史性意义的领导人已经流亡海外。随后，1960 年 6 月，姆瓦米·基格利被流放。在未涉足卢旺达以前，UNAR 领导人采取的主要策略是游说联合国，建立和管理临时托管以取代比利时，同时采取民族和解政策，并为 1962 年的国家独立做好准备。1960 年 7 月，UNAR 下属的成立委员会在乌干达的卡巴莱区召开会议，考虑到首批难民回归在即，他们感到有必要建立一支完备的卢旺达保护力量。因此，会议决定建立一支武装驻外部队，但该决议却从未施行。[①] 后来，卢旺达国家联盟被分解为若干部门，拟成立一个能够代表所有部门的"社会委员会"，专门对付图西族游击队，但却从未成功。[②]

1961 年 9 月，卢旺达举行了立法和全民公决选举，UNAR 外部分支为抵制 1960 年 6 月的市政选举付出了代价，其失去了大部分国家基地。[③] 帕梅胡图以 77.7% 的选票赢得了立法选举，以 75% 的选票否决了君主制。尽管这一历史时期的 UNAR 领导人有一种背叛联合国的感觉，他们中的大多数仍在寻找外交和政治解决方案。1962 年 2 月，也就是独立纪念日之前仅五个月，一名卢旺达国家联盟代表与帕梅胡

---

① Mugesera, *Les conditions de vie*, note 212, p. 113.

② Mugesera, *Les conditions de vie*, note 212, p. 131.

③ Alexis Kagame, *Un abrégé de l'histoire du Rwanda*, Butare, Éditions universitaires du Rwanda, Vol. 2, 1972, p. 187.

图临时政府签署了一项合作协议，即所谓的《纽约协议》。① 联合国已经承认了 1961 年 9 月的选举结果，尽管当时的选举环境极为暴力。部分 UNAR 青年派和党主席弗朗索瓦·鲁巴（与党内同志分道扬镳）选择了武装斗争，作为他们对联合国立场的反应。不同时期，不同的图西族游击队在不同的避难国中建立，每个游击队都有不同的意识形态和政治取向，且领导人各异。起初，几乎所有的图西族游击队都主张君主制，但是后来，最重要的几支图西族游击队从姆瓦米政权中脱离出来，这得益于其领导人在共产主义国家中受到的军事训练和政治教化。这些叛乱分子回国后，常常摇身一变，成了共和党和社会主义者。

尽管存在以上分歧，所有的图西族游击队都拥有共同的攻击目标，即推翻帕梅胡图政权和比利时当局。图西族游击队表示，他们不会攻击平民或胡图族人，但他们确实宣布过，所有居住在卢旺达的比利时人以及所有帕梅胡图政权官员都将成为攻击目标。② 胡图族游击队群体和 UNAR 支持者一样，一直到独立前都是由图西族和胡图族组成。独立后，胡图族和图西族之间出现分裂。当时，帕梅胡图大肆宣传，试图说服民众该国正经历的是一场种族性质的冲突，卢旺达国家联盟和图西族游击队被认为是纯粹的图西族组织。③

早期的大规模图西族游击队出现于 1962 年。第一个游击队在布隆迪成立，第二个在刚果。1965 年，第三个游击队在乌干达成立，但从未真正开展过行动。④ 图西族游击队具有很强的机动性，从一个国家转移到另一个国家，得到当地组织的帮助。刚开始时，所有游击队的规模均不超过 300 人，他们中只有部分人有枪。后来，人数有所增加，但武器数量仍然有限。图西族游击队没有明确的政治代表或外

---

① 这项协定使卢旺达国家联盟的两个部门，加上国务秘书、省长和副县长，大量参与难民粮食计划，并加快难民遣返进程。

② Mugesera, *Les conditions de vie*, p. 114.

③ Mugesera, *Les conditions de vie*, p. 119.

④ Frank Rusagara, *Resilience of a Nation: A history of the military in Rwanda*, Kigali, Fountain Publishers, 2009, p. 151.

展活动，他们几乎没有什么外援。布隆迪军队提供了一些设施，但没有提供武器。1963 年，他们中的一些人去了坦桑尼亚，同行的还有其他参与非洲解放运动的新兵，大约 12 人先后被派往中国、苏联、古巴，接受革命训练。

1961 年 3 月至 1966 年 12 月，图西族游击队在卢旺达发起了三种类型的袭击。① 最初，当地人发起了多次小规模跨境入侵，他们通常只对掠夺感兴趣。其中一些攻击并不是由真正的图西族游击队发起的，有时，他们针对的目标是普通的胡图族农民。进攻几乎遍布该国边界的所有地区，但主要集中在东北地区，那里游击队战士人数最多。1962 年 3 月 25 日，一次小型袭击之后，约有一千名图西族人在巴比温被屠杀。卢旺达国家联盟内政部领导人称为"种族灭绝"，在图西族游击队或其认同者发起过跨境袭击的地方，出现了针对当地图西族的大规模报复。②

图西族游击队深入卢旺达腹地，发起了两次重大的突袭，两次突袭的核心将领都包括让·卡伊塔雷和阿洛伊斯·恩古鲁姆比。在这两次突袭中，他们乘坐被盗车辆穿越整个国家，射杀任何国家级或地区级他们遇到的帕梅胡图官员。他们还袭击了比利时定居者，杀死了其中 6 人，包括一对夫妇和他们的小女儿，此外，重伤其他 3 人。③1962 年 7 月，卢旺达宣布独立，大多数比利时军队撤离卢旺达之后，图西族游击队发动了更大规模的攻击，试图占领该国的部分地区。

意义最为重大的一次大规模袭击发生在 1963 年 12 月 21 日，地点是布格塞拉。本次袭击由让·卡伊塔雷领导，大约 200 名战士携带少量枪支从布隆迪出发。大多数战士使用的是传统武器。他们偷袭了

---

① 这是基于 Antoine Mugesera 的类型学。他对"蟑螂"（inyenzi）进行了最完整的研究。Mugesera, *Les conditions de vie*.

② 1962 年 8 月 15 日第 7 号卢旺达国家联盟"联合"报告说，有 1000 多名图西族人被杀害，并援引内政部部长的话承认，图西族人遭到种族灭绝。Mugesera, *Les conditions de vie*, p. 119.

③ Patrick Lefèvre and Jean-Noel Lefèvre, *Les Militairesbelges et le Rwanda*（1916 – 2006）, Brussels, Editions Racine, 2006, p. 114.

边境一小支防守前哨的卢旺达军队，并继续向尼亚马塔推进，那里有一个重要的 IDPs 安置中心。他们说服 IDPs 卢旺达将被接管。许许多多的流亡者朝尼亚巴隆哥大桥走去，图西族游击队跟在后面，就在距基加利二十千米处，比利时军官领导的卢旺达军队正严阵以待。很快，图西族游击队寡不敌众，随后向布隆迪撤退，掳走了成百上千名尼亚马塔的流亡者。①

与此同时，在卢旺达北部的穆塔拉地区，也发生了一次从乌干达发起的小规模袭击，这次袭击很快遭到了反击。西南部的尚古古也有警告发出，一群驻扎在与刚果边境接壤的图西族游击队策划了一次袭击。以卢旺达四面遇袭为借口，帕梅胡图政府发起了一场大规模的镇压图西族的运动。大约23名 UNAR 和 RADER（卢旺达民主联盟）领导人在鲁亨格里被捕并被处决。包括卢旺达苏雷特团长、图尔平少校和警察彼拉多和艾琳·杜里厄在内的比利时特工被指与这些谋杀案存在直接关联。②

卡伊班达总统向每个州（共十个州）派去了一名部长，负责监管"自卫"行动，这导致了许多杀戮。最惨烈的大屠杀事件发生在吉孔戈罗省，负责监管的州长是安德烈·恩克拉穆加巴和农业部部长达米安·恩克扎贝拉。这些屠杀事件开始于 1963 年 12 月 23 日，其后向其他地区扩散。胡图族人配有砍刀和长矛，有计划地屠戮当地的图西族人，连妇女和儿童也未能幸免。据估计，全国有 15000 名到 35000 名图西族人被杀害。世界媒体报道了这些种族灭绝行为，哲学家贝特朗·罗素称这些杀戮是"继纳粹分子灭绝犹太人以来，我们见过的最可怕的、最有计划的大屠杀了。"让·保罗·萨特和梵蒂冈广播电台

---

① Lemarchand, *Rwanda and Burundi*, pp. 222 – 223.

② 根据 1964 年 5 月 11 日外交部部长 L. Mpakaniye 给他的同事内政部部长 B. Bicamupaka 的一封信的措辞，比利时政府希望召回这三名特工，"因为他们过于参与该国内政事务"，为该政府辩护。Annex No. 3, Mugesera, *Lesconditions de vie*, p. 326. 另见 Filip Reyntjens, *Pouvoir et droit au Rwanda*, *droit public et evolution politique 1916 – 1973*, Tervuren, Musée Royal de l'Afrique Centrale, 1985, p. 463.

也谴责了此类种族灭绝暴行。[①]

这场灾难性的袭击堪称彻头彻尾的失败。卢旺达拘留所及其比利时籍干部已然知晓这一预谋，还知道其具体的地点和日期。[②] 袭击发生前两个月，图尔平少校对人类学家卢克·德·赫斯说，很快就会发生"一些有趣的事"。[③] 图西族游击队的战士们喜欢在布琼布拉的酒吧里吹嘘，或在难民营中的人道主义工作者们面前大谈特谈他们即将发起的军事壮举。卢旺达政府预料到这次袭击，作为报复的前奏，列出了将在各个州逮捕的人员名单，这些人中有许多人随后被杀害。[④]

因为攻击为时过早，出现了一些资金挪用行为。姆瓦米·基格利从中国获得了大约 100000 美元或 120000 美元的巨款，具体数字取决于信息来源，他将其中一部分移交给了秘书帕皮亚斯·加特瓦，另一部分交给了阿拉伯商人哈穆德·本·萨利姆，用以资助图西族游击队的行动。[⑤] 但是，两人都扣留了大部分资金供私人使用，哈穆德被怀疑在明显缺乏武器的情况下仍然与凯塔雷一起发起进攻。[⑥] UNAR 内部的领导层从一开始就将图西族游击队视为恐怖分子。[⑦]

1962 年宣布独立后，卢旺达成功地将图西族游击队与难民收容国当局撇清干系，这些难民收容国包括刚果金、坦桑尼亚和乌干达。布隆迪军队向图西族游击队提供了一些有限的设施使用权，但是这也是根据内部政治情况而定。1966 年，米歇尔·米孔贝罗总统在布隆迪夺取政权后，呼吁图西族游击队永久性地放下武器，这标志着图西族游击队大举入侵卢旺达走向了终结。

---

① Lemarchand, *Rwanda and Burundi*, p. 50.

② Reyntjens, *Pouvoir et droit*, p. 463.

③ Luc de Heusch, "Anthropologie d'un génocide: le Rwanda", *Les Temps modernes*, No. 579, December 1994, pp. 9 – 12.

④ Mugesera, *Les conditions de vie*, p. 143.

⑤ Reyntjens, *Pouvoir et droit*, p. 459. 和 Mugesera, *Les conditions de vie*, p. 162. 除非另有说明，所有价格均以美元为单位。

⑥ 看起来不超过 20 把上膛的枪。Pierre Tabara, *Afrique: La face cachée*, Paris, Éditions La pensée universelle, 1992, p. 365.

⑦ Mugesera, *Les conditions de vie*, p. 168.

　　图西族游击队之所以遭遇大规模失败，可归结为缺乏政治领导力，同时也可归咎于其所处不利的地区环境。UNAR 无法控制图西族游击队，这反映了图西族游击队和姆瓦米·基格利在各方面的无能，即他们无法向以其名义而流亡在外的广大难民提供一贯的政治领导才能。金钱问题在联合国难民署领导人的失败中扮演了重要角色。三位不同的领导人从中国、古巴、沙特阿拉伯、苏联、东欧国家和其他来源募集了可观的资金，但他们随意挥霍这些款项，从而引起了怀疑。①

　　除 UNAR 领导层内部存在分歧，无法在领导难民和图西族游击队上达成一致以外，国际和区域组织既不赞成推翻帕梅胡图政权，也不赞成难民返回。通过抵制 1960 年大选，UNAR 不切实际地把所有的鸡蛋都放在了一个篮子里，期望所有行动都来自外界。这使得帕梅胡图政权在不必担心遭到任何反对的情况下，巩固了自己在国内的地位，而联合国军也失去了对卢旺达国内政治形势的控制权。在卢旺达边境之外，帕梅胡图当局获得了前托管国比利时、其他西方国家、以及冷战背景之下的非洲盟友的支持。卢旺达独立之前，UNAR 打着抗击殖民势力的解放运动的幌子，赢得了许多所谓进步国家的支持。1962 年年末，进步的非洲国家与保守的非洲国家之间达成妥协，推动了非洲统一组织（OAU）在 1963 年的成立。《宪章》第三条禁止干涉其成员国的内政事务，使得卢旺达国家联盟不再可能去获得区域性的支持。② 禁止干涉是坦桑尼亚非洲国家联盟摆脱卢旺达国家联盟的主要原因。这也部分解释了为何 1966 年米孔贝罗总统放弃了图西族游击队。

　　最后，尽管帕米尔胡图政府建立了一个短命的殖民政权，但其在自身作为推翻古老封建体系的社会革命成果的同时，却落下了遭新非洲国家质疑的"口实"。只有在胡图革命政权自身进化过程接近尾声时，才可能面对来自国外的针对意识形态或胡图族革命政权的挑战。三十年

---

　　①　Reyntjens, *Pouvoir et droit*, p. 459.

　　②　1963 年，非洲统一组织呼吁承认卢旺达。Refugee Policy Group, "Older Refugee Settlements in Africa, Final Report", Washington, D. C., November 1985, p. 113.

后，随着全球和地方环境发生重大变化，该政权开始从内部瓦解。

这些史无先例的游击队活动以及图西族游击队所代表的抵抗象征，并非毫无意义。随着时间推移，前辈难民们将他们的记忆选择性地留给了第二代难民，这些记忆势必对他们后来选择采取军事入侵行动起到了催化作用，他们的目的是，三十年后重返卢旺达！①

寄居避难国

1965 年 UNAR 活动结束之后，图西族游击队活动声名扫地，各难民区将努力的方向转向生存斗争，后来转向寻求统一，均取得了不同程度的成功。

卢旺达难民在布隆迪

截至 1962 年 7 月，大约有 40000 名卢旺达难民来到布隆迪（自1959 年年底起陆续到达），他们中的许多人后来移居刚果。② 继 1963 年12 月和 1964 年 1 月卢旺达发生多起大屠杀之后，大约有 10000 名新增难民抵达布隆迪。大部分人先到达首都布琼布拉，然后被转移到营地。

卢旺达难民发现，布隆迪的政治局势并不稳定。此外，受卢旺达自身诸多事件的影响，布隆迪种族政治暴力的极端分化日益加剧。这种负面影响激发了跨国境的种族政治意识，有人企图在布隆迪再现卢旺达胡图族革命。卢旺达难民蜂拥而至，加剧了住在布隆迪的图西族人的恐惧心理，从而加速了革命进程。卢旺达难民尤其是图西族游击队，推动了国内政治的两极分化。③ 大屠杀分别在 1965 年、1972 年、

---

① “蟑螂”（inyenzi）武装抵抗的历史似乎鼓舞了第一批卢旺达难民，他们很早就加入了穆塞韦尼的解放游击队。2015 年 6 月 15 日在基加利采访 J. R.。

② Nathalie H. Goetz, *Towards self-sufficiency and integration*：An historical evaluation of assistance programmesfor Rwandese refugees in Burundi, 1962 – 1965, UNHCR, New Issues in Refugee Research, Working Paper No. 87, March 2003, p. 3.

③ Evaris Ngayimpenda, *Histoire du conflit politico-ethniqueburundais. Les premières marches du calvaire*（1960 – 1973）, Bujumbura, Éditions de la Renaissance, 2004.

1988 年和 1993 年不间断上演。此后，胡图族极端分子开启了定期滥杀图西族人的模式，其后图西族领导的布隆迪军队对其进行了血腥镇压。1965 年，成百上千的图西族人被杀害，布隆迪军队进行了血腥报复，标志着布隆迪的社会和政治开始走向瓦解。布隆迪的图西族人间出现了"对卢旺达式种族大屠杀的一种根深蒂固的恐惧"，而胡图族人以"参政梦想破灭"而告终①。1972 年，在早前屠杀胡图族人之后，布隆迪军队发起了针对胡图族精英的种族大屠杀，致使隔阂进一步加剧。卢旺达的图西族难民被卷入这种两极分化中，他们与布隆迪的图西族并肩作战。

随着布隆迪图西族社区经历了危机和不安全感，布隆迪境内卢旺达难民的生活开始出现波动。布隆迪图西族精英对卢旺达难民的到来大体上持敌对态度。在危机时刻，他们对难民敞开大门，待危机过后，便恢复了仇外心理。② 1961 年到 1965 年，图西族政客主导的 UP-RONA 执政党中最激进的派系是卢旺达人最亲密的盟友。这个被称为卡萨布兰卡的派系与图西族主导的军队并肩作战，帮助图西族游击队开展游击活动以及对帕梅胡图政权发起进攻。

1965 年 1 月，皮埃尔·恩根丹杜姆韦再次当选总理，卡萨布兰卡派系失去权力，这对难民和图西族游击队来说是一种打击。但对种族间宽容造成更大破坏的是，这位胡图族总理在上任八天后即遇刺。次日，美国大使馆宣布暗杀者是一名卢旺达难民。③ 美国大使馆卢旺达会计师贡扎尔夫·穆因兹遭到指控。他又反过来指责联合国大使是策划者。罗纳德·杜蒙特大使则予以否认，尽管如此，一年后他还是被

---

① Jean-Pierre Chrétien, *Burundi, l'histoireretrouvée：25 ans de métier d'historien Afrique*, Paris, Karthala, 1993, p. 452.

② Refugee Policy Group, "Older Refugee Settlements in Africa", Final Report, Washington, D. C., November 1985, pp. 81 – 82.

③ 针对卢旺达难民的指控，该组织在给布隆迪的姆瓦米·姆万布萨的一封信中解释说，穆延齐不是难民，"比难民更美国化"，因为他在美国大使馆工作了三年。Ngayimpenda, *Histoire du conflit*, p. 216.

驱逐出境。① 这起事件标志着布隆迪当局对难民的态度开始变得极端强硬起来。

从 1965 年的转折点一直到 20 世纪 80 年代末，历任图西族政权均将卢旺达难民视为自己坚定的盟友。因此，1967 年，米孔贝罗总统要求鲁巴和恩古鲁姆比放下武器的做法，从根本上结束了图西族游击队的活动，他不仅将这些战士招募至自己的内部国内战线，同时也渴望对 OAU 所施加的压力做出回应。②

在布隆迪，大多数卢旺达难民住在难民营或首都布琼布拉的贫困社区，条件艰苦。但他们中的少数人很快在布琼布拉找到了工作，主要是私企和政府支持的领域。布琼布拉曾是卢旺达—乌隆迪殖民地的首都，其工商业部门规模虽小，但较有活力。卢旺达难民的辛勤工作得到了认可，他们成为中层管理人员和办公室工作人员的中流砥柱，尤其在外企。许多卢旺达难民能在商业、教育和护理行业中抓住比较好的工作机会。后来，少数难民在制造业领域创业成功，但对于布隆迪精英来说，该行业并没有多大的吸引力。

随着 1966 年米孔贝罗总统上台和 1972 年危机爆发，卢旺达难民的处境得到了改善。1972 年血腥镇压，胡图族人被歼灭后，米孔贝罗总统政权当局在政治上被削弱，需要新鲜血液来维持政府管理的正常运作。他将目光投向了卢旺达难民，为他们开通了便捷的公务员准入通道。这些难民没有参与布隆迪政治，但利用这种特权来捍卫了他们社区的利益。自 1972 年危机爆发一直到其政权垮台，米孔贝罗总统改善了卢旺达难民的生活，并在一定程度上帮助许多卢旺达难民融入布隆迪社会。

1973 年，布隆迪允许卢旺达难民获得布隆迪国籍。最初，入境条件对所需的居住年数和手续费有很大限制。从 1974 年开始，加入布隆迪国籍的条件放宽，特别对生活贫穷的申请人降低了费用。由于

① Ngayimpenda, *Histoire du conflit*, p. 207.

② Mugesera, *Les conditions de vie*, p. 155.

最初加入布隆迪国籍的条件严格，程序缺乏公开性，加上很多卢旺达人不愿放弃他们本来的国籍，只有相对少数的难民取得了布隆迪国籍。[1]

教育系统对卢旺达难民子女开放，直到大学阶段，少数如医疗和法律等通往较好前途职业的专业除外。然而，难民子女很难进入中学学习。1973年，开始推行名额限制体系，按照国家中学入学考试体系的要求，外籍考生必须考取比布隆迪考生更高的分数。一旦大量布隆迪考生通过了该项考试，外籍考生的入学要求随之将被提高。[2]

1965年，难民在布琼布拉建立了圣艾伯特学院，使许多年轻难民能够继续上中学。该校最初坐落在刚果南基伍省的乌维拉，后由于穆莱勒叛乱爆发不得不搬迁。学校的教师是刚刚走出大学校园的年轻难民毕业生，以及来校当了一两年教师的志愿者。还有一些来自布隆迪和欧洲的志愿者。学校从一开始就竭力接纳难民子女，为他们创造在这个城市生活的机会，同时在城市孩子和难民孩子之间建立一种联系。

虽然建校初期十分艰难，没有多少资源，但是学校从不放弃努力，确保教学质量，唯恐办学资质被撤销。在全国中学期末考试中，圣艾伯特学校学生的成绩名列前茅。该校还是保护和传递卢旺达文化身份的重要中心。在这里，布琼布拉的年轻人可以和在难民营中长大的孩子建立来往，难民子女往往在学习上更加努力，更加坚定。

在农村，难民最初被安排在东北部的穆兰巴、卡翁戈孜和基加马的难民营中，后两个难民营位于接近坦桑尼亚边境东部的坎库佐省。难民营周边地区居民较少，土地干涸，舌蝇肆虐，野生动物出没，土壤贫瘠。仅有的肥沃土地是将沼泽地抽干之后得来的，一般面积不大。从一开始，布隆迪政府和难民救助组织便坚持认为，要让难民在食物上自给自足。难民营建立三个月后，一些难民开始开垦土地，准

---

[1]　Report of the Office of the United Nations High Commissioner for Refugees（1970–1977）.
[2]　布隆迪人上中学的机会也非常有限，因名额紧缺。

备耕种，有的难民则继续反抗。最后，难民们终于决定开始耕种，但缺乏经验和可用的工具使耕种难上加难。

1963 年，UNHCR 副高级长官萨德鲁丁·阿伽汗来到布隆迪参观难民营。他发现，难民是在令人绝望的条件下开垦土地。人道主义援助结束之际，在将救助难民的责任移交至政府之后，还没有等到难民的首次收成称得上丰足，难民的粮食配额就已经被大大减少。难民们忍饥挨饿，由于营养不良患上了重病。少数难民衣不蔽体，无法走出自己的营房。一些难民告诉阿伽汗，如果他们终有一死，他们宁愿死在自己卢旺达的家中。① 被安置在这里两年后，由于经常忍饥挨饿，难民们开始大批地离开卡翁戈孜和基加马营地。这两个营地还没等条件稳定下来，就已经几乎废弃。穆兰巴营地留住了大部分人口，但由于缺少可耕种的土地，居民生活条件的改善极为缓慢。

第四个难民营被卢旺达人称作木石哈，是在更极端的情况下建立起来的。为了逃离 1963—1964 年卢旺达国内的镇压，1964 年，约10000 名难民来到首都布琼布拉。恩根丹杜姆韦总理遇刺之后，随之而来的敌意让他们付出了惨重代价。1965 年 2 月 18 日一大早，布隆迪军队包围了布琼布拉周边卢旺达难民聚集区，两天内搜捕所有无法证明自己有工作的卢旺达难民。UNHCR 高级官员确信，布隆迪政府希望将所有的卢旺达难民驱逐出首都布琼布拉，但是他们之所以没有这么做，是因为担心大规模的驱逐可能会扰乱经济活动。② 大约 2000名年轻难民和一家之长遭到驱逐，他们被赶到与坦桑尼亚接壤的萨万娜地区的木石哈公社。其中包括一些自殖民时期就定居在布隆迪的难民。一些被围捕的难民设法摆脱了卫兵，半夜跳到行驶的卡车上，逃回了布琼布拉，或移居到坦桑尼亚。在被驱逐的卢旺达难民旁边，一个孤独的当地政府官员正站在军营附近等待他的口粮，他负责带领这

---

① Sadruddin Aga Khan, "Report of the visit to Rwandan refugee camps in the Congo, Tanganyika, Uganda, Burundi and Rwanda", UNHCR, Report of the United Nations High Commissioner for Refugees。

② Goetz, *Towards self-sufficiency*, p. 14.

些难民修建木石哈的新营地。这些难民负责提前修建营地，几周后他们的家人将与他们团聚。20世纪七八十年代，布琼布拉失业的卢旺达难民常常遭到围捕，这段苦涩的记忆时不时会被重新唤起。

尽管水质较差，木石哈排水地还算差强人意。几年过后，难民的粮食供应得到改善。该营地收纳了25000名难民，是仅次于布琼布拉的第二大卢旺达难民聚集地。1969年，国际救援机构开始执行宏大的莫索—坎库佐融合发展计划，计划的一部分会延伸至木石哈。该计划旨在开垦出一块土地，用于重新安置人口密集地区的布隆迪居民。木石哈营地的难民充分利用了这些有利资源，数年后，粮食收成大大提高，木石哈营地成为本区域一个重要的农业生产中心。然而无论如何，土地紧缺就意味着大多数难民的生活依然贫困，粮食安全得不到保障。尽管如此，少数木石哈难民还是靠经商变得富裕起来，其中一部分靠与坦桑尼亚人做走私生意。对于年轻难民来说，逃离难民营只能依靠就读中等学校。

1973年，一场新危机在卢旺达爆发后，4000名难民来到布琼布拉及周边地区。共计2500人被送往布肯巴、毛拉和木兰巴营地。成百上千名被称作"七三年人"的学生和年轻工人留在了布琼布拉。在这些新难民中，有很多人来自卢旺达国家大学，他们入学时的分数超出一般平均考试成绩。他们受过较好的教育，对世界持更开放的态度，不依附于任何团体，他们还受益于一项发展中的难民国际支持制度，尤其是在奖学金方面，这是十年前所不提供的。1973年，700名年轻难民赢得了进入中学和大学学习的奖学金。然而，他们中有一些人仅仅在布隆迪短期停留后，便前往非洲和欧洲的其他地区继续求学。

1976年，巴加扎总统上台。一批卢旺达专业人士习以为常地看待前总统米孔贝罗总统执政期间对卢旺达难民的善意，他们写信给新总统，要求自己获得与布隆迪同事一样的优待。他们特别要求建立一套购买或租赁房屋的制度，巴加扎总统对此要求的回应似乎很讽刺。据说，巴加扎总统的回复是，他本以为卢旺达人会恳求帮助他们回归祖国，但他们却想要在布隆迪拥有一套房子。后来，在强烈的民族主义驱使下，巴加扎总统采取了与前总统政策立场相反的措施，将卢旺达人按照外国人来对待。卢旺达人被迫申请外国人身份证，并且须每年缴纳费用更新证件。他们常常受到当地官员和市政警察的骚扰，有时还会受到自己老板的骚扰。

巴加扎总统启动了政府的现代化建设，发展教育。尽管他上台的头五年内经济有所增长，但布隆迪仍旧是世界上最贫穷的一个国家。1986 年 9 月，布隆迪被迫采取结构性调整计划。大批人员被解雇或提前退休，就职于公共部门的卢旺达人身在其中。其中，300 名教师被解雇，其中大多数是卢旺达人。政府再次提高难民子女升入中学的分数，许多难民子女被转移到质量较差的私立学校，或干脆被劝退。政府还禁止原卢旺达难民商人参与政府合同的投标。

难民的生活条件得到改善的十年之后，20 世纪 80 年代，居住在布琼布拉的卢旺达难民再次陷入普遍贫穷。一些难民抓住机会，离开了布隆迪，前往肯尼亚或扎伊尔，或逃到非洲更偏远的地方，或前往欧洲，后来去到了加拿大。尽管存在风险，一些专业人士和商人甚至回到卢旺达。少数实力较雄厚的卢旺达人（其中许多人已取得布隆迪公民身份），充分利用自己的身份，选择融入布隆迪社会。但大多数卢旺达第二代难民，甚至那些受过大学教育的难民，几乎被完全封锁。

1987 年 9 月，巴加扎总统（因与天主教发生冲突而在国际上受到孤立）被皮埃尔·布约亚少校推翻。一年后，布隆迪北部发生了一系列大屠杀，卢旺达难民与布隆迪的图西族人一同遭到袭击。局势再次发生了巨大转变，布隆迪政府对待卢旺达难民的态度有所缓和。新政权的一个主要举措，是向卢旺达难民发放永久性的难民身份证。布约亚总统后来逐步引入了一个政治过渡进程，试图重新整合伊斯兰宗教。胡图族的反对者（其中一部分生活在卢旺达）进入该国的政治和社会生活。1991 年，胡图族解放运动党试图破坏和解过程，发动了针对农村和布琼布拉的军事目标的攻击。11 月下旬，胡图族极端分子有部署地着手杀害卢旺达西北部锡比托克省和布班扎省的难民，这里距离扎伊尔边境没多远。①

1993 年 10 月底，胡图族总统梅契尔·恩达达雅被图西族士兵杀害，内战随即爆发。胡图族极端分子大肆杀戮布隆迪的图西族人，卢旺达难民再次卷入其中。为了保护自己，难民们组织了夜间巡逻，随身携带传统武器——主要是在布琼布拉和鲁济齐平原与扎伊尔接壤处。卢旺达爱国阵线领导人要求他们保护好自己，但要避免与他们无关的冲突。② 佛德堡主导的政府，即已故总统恩达达耶建立的政党在一份公告中，指责难民在附近巡逻时犯下了谋杀和抢劫罪。在全国各地大肆屠戮图西族的风口浪尖上，政府下令，让难民将自己的安全交由保安部队，还下令地方当局停止巡逻。③ 第二天，人权联盟的伊塔卡严厉批评政府的指责不分青红皂白，并强调污名化外国人是危险的，在这种情况下，可能"招致种族灭绝"。④

1990 年 10 月 4 日，卢旺达军队佯装对基加利发起进攻，从而引发了同谋者（卢旺达语为 lbyitso）危机，随后成千上万名图西族人被捕，许许多多相对富裕的卢旺达母亲带着孩子来到布隆迪避难，孩子的父亲则还留在卢旺达。1993 年 8 月，《阿鲁沙协定》签署之后，由于恩达达雅遇害，布隆迪变得越来越不安全，这些家庭有很多都重新回到卢旺达，母亲们表示，如果一定要死，他们宁愿死在自己家中。回到卢旺达后，由于极端分子的恶劣影响，这些家庭很少能够在大屠杀中幸免于难。

1994 年，留在布隆迪的难民没有能等到他们的祖国对抗种族灭绝势力战争的胜利。从 1994 年 6 月开始，整个夏天，成千上万的难民搬迁至卢旺达爱国阵线解放下的布隆迪东部地区。许多生活在布隆

---

① Christian Thibon, "Les événements de novembre-décembre 1991 au Burundi", *Politique africaine*, No. 45, 1992, pp. 154–159.
② 2015 年 6 月 18 日在基加利对 D. P. 的采访。
③ 布隆迪共和国，1993 年 10 月 29 日第 3 号政府公报。
④ Ligue Iteka, 1993 年 10 月 30 日给布隆迪总理的信。

迪的卢旺达人难民得以回到祖国，寻求庇护。

卢旺达难民在刚果/扎伊尔

1961年年底，最大的一股卢旺达难民潮拥入刚果金沙萨，当时，刚果正在经历严重的政治动荡。1962年，刚果境内的卢旺达难民达60000人左右，分布在布卡瓦以南的卢伏恩吉镇和尼亚萨湖周边地区，以及布卡瓦和戈马的大城镇。起初，中央及省级机关自发地对这些难民的到来表示欢迎，同时与卢旺达人合作打击图西族游击队。1962年8月，大批疑似图西族游击队的卢旺达难民在布卡瓦被捕，被送进监狱。[①] 但1963年年底爆发的穆勒主义叛乱才是对待难民态度发生残酷转变的标志。

1961年1月，刚果民族主义领导人帕特里斯·卢蒙巴被暗杀。此后，他的同僚们尝试开展民族主义斗争。1963年，卢蒙巴政权前教育部部长皮埃尔·穆勒在克维鲁国西部的班丹杜地区发动了一场武装叛乱。同年，鲁邦党民族刚果运动（MNC/Lumumba）创建了一个被称为全国解放委员会（CNL）的革命团体联盟，接管了穆勒主义的暴动，并将其扩大到该国的中部和东部地区。全国解放委员会政府总部位于基桑加尼，得到了一些非洲国家的认可，发动了成千上万名支持者参加所谓辛巴叛乱。一个个胜利接踵而至，全国解放委员会控制了全国除大城镇之外四分之三的地区。辛巴叛乱以其对黑魔法的信仰和对刚果和欧洲平民的暴行而臭名昭著。

1963年，CNL主席克里斯托夫·格本耶分别将北加丹加省和基伍省分派给了劳伦·卡比拉和加斯顿·苏米亚洛特。1964年1月，加斯顿·苏米亚洛特在鲁济济河平原（那里也有卢旺达难民营地）附近发动了游击行动。1964年7月，苏米亚洛特与弗朗索瓦·鲁巴签署了一项合作协议，参加图西族游击队的战斗。图西族游击队得以在卢旺达西南边界建立自己的后方基地，还获得了武器。两支图西族

---

① Mugesera, *Les conditions de vie*, p.164.

37

游击队分别由穆丹迪和恩古鲁姆比领导,与南部苏米亚洛特的穆勒主义一起在南基伍和北加丹加省北部并肩作战。[1] 北基伍省的穆勒主义叛乱并不活跃,尽管卢旺达难民并没有参加该组织,但因被怀疑存在联系而付出了代价。[2]

1961 年 9 月,全民公决举行后,卢旺达共和国宣告成立。随后,大批卢旺达难民拥入基伍省,主要是戈马。一个月后,成千上万名卢旺达难民被驱逐出戈马。一家刚果慈善机构帮助 2000 名难民在比布韦附近的城镇北部定居。在来自卢旺达的年轻图西族牧师们的帮助和影响下,和其他住在营地的卢旺达难民不同,比布韦的卢旺达难民没有反对长期定居。他们抵达后,便开始开垦和耕种土地。首次丰收前,为了生存,有的难民开始狩猎,有的则靠吃野生植物充饥。但是,仍约有五十人饿死。[3] 还有另外一处营地叫作伊胡拉,距离比布韦不远,靠近布卡瓦附近的加隆日营地。后来,小农小户得到发展帮助,加上当地土壤肥沃,比布韦和伊胡拉营地变成了重要的农业生产中心。

1962 年 8 月,北基伍省成立,马西西的班亚旺达(居住在刚果的卢旺达文化人民)与洪德、南德、尼扬加人口之间的关系变得更加紧张。对于在新省级实体中的政治边缘化地位,班亚旺达(大多数人定居在马西西)表示抗议。尽管如此,其在人口方面的重要性仍然是决定性的。1963 年 10 月,联合国难民事务高级专员公署官员弗朗索瓦·普雷齐奥西在其报告中解释说,地方当局使用"图西"这一名称"表明了主观恐惧、仇恨和挫败的混合体,与纳粹德国时期的'犹太人'一词非常相似"。[4] 1963 年 11 月,北基伍省宣布进入紧急

---

① Mugesera, *Les conditions de vie*, p. 153.

② Aloys Tegera, *Les Banyarwanda au Nord-Kivu*(RDC)*au XXème siècle. Analysehistorique et socio-politique d'un groupetransfrontalier*(1885 – 2006), Doctoral thesis in history, June 2009.

③ Refugee Policy Group, "Older Refugee Settlements in Africa".

④ François Preziosi, "Situation in North Kivu", Memo, 21 October 1963 in UNHCR, *The State of the World's Refugees 2000: Fifty Years of Humanitarian Action*, Geneva, January 2000, p. 50.

状态，以此为借口，发动了镇压班亚旺达运动，后来波及卢旺达难民。1963 年年底，比布韦和伊胡拉营地遭到当地社区袭击。大多数住在那里的难民逃亡，乌干达比布韦和伊胡拉的人口数量从 13000 人减少至 5000 人。[①] 联合国难民事务高级专员公署的弗朗索瓦·普雷齐奥西力排万难，施加干预，成功地预防了最坏的情况发生。[②]

一年后，对弗朗索瓦·普雷齐奥西来说，情况发生了很大的变化。南基伍省的布卡武周边地区烽火连天，硝烟不断。1964 年 8 月 18 日，弗朗索瓦·普雷齐奥西在保护姆旺巴难民营的卢旺达难民时，被辛巴叛军杀害。正是在布卡瓦战役（辛巴起义的关键阶段）这一天，即 1964 年 8 月 19 日，金沙萨政府指控卢旺达难民与穆勒分子勾结，下令全员驱逐。在布卡瓦及其周围的难民营以及戈马的难民营，大批难民被捕。南基伍省的六个难民营被关闭；仅有布卡武附近卡隆格营地得以幸存，但其人口从 3000 人下降至 1500 人。[③] 约 5000 名难民坐船从布卡瓦来到戈马。到了戈马，800 名来自布卡瓦的难民被囚禁，全部为男性。刚果当局并没有隐藏其逮捕难民将他们遣送回国的愿望。在遭遇被囚禁难民的抵抗时，刚果士兵开枪射击，致十二人死亡。[④] 1964 年年底，伦纳德·穆兰巴将军阻止了叛乱分子进入布卡瓦，随后他来到戈马，下令释放了所有囚犯。

从布卡瓦带来的难民中，约有 2000 人定居在比布韦和伊胡拉难民营，同时超过 3000 人乘飞机前往坦桑尼亚。在此期间，10000 名来自基伍地区的难民想方设法来到了乌干达，另有 10000 人逃到了布隆迪。因此，UNHCR 登记在册留在刚果的难民人数有所减少，从 2003 年的 60000 人左右减少到 1966 年年底的 28000 人。[⑤]

---

① Refugee Policy Group, "Older Refugee Settlements in Africa".

② Sadruddin Aga Khan, "Report of the visit to Rwandan refugee camps".

③ 1967 年，卡隆格营地遭到了以施拉姆为首的欧洲反政府雇佣军的袭击。难民四散，后来只有 700 人返回营地。Refugee Policy Group, "Older Refugee Settlements in Africa", 1985.

④ Mugesera, *Les conditions de vie*, p. 103.

⑤ Refugee Policy Group, "Older Refugee Settlements in Africa", 1985.

在马西西地区，由于地方当局的勒索和骚扰，1965 年 10 月，班亚旺达再次起义，当局将他们与穆列尔主义者视为一类。面对叛乱，北基伍省省议会通过了一项"意在下令驱逐本地区所有勾结叛乱的卢旺达人的法案"。[①] 省议会试图扩大政府的驱逐举措，从卢旺达难民扩大到刚果的班亚旺达，但该项法律从未生效。

1965 年 11 月，约瑟夫·德西雷·蒙博托将军夺取政权后，推行国家统一政策。他将原来的二十一个省减少到八个省。北基伍省再次成为基伍省下属的一个地区，该地区的紧张局势得到了缓解。他还颁布了一项总统令，宣布种族主义和部落主义是非法的，并且坚持不懈地打击这些宗派诟病。因为在他看来，这是导致以往叛乱的原因。这使得北基伍省的官员对班亚旺达采取了更为和解的态度。[②]

为了增强民族凝聚力，1966 年 10 月，金沙萨政府派出了调查南北基伍省的班亚旺达问题调查委员会。调查结果根据班亚旺达定居的时间，将他们分为四类。有的在 17 世纪定居于此，有的在 1918 年，还有的在 1936 年至 1955 年由比利时殖民政府运送至此。最后一类是卢旺达难民。[③] 委员会的这项报告没有区分胡图族和图西族，但是官方首次承认了班亚旺达社区部分起源于刚果的看法。这样可以澄清北基伍官员的普遍假设，他们以自己是纯粹的卢旺达人为由，试图摆脱自己的班亚旺达身份。[④] 他们这种带有侵略性的仇外心理（倾向于将班亚旺达看作卢旺达难民）产生了意想不到的效果，将二者更加紧密地联系在一起。

为了强化统治，蒙博托总统将一些不带政治威胁的人留在身边，这些人来自少数民族社区，因此不大可能建立一个独立的区域权力基地。1969 年，他任命曾巴塞莱米·比森吉米纳（曾是 1959 年难民中的一员）担任总统办公室幕僚长，直到 1977 年，比森吉米纳一直居

---

① Tegera, Les Banyarwanda au nord-Kivu.

② Tegera, Les Banyarwanda au nord-Kivu.

③ Tegera, Les Banyarwanda au nord-Kivu.

④ Tegera, Les Banyarwanda au nord-Kivu.

此要职。

比利时殖民地官员的突然离开，使得整个政府部门由于缺乏训练有素的干部而停止运作。和平到来后，有文凭的卢旺达难民很容易就找到了工作。大部分第一代卢旺达大学毕业生（或即将毕业的大学生），他们因 1959 年革命而被困在金沙萨的洛文尼大学或比利时大学，这些人开始聚集在刚果。他们占据了刚果国内首届大学毕业生相当大的比例。①

1960 年，UNESCO 启动了一项广泛的技术援助计划，向刚果输送中学教师，以取代以前的比利时殖民教师。此计划吸引了来自世界各地会讲法语的志愿者到来。许多卢旺达难民毕业生被聘用，他们中有许多人并没有接受过教师培训。同其他志愿者一样，他们可享受到侨民才有的待遇。1970 年，卢旺达难民之所以被排除在计划之外，是因为在刚果政府看来，卢旺达人与刚果本国国民在同样的殖民学校学习，水平相当，并没有什么特殊能力。许多被排除在该计划外的卢旺达人希望能够进入刚果行政管理和私营部门。②

1971 年 5 月，蒙博托总统签署了一项总统令，在其包含的唯一一项条款中，批准将刚果国籍授予来自卢旺达乌隆迪，以及截至 1960 年 6 月 30 日前生活在刚果的人。③ 在此令条款下，许多难民纷纷取得刚果国籍。④ 一年后，1972 年国籍法宣布国籍无效。议会认为，总统授予卢旺达难民扎伊尔国籍是一种策略。⑤ 该法令第 15 条规定，殖民时期移民到班亚旺达以及 1950 年以前进入扎伊尔的人，实际上被认

---

① 根据 Silis Rwigamba 撰写的自传，1961 年从鲁汶毕业的前两名土木工程师是卢旺达人，包括著名的商人 Mico。1964 年，化学专业唯一的毕业生是卢旺达人，第二年毕业的 5 人中，有 4 人是卢旺达人。1964 年，经济学专业的 10 名毕业生中有 4 名是卢旺达难民，包括笔者。Silis Rwigamba Mu Binani, *Mémoires de la région des GrandsLacs*, 1998, p. 36.

② 2015 年 5 月 12 日对 E. M. 的采访。

③ 1971 年 3 月 26 日第 71-020 号总统令，关于 1960 年 6 月 30 日原籍卢旺达的乌伦迪人取得刚果国籍。

④ Silis Rwigamba Mu Binani, *Mémoires de la région des Grands Lacs*, p. 49.

⑤ Boniface HakizaRukatsi, *L'intégration des immigrés au Zaïre. Le cas des personnesoriginaires du Rwanda*, Kinshasa, Éditions État and Société, 2004, p. 152.

为是扎伊尔公民。卢旺达难民通过假装是本地班亚旺达人，获得了扎伊尔国籍，这为他们融入扎伊尔社会打开了大门。

持文凭的卢旺达难民不再教学，他们在各个领域谋职，并很快出人头地。后来，他们被当地班亚旺达所接纳，跻身最高的行政职位，有时甚至是政治职位。1973 年，前卢旺达难民从一项"扎伊尔化"的措施中获益，该措施旨在将原属于外国人即比利时人的私人企业归扎伊尔人所有。一些卢旺达人投资马西西的牧场，为其进入肉类暴利行业打下了基础，其产品销往金沙萨和该国其他大城市。他们收购大片土地造成了与北基伍省其他种族之间的紧张关系。在远离基伍的大城镇，长期看来卢旺达难民融入扎伊尔不仅体现经济方面，还体现在社会方面，主要通过种族通婚与扎伊尔社会建立起联系。

20 世纪 70 年代，尽管长期难民中的精英阶层生活繁荣，该国的经济和社会状况却出现了下降。自殖民化后期以来，扎伊尔几乎没有创造工作机会，公共投资集中在教育上。殖民官员离开后，公职部门出现空缺需要填补时，对于没有政治关系的年轻毕业生来说，机会变得更加渺茫。经过六年的稳固发展，1973 年到 1983 年，扎伊尔化给本国经济带来了致命打击，扎伊尔的经济急剧下滑，经过短暂的稳定期后，自 1987 年开始再次进入了自由下滑状态。班亚旺达图西族精英人士的成功，特别是长期卢旺达难民的特殊化，激发了北基伍省各民族的嫉妒和仇恨。

1978 年，立法会议（国民议会）试图通过一项法律，拟废除1972 年有关授予班亚旺达国籍的第 15 项条款。当时，一名国会议员肯戈·东多对废除法案发表评论。他宣布，对他来说，他的众议员并非针对 1950 年移民："你们只是针对 1960 年以后抵达的政治难民，他们霸占了你们的工作，并且，由于我们自身的疏忽，还让他们还取得了扎伊尔国籍，这是由于我们的政府组织不当造成的。"① 总统蒙

---

① Republic of Zaire, Legislative Council, "Compterenduanalytique", Session of 19 June 1978, p. 23 in Ibid. , p. 153.

博托拒绝在废除法案上签字。

1980 年 9 月迎来了转折点，当时，两个班亚旺达图西族人和尔万因多·鲁齐拉布瓦（他此前是卢旺达难民）被任命为中央委员会委员人民革命运动（MPR）的成员，而没有任何一名穆尼亚旺达胡图族成员被任命。自 1978 年法案失败以来，议员们认为班亚旺达国籍值得质疑，而现行法律不允许难民，甚至是一名合法入籍的难民占据政治地位。年轻的胡图族官员们向蒙博托总统递交了一份备忘录，谴责图西族将班亚旺达胡图边缘化。金沙萨大学局势紧张，北基伍省少数民族的大学生粗暴对待图西族学生，想要将他们赶出大学校园。1981年 3 月，洪德的传统首领，即"托管"北基伍班亚旺达的主要群体，向蒙博托总统递交了一份备忘录，要求撤销北基伍省班亚旺达人的扎伊尔国籍。两周后，在向 MPR 的致辞中，蒙博托总统放弃了班亚旺达和前卢旺达难民。① 1981 年 6 月，通过了一项新的国籍法，1972 年的国籍法被取消，父母原籍为卢旺达、1885 年刚果自由国家成立后定居的难民后代，将被追溯并撤销其扎伊尔国籍。②

面对事态发展，班亚旺达精英阶层和长期难民成立了协会做出回应，他们联合起来，试图挑战 1981 年国籍法，尤其是有关其追溯力的规定。十年后，1991 年 8 月，主权国家会议召开，同意在政治上驱逐班亚旺达：除来自鲁丘鲁地区的胡图族以外，所有代表均被拒绝（前殖民时期的布维沙）。会议上通过的宪法维护了 1981 年国籍法律，因此，班亚旺达人被排挤出过渡政府。③ 从 20 世纪 80 年代早期开始，扎伊尔的经济进一步崩溃，困难不断加剧，第二代卢旺达难民不再抱有太大的期望。他们放弃了进入大学学习，转而选择了技术培训和低薪工作，而其他人则和受过教育的扎伊尔人一样，投入了非正式行业。④ 到了 20 世纪 80 年代晚期，对于前卢旺达难民而言，扎伊

---

① 1981 年 3 月 26 日蒙博托总统在人民革命运动的讲话。
② 1981 年 6 月 29 日第 81－002 号法律。
③ Tegera，*Les Banyarwanda au nord-Kivu*.
④ Rwigamba，*Mémoires*，p. 49.

尔化耀眼的吸引力已然消失殆尽。然而，对于精英和略逊一筹的相似群体来说，主要指生活在基伍城镇的难民，由于没有别的现实出路，在扎伊尔安家仍然是他们唯一的选择。① 1990 年 10 月，由于卢旺达爱国阵线贸然发起攻击，号召与其他难民团结一致，在扎伊尔的卢旺达长期难民中的精英群体才开始改变想法，他们开始将返回卢旺达看作一个可靠的选择。②

20 世纪 90 年代初，扎伊尔开始解体，更加剧了这一趋势。1991 年和 1993 年金沙萨和戈马遭到抢劫之后，扎伊尔陷入不稳定状态，贫困不断加剧。1993 年 3 月，种族冲突导致班亚旺达胡图族民兵与洪德民兵一同对抗尼扬加人，约 7000 人丧生，其中包括马西西的少数图西族人。尽管他们对扎伊尔怀有感情，但是随着扎伊尔迅速瓦解，大多数卢旺达难民开始相信，在扎伊尔流浪已不再是一个可行的选择。

卢旺达难民在坦桑尼亚

1959 年，第一批卢旺达难民抵达坦桑尼亚。据联合国难民事务高级专员公署统计，截至 1961 年年底，坦桑尼亚境内共有大约 12000 名卢旺达难民，其中，完全依赖人道主义援助的难民有 5000 人。该数字并未统计一些自发定居在卡格拉和姆万扎农村地区的难民。传统上，居住这两个地区的居民素来与边境另一侧的居民联系紧密。1964 年和 1965 年，又有 3000 多名难民从刚果逃到了坦桑尼亚。③

坦桑尼亚当局对这些难民表示欢迎，但并没有为其提供足够的资源，未能有效地帮助他们。难民起初分散在其入境点的周边地区。为了活下去，他们中的许多人不得不在当地人那里找点事儿做，当临时工，或放牧。④ 执政党坦噶尼喀非洲民族联盟（TANU）认同 UNAR

---

① 2015 年 5 月 12 日在基加利接受 E. M. 的采访。

② Rwigamba, *Mémoires*, p. 62.

③ Refugee Policy Group, "Older Refugee Settlements in Africa, Final Report".

④ Charles Gasarasi, "The Life of Refugee Settlement: The Case of Muyenzi in Ngara District, Tanzania", (Mimeo), A research project for UNHCR, Dar es Salaam, 1976.

有关民族主义和反殖民意识形态的思想，向姆瓦米·基格利和 UNAR 领导人提供了财政帮助，后者在达累斯萨拉姆待了数年。卢旺达宣布独立后，坦噶尼喀政府得出难民无法回到祖国的结论，便着手让他们更长久地在坦桑尼亚定居下来。相关中央和地方当局让他们远离卢旺达边界，以防止图西族游击队入侵，还将他们安置在靠近布隆迪边境、恩加拉地区的穆扬兹营地。当局此举的一个动机是，要看看通过将大批难民安置在舌蝇肆虐、野兽出没的地方，难民们是否可以将这些地区改造为宜居地区。①

由于难民人数过于庞大，当局尝试将他们分散开来，以便降低供养成本、让他们能更快地自给自足，同时分散难民也可以扩大灭绝舌蝇的土地面积。大多数难民断然拒绝。其中一群人拒绝与大家同行，要求回到卡拉格威地区。他们是最早到来的一批难民，来自在政治和社会上都处于边缘地位、地处卡拉格威的对面的卢旺达吉萨卡。他们一行大约 4000 人，被允许选择自己的营地，还可以轻松地与地方当局打交道。到达卡拉格威后，他们立即开始耕种，摒弃了以穆扬兹人为代表的政治积极主义，他们刚刚离开穆扬兹人群体。良田在手，较少受到舌蝇和野兽肆虐，意味着拉格威社群将很快能在粮食上自给自足。后来，由于安装了供水系统，畜牧得到发展，他们开始富裕起来。

生活在穆扬兹的 10000 名难民的处境就大不相同了。根据社会多样性程度差异进行划分，难民群体主要分为和平主义者和军国主义者。由于他们的营地距离布隆迪不远处的营地较近，不少图西族游击队员被转移到该营地。尽管划分不同，大多数穆扬兹难民拥有共同的事业，那就是，拒绝长期定居或被驱逐，他们希望尽快回到卢旺达。他们拒绝种植多年生作物，他们搭建草房子，拒绝长久住所，并拒绝参加社区活动。在恩加拉地区（穆扬兹在那里安营扎寨），当地坦噶尼喀非洲民族联盟领导人（大多数是汉加扎族人，是主宰着当地政府的传统的农民）并不欢迎这些难民在此长期定居。他们担心，如果难

---

① Yeld，"Implications"．

民获得投票权，他们将与希马少数民族的牧民结盟，这些牧民在文化上更接近图西族。对于这些政府而言，应对威胁的一种方法，就是将难民分散在开阔的土地上。[①] 因为难民拒绝合作，坦桑尼亚当局逮捕了五十名难民领导，切断他们的粮食供应，并关闭学校。由于害怕被强制遣返卢旺达，1963 年 6 月，一大波难民被迫逃往布隆迪，但布隆迪拒绝接收，一周后又将他们送回坦桑尼亚。[②]

由于难民安置计划即将崩溃，政府向难民署和红十字会求助。最后，政府推行了一个新的重新安置方案，释放难民领导人，并停止当局干预。此外，修订家庭驱散原则，将难民重新分成大约 30 个村庄，村子与村子相距较近。强化农业活动，建成水井系统。干旱、土壤贫瘠，加上一些难民依然不愿永久性定居，妨碍了穆扬兹营地得以巩固。后来，靠着和布隆迪人做走私生意，主要是在边境高价买卖牛，难民的困境才有所改善。1974 年，政府推行"村庄化"政策，难民不得不搬迁至乌贾马村，大部分难民移民至布隆迪。1962 年，难民人口为 10000 人，到 1976 年，只剩下不超过 3000 人。[③] 当地官员对他们的厌恶情绪仍未改变。坦桑尼亚集体授予所有难民公民身份之际，该措施在恩加拉地区被搁浅。2006 年和 2013 年，恩加拉地区成为非法驱逐卢旺达流浪难民的主场。

1964 年年底以及 1965 年年初，3300 名难民被驱逐出刚果，他们从戈马出发，乘坐飞机、火车，然后是卡车，三天后抵达坦桑尼亚。姆韦西营地地处高原地区，海拔 1800 米（5900 英尺），距卢旺达约 400 千米（250 英里）。当时，该地区较偏僻，人口稀少。坦桑尼亚政府、UNHCR 和路德教会世界联合会签署了一项三方合作协议，圈出了一块地建难民营，后来，姆韦西营成为一个模范营地。从最近的姆潘达小镇［位于 120 千米（75 英里）之外］修建了一条道路。然后，修建了学校、卫生所、邮政和电力服务机构，并提供了现代农业

---

① Yeld, "Implications".

② Refugee Policy Group, "Older Refugee Settlements in Africa", p. 118.

③ Charles Gasarasi, "The Life of a Refugee Settlement".

设备。难民对营地选址表示满意，这让他们想到了卢旺达，只是这里更凉爽一些。这个地方适合养牛。但不幸的是，难民乘飞机抵达时，无法带上牛。头两年过后，一切进展顺利：尽管大多数人在刚果时是牧民或上班族，但难民能够耕种土地，产粮开始盈余。[①]

1967 年，难民与地方当局的关系开始恶化。半数难民拒绝接受坦桑尼亚身份证（未授予公民身份），因为他们不想失去自己的卢旺达国籍。一些人因拒绝服从而被捕。考虑到营地基础设施比较重要，政府决定，将原先来自人口稠密的乞力马扎罗地区的人口重新安置在营地周围。后来，周边的其他人口被这里的设施吸引，也来此定居。[②]

姆韦西变得相对富庶，这主要得益于农业生产盈余带来的商业化、非农业收入生产活动，如公路运输。最后，难民的牛群大大扩大。营地的难民人口减少，特别是在取得坦桑尼亚集体公民身份之后。受过良好教育的难民定居在本地或达累斯萨拉姆的城里，一批难民移民到布隆迪。家人滞留刚果，相隔两地，也是促使他们离开的原因。[③] 但总的来说，他们与世隔绝，很少能与姆潘达小镇取得联系，孩子上中学的机会有限，这些都成为制约他们的发展前景的因素。

实际上，总体而言，卢旺达难民所定居的地区并不发达，比较偏僻，远离该国的经济中心和中学，这意味着，坦桑尼亚的难民基本上仍然是乡下人。与其他东道国的难民形成反差的是，坦桑尼亚的难民并没有产生出大批专业人士。许多长期难民在饲养牲畜方面取得了成功，过上了物质舒适的日子，不必再去追求现代薪金职业。

重返卢旺达的希望破灭了，由于政治脆弱性，姆韦西难民营中的难民开始要求获得坦桑尼亚公民身份。1980 年 12 月，坦桑尼亚宣布，愿意向 36000 名卢旺达难民集体提供坦桑尼亚国籍。在卡拉格威和穆扬兹旧营地，由于地方当局执政不当，延误了这项政策的实施，

---

① Patricia Daley，"Refugees and Underdevelopment in Africa：The Case of Burundi Refugees in Tanzania"，Ph. D Thesis，Oxford University 1989，p. 178.

② Refugee Policy Group，"Older Refugee Settlements in Africa".

③ Daley，"Refugees and Underdevelopment in Africa"，p. 180.

同时在一些情况下，有些难民拒绝提交申请。因此，在这两个地方，只有少数人拿到了坦桑尼亚国籍。① 这一情况在 1985 年被曝光。当时，卡格拉地方当局逮捕了一些难民，声称他们是 1982 年从乌干达逃来的，扬言要将他们驱逐出去。联合国难民事务高级专员公署在分拣时发现，来自乌干达的难民占极少数。到目前为止，大多数人是20 世纪 60 年代的卢旺达难民和早期移民，尽管他们不断尝试，但仍未能取得坦桑尼亚国籍。②

他们的处境与在姆韦西的难民形成鲜明对比，姆韦西难民具有更高的教育水平，与地方当局关系更好一些。1987 年，在 2780 名姆韦西难民中，1800 多人获得了坦桑尼亚国籍。③ 通过宣告集体归化，该难民营逐渐进入正常的坦桑尼亚行政结构，原难民们有了一种完全融合进入民族社区的感觉。这种印象得到恩加拉区（前穆扬兹营地所在地）地方当局的支持。恩加拉地方当局告诉那些出生在坦桑尼亚的难民，他们的出生证明足以证明其坦桑尼亚国籍。④

坦桑尼亚最终还是屈服于反卢旺达仇外压力。与此区域的其他国家相比，其出现的时间相对较晚。2006 年至 2007 年，大约 18000 名难民和旧移民被坦桑尼亚驱逐，他们来到卢旺达，其中许多人称自己拥有坦桑尼亚国籍或临时居民身份。这些人主要来自坦桑尼亚西北部的布科巴、卡拉格威、穆雷巴和纳加拉地区。他们抵达卢旺达后，便出示了入籍文件和选民卡。这些难民在被驱逐前曾遭到殴打，他们的

---

① Charles Gasarasi, "The Mass Naturalization and Further Integration of Rwandese Refugees in Tanzania: Process, Problems and Prospects", *Journal of Refugee Studies*, Vol. 3, No. 2, 1990.

② Otto Hagenbuchle, "Kagera Region/Tanzania, 25 February-24 May 1985: Naturalization of Refugees", UNHCR Consultancy Mission Report in Barry N. Stein and Lance Clark "Refugee Integration and Older Refugee Settlements in Africa", 1990.

③ Daley, "Refugees and Underdevelopment in Africa", p. 181.

④ 在 2013 年驱逐既没有坦桑尼亚公民身份也没有有效移民文件的卢旺达难民的浪潮中，一些被驱逐者解释说，他们没有申请公民身份，因为地方当局告诉他们，出生证明足以证明他们的坦桑尼亚国籍。BBC News, "Why Tanzania deported thousands to Rwanda", 2 September 2013.

财产被洗劫一空，房屋和其他财产被摧毁或烧毁。此外，他们的牛被警察、地方当局或松古民兵成员没收。① 一些妇女被强奸，还有一些人被杀害。② 一名受害者称，当他们宣布自己是坦桑尼亚公民时，对方回答："公民身份轮不到卢旺达人。你必须离开。"③

　　一直以来，坦桑尼亚标榜的接收旧难民的典范形象，对卢旺达难民而言名不副实。即便 1959 年的卢旺达难民直到最后才遭到暴力驱逐，但这也表明他们融入坦桑尼亚的过程有多么危险。

卢旺达难民在乌干达

　　1959 年到 1964 年，卢旺达难民源源不断地来到乌干达，总人数达 67000 人左右，同行的还有成千上万头牛。超过 40% 的难民，特别是那些拥有较大牛群的难民，自发地定居在安库尔区。④ 其他人从接待中心走出来后，便定居在纳基维尔和安库尔区的奥鲁辛加营地。⑤这些营地距离卢旺达边境较远，为的是防止图西族游击队和偷牛者武装入侵。两个营地很快住满，因此很快又建了另外五个营地：四处位于托罗区，另外一处在布尼奥罗区北边。营地的部分区域留给牧民，部分区域留给农民。

　　最初的几年十分艰难。卢旺达难民营选址较偏远，为的是避免在土地问题上与当地居民发生冲突。就像坦桑尼亚一样，让难民定居在偏远地区，也是为了让他们帮助开垦舌蝇肆虐的土地，创造可居住条件。起先，难民们不想永久定居在乌干达，他们希望尽快返回卢旺达。这也是乌干达当局的初衷。因此，供水、医疗卫生、教育以及经

① Human Rights Watch, "Letter to President Jakaya Mrisho Kikwete of Tanzania", 8 May 2007.

② La Ligue des Droits de la Personne dans la région des Grands Lacs, "Près de Deux Cent Rwandais Expulsés Forcémentpar la Tanzanie", 19 May 2006.

③ Human Rights Watch, "Letter to President Jakaya Mrisho Kikwete".

④ Jo Helle-Valle, *Banyaruanda in Uganda Ethnic Identity*, *Refugee Status and Social Stigma*, Ph. D. Thesis, University of Oslo, 1989, p. 80.

⑤ 卢旺达人非正式地称他们为 Nyakivara 和 Nshungerezi。

济作物的推广直到后来才开展。

难民们被派往丛林，那里舌蝇肆虐，野兽出没，他们携带着可以短期维持的食物。之后，他们还要去开垦、耕种土地，以满足自身需求。他们不得不砍伐灌木丛，搭建临时帐篷。由于人多、牛多，加上舌蝇肆虐，难民们失去了很多牛。因此，一些难民为了保护剩下的牛，选择离开营地，有的难民放弃养牛，着手种植农作物。为了生存，难民们常常不得不到附近的小农户找点活儿做。运气好的人照看牛，但大多数人不得不去田间干活。由于营地逐渐变得拥挤不堪，在最初几年里，许多难民多次进进出出一个个营地。一次次创伤性的离开意味着他们不得不放弃首播庄稼，告别他们的房子，为的是继续开垦土地，一切从头开始。

1968 年，难民营的设施稳固了下来，难民们实现了永久居住和自给自足。通过施予更多土地，引进经济作物，以及根除舌蝇的计划，难民定居得以实现。小学教室取代了以前在树下进行的教育，难民儿童能够进入当地的国立中学。直到 1974 年，当地居民依然贫穷，难民营中难民的生活水平刚刚赶上当地居民。在一些难民营里，人们继续遭受饥饿之苦，而在另外一些仅产生了少量盈余的难民营，他们融入当地经济的能力薄弱，因此他们将忍受现金短缺的状况。由于生活水平底下，乌干达的许多难民长期住在茅草屋里。①

1962 年开始难民安置时，政府官员鼓励难民在难民营外定居和生活。由于乌干达缺乏组织与政府限制，这些难民或多或少地融入了东安科勒地区的希马人群体，他们的法律地位模糊。随着时间的推移，他们成为既定事实上的公民，可以获得土地并参加选举。当地官员贪污腐化，他们乐意给难民签发证明其"本地身份"的文件，尽管他们的邻居不断继续强调这些人是外国人。1970 年，在米尔顿·奥博特的第一个执政期末，难民离开难民营变得更加困难，甚至在奥博特政权被推翻

---

① Philip Gourevitch and Paul Kagame, "After Genocide", *Transition*, Indiana University Press, No. 72, 1996, p. 171.

之后，这一政策仍在存在。20世纪70年代，地方难民所处的社会环境恶化，随着伊鲁族和基加族人口向安科勒区（1976年起称为姆巴拉拉区）东部移民，土地占用情况加剧。1975年的土地改革法令结束了非正规的传统占用土地的情况，加速了人们争夺土地所有权和土地租赁权的情况。这项法令还禁止难民购买或租用土地。有钱人则能够从腐败的地方当局那里获得必要文件绕过这一限制。这些事态发展也加剧了地方一级的紧张局势，激化了反卢旺达情绪。

尽管生活条件艰苦，难民还是把子女教育作为一项紧迫的优先事项。他们在树下为孩子们教授课程。直到1967年，他们才在当地教会的帮助下建造了第一批教室。尽管如此，难民营里的学生成绩优异。1970年离开安卡难民营的所有学生都通过了考试。在卡巴罗莱区前10名学生中，6名来自卡哼吉。排在首位的是彼得·巴因加纳，后来，他赴马克雷尔大学学医，1990年10月①成为卢旺达爱国军的指挥官之一。难民儿童取得的这些好成绩使他们能够进入该国最好的中学，从而逃离难民营。难民营中只留下老年人和受教育程度低的青年人。为了增加融入当地社会的机会，许多年轻难民利用升入中学的机会改名，冒充乌干达人。这种计策使一些难民更容易融入职业生活。但到了20世纪80年代，反班亚旺达情绪的兴起使得采用这种方法变得越来越困难。

在政治层面，乌干达境内卢旺达难民的状况因历届政权的不同而存在很大波动。特别是在1966年米尔顿·奥博特成为总统之后，最初乌干达当局对难民表现出的善意变成了敌意。主要原因是难民被认为与执政党乌干达人民代表大会的对手党派——民主党（乌干达）有联系。由于当时天主教——新教徒的分歧是加入两个主要国家政党之一的主要原因，主要是天主教的卢旺达人被怀疑同情精英派的民主党，种族政治亲缘关系也助长了那样的怀疑。安科勒地区的种族政治

---

① Jude Murison, "Resilience in Exile: Rwandan Refugees in Uganda, 1959 - 1994", *NORRAS News*, No. 53, May 2016, p. 110.

分歧与卢旺达相似，尽管两极分化程度较低。

第一批难民营建立在安科勒东部，那里主要居住着巴伊玛牧民。尽管在人口上属于少数，他们在文化上与图西族人关系密切，在政治上占传统主导地位。安科勒人的另一部分主要是拜鲁农民。巴伊玛人整体上支持民主党，而拜鲁人则根据宗教信仰划分政治信仰，一部分人支持民主党，大部分新教徒支持乌干达人民代表大会。当时处于守势的巴伊玛人欢迎卢旺达难民，希望他们能在政治上壮大自己的队伍，但从未真正接受他们为自己人。

在取消了 1969 年的选举后，奥博特总统承诺在 1971 年举行新的选举。为了准备连任，他采取行动，反对那些在政治上对他怀有敌意的团体，特别是班亚旺达人。每当卢旺达难民的出现对他的统治策略造成不便，他就下令在安科勒地区进行种族普查，以阻止卢旺达难民投票，并最终将他们驱逐出境。① 他阻止难民离开难民营，并禁止他们种植经济作物或将他们的孩子送到中学。1970 年，他下令公司和个人雇主解雇所有没有技能的非乌干达人，这项措施主要针对亚洲人和卢旺达人。当伊迪·阿明将军在 1971 年发动了针对奥博特总统的政变时，这些措施中的大部分还没有得到实施。

尽管乌干达人民代表大会对难民怀有敌意，但其政治言论的某些方面还是赢得了一些卢旺达年轻人的支持。1968 年至 1971 年，与奥博特的"左倾"运动相对应，左翼激进派、泛非派和反帝国主义的政治讨论活跃起来。这些想法影响了一批年轻的卢旺达人，他们远离自己社群的政治保守主义，后来成为卢旺达国家统一联盟的创始人之一。②

伊迪·阿明执政标志着卢旺达难民进入一个喘息期。由于不信任现有的政治精英，阿明更接近被边缘化的少数人群，特别是班亚旺达和卢旺达难民。他邀请基杰利国王（mwami Kigeli）前往坎帕拉，还

---

① Elijah Dickens Mushemeza, *The Politics and Empowerment of Banyarwanda Refugees in Uganda 1959 – 2001*, Kampala, Fountain Publishers, 2007, p. 69.

② 2015 年 6 月 22 日在基加利对 G. M. 的采访。

努力组织难民代表与最近成立的哈比亚里马纳政府之间进行对话。然而，卢旺达政府退出了谈判。① 阿明使卢旺达难民有机会获得军队和政府的就业机会，但这种善意并非没有限制。1975 年的土地改革法令禁止难民获得土地。最后，1979 年坦桑尼亚人入侵推翻他时，阿明在电台上宣布所有卢旺达难民必须返回难民营。尽管有禁令，难民们利用这个平静期开始非正式地融入乌干达社会，主要是通过离开难民营，租用土地。奥博特在 1980 年重新掌权后，他和他的追随者指责班亚旺达人和卢旺达难民是阿明的狂热拥护者，对他的罪行负有主要责任。尽管事实上，牵涉其中的难民是相对孤立的个案。②

　　1980 年 12 月选举舞弊后，奥博特和乌干达人民代表大会重新掌权，这对卢旺达难民来说是一场灾难。乌干达人民代表大会赢得选举胜利后，三个武装反叛运动团体成立，其中就包括穆塞韦尼领导的人民抵抗军，不久后成为全国抵抗军。1981 年 2 月，穆塞韦尼小组的第一次军事行动是由 27 名战士进行的，其中包括两名卢旺达难民弗雷德·里维格玛和保罗·卡加梅。1982 年 1 月的一次讲话中，奥博特总统要求乌干达人除掉卢旺达难民，这些难民据说占领了本属于乌干达人的土地。③ 不久之后，官方政府报纸在一篇社论中指责卢旺达难民与穆塞韦尼的恐怖运动勾结，非法参加选举，并成为阿明暴行的主犯。④

　　在这些声明之后，政府试图迫使居住在安科勒地区的班亚旺达人

---

　　① 在哈比亚里纳总统发动政变并开始谈论和解之后，伊迪·阿明·达达总统要求卢旺达政府为生活在乌干达的班亚旺达难民问题找到最终解决办法。1974 年 7 月，阿明让卢旺达政府与难民代表取得联系，他们制订了逐步遣返有关各方的计划，但卢旺达政府最终撤军。Jean-Paul Kimonyo, *Rwanda's Popular Genocide: A Perfect Storm*, pp. 67－72.

　　② 在奥博政府的官方通缉名单上，只有 7 个巴尼亚尔旺达人，阿明政权的特工和合作者的 240 名通缉犯中没有难民。Minority Rights Group, "Uganda and Sudan", Report No. 66.

　　③ Published in *The Uganda Times* of 11 January 1982 and reported in Elijah Dickens Mushemeza, *The Politics and Empowerment of Banyarwanda Refugees in Uganda 1959－2001*, Kampala, Fountain Publishers, 2007, p. 93.

　　④ Published in *The Uganda Times* of 11 January 1982 and reported in Elijah Dickens Mushemeza, *The Politics and Empowerment of Banyarwanda Refugees in Uganda 1959－2001*, Kampala, Fountain Publishers, 2007, p. 93.

返回难民营，这些人被指控在阿明政权统治时非法离开。全国各地的乌干达人民代表大会青年党成员以及属于该党的官员以驱逐与反叛分子合作者为借口，开始偷窃和抢劫。正是在这种情况下，乌干达人民代表大会的一些年轻人试图偷牛，被卢旺达牧民杀害，引发了在姆巴拉拉区各个地方对班亚旺达发动的盲目报复性袭击。乌干达人民代表大会的两位部长策划了一场暴力运动，旨在将班亚旺达人从姆巴拉拉区驱逐出去。他们寻求地区政治资本，并希望抑制该地区对土地的需求；他们偷窃班亚旺达人的牛，并从中获利。

1982 年 10 月 1 日，特别准军事部队与乌干达人民大会的青年一起袭击了班亚旺达难民、移民和具有卢旺达文化的乌干达公民。他们同时袭击了姆巴拉拉区的巴伊玛人、拜鲁人和巴基加斯人。难民们别无选择，只能返回难民营或卢旺达。那些遭受袭击的人不能带走他们的东西，尤其是他们的牛。这些人洗劫并烧毁房屋，殴打和杀害难民，强奸妇女。

据悉，暴力事件造成大约 100 人死亡，大约 35000 人在被包围的难民营中寻求庇护；45000 人进入卢旺达。在乌干达旧难民营中被拘留的 35000 名国内流离失所者中，许多年轻人逃出来加入穆塞韦尼，其中包括一直住在这些难民营中的青年。①

那些越境的人被关押在卢旺达的难民营中。那里条件非常恶劣。由于卢旺达 1982 年 11 月关闭了边界，大约 4000 人被困在一个狭长地带，形成了无人区。被困在这里的人既不能进入卢旺达，又害怕返回乌干达。② 由于出生国拒绝接收，他们没有真正的选择权，一些老年难民宁愿自杀。③ 在红十字会的有限援助下，这群人在那里"腐烂"了几个月，慢慢地死于传染病和绝望。④ 一年后，即 1983 年 12 月，姆巴

① Mamdani, *When Victims Become Killers*, 2002, p. 169.
② Catherine Watson, *Exile from Rwanda. Background to an Invasion*, The US Committee for Refugees, Issue paper, February 1991, p. 10; Prunier, *The Rwanda Crisis*, 1997, pp. 69 – 70.
③ *Le Monde*, 23 December 1982.
④ Prunier, *The Rwanda Crisis*, p. 70.

拉拉以东的拉凯区再次发生驱逐事件，共有 2 万人被逐出家园。

在卢旺达政府于 1983 年 7 月进行甄别工作以确定每个人的身份之前，有 10000 名难民凭空消失。许多在卢旺达被拘留的年轻人加入了穆塞韦尼的丛林叛乱军。在 31000 名已登记的难民中，基加利政府只承认其中 1026 人具有卢旺达公民身份。① 卢旺达安全部队经常接收没有任何身份证明的年轻难民。② 直到 1985 年年底全国抵抗军（NRA）解放乌干达西南部，这些难民一直被关押在隔离的难民营中。

对班亚旺达人的迫害促使更多年轻的卢旺达人加入穆塞韦尼的丛林军队。在他们加入的全国抵抗军早期的新兵队伍中，就包括弗雷德·里维格玛和保罗·卡加梅。在姆巴拉拉区被驱逐的 8 万名班亚旺达受害者中，不到一半原来是卢旺达难民。但这些人几乎都住在难民营之外的地区。大规模的驱逐使得没有居住在难民营的卢旺达难民更接近当地人的生活和事业，其中一些人正在融入难民营。姆巴拉拉和乌干达其他地方的虐待行为是对该地区甚至更远地区许多卢旺达难民群体残酷的政治警醒。

1986 年 1 月 26 日，在数千名卢旺达难民战士和军官的帮助下，穆塞韦尼的全国抵抗军占领坎帕拉。在总共约 14000 名战斗人员中，约 3000 人是班亚旺达人，大多数是卢旺达难民。③ 穆塞韦尼承认卢旺达难民在全国抵抗军斗争中所做的贡献。战后，弗雷德·里维格玛少将被任命为武装部队副总司令兼国防部副部长，从而成为继穆塞韦尼之后乌干达军队的第二号指挥官。保罗·卡加梅少校成为军事情报局副局长。其他卢旺达难民也占据了重要职位，例如警察局长、军队医务处处长以及旅级指挥官。卢旺达难民所获得的地位归功于他们早期参加穆塞韦尼叛乱以及在那里获得的经验。④ 战争结束 6 个月后，穆

---

① Helle-Valle, "Bunyaruanda in Uganda", 1989, p. 106.

② 2016 年 6 月 23 日在基加利对 D. R 和 E. N. 的采访。

③ Mamdani, *When Victims Become Killers*, 2002, p. 174.

④ Interview with Brigadier General Geoffrey Byegeka in *Rwanda Dispatch*, No. 11, September 2009.

塞韦尼宣布，在乌干达生活超过 10 年的难民将很快获得乌干达公民身份，这种情况打破了乌干达将卢旺达难民排除在外的传统。①

这些积极的发展并没有持续多久。矛盾的是，许多卢旺达难民为全国抵抗军的胜利做出了巨大贡献。几年后，这进一步促使难民返回卢旺达，而不是使他们融入乌干达。坎帕拉倒台后不久，这些卢旺达战士，包括那些在乌干达军队中享有很高地位的人，也因其出身被排除在外。全国抵抗军胜利后，一场名副其实的针对卢旺达人的政变开始，波及军队和乌干达精英阶层。其转折点是 1990 年 8 月，在乌干达西南部马瓦古拉县牧场所举行的议会辩论。一场武装对峙使缺席的土地拥有者与牧民寮屋居住者互相对抗，后者包括许多卢旺达难民。为期三天的公开辩论对难民来说是一个极端敌对的局面。迫于压力，穆塞韦尼结束了辩论，通过了一项限制乌干达公民获得牧场土地权利的条款。在政治上，这意味着他将把卢旺达难民及其子女最终获得乌干达公民身份的大门关闭。② 事实上，在讨论牧场土地问题之前的一段时间，议会已经下令对武装部队中的非公民进行人口普查，要求所有非公民都必须遣散。③ 这些事态发展最终导致 1990 年 10 月卢旺达武装难民试图返回家园。

然而，在卢旺达难民为解放乌干达付出了血的代价之后，人们仅仅把这次武装返回视为卢旺达难民被拒绝融入乌干达社会的回应，这是一个错误。因此，卡加梅总统声称，对他和弗雷德·里维格玛来说，他们参与全国抵抗军从一开始就有一个目标，就是要参与把乌干达从独裁统治中解放出来的斗争，然后利用这一经验解放卢旺达。④后来，他们煽动其他相同处境的难民加入全国抵抗军。⑤ 然而，对所

---

① Mamdani, *When Victims Become Killers*, pp. 173 – 174.

② Mamdani, *When Victims Become Killers*, pp. 176 – 182.

③ Mamdani, *When Victims Become Killers*, p. 182.

④ Prunier, "Elements"; Mamdani, *When Victims*; Guichaoua, *From War to Genocide*; and Kuperman "Provoking Genocide".

⑤ Paul Rutayisire, Privat Rutazibwa, and Augustin Gatera, *RWANDA：La Renaissance d'une Nation*, Butare, Éditions de l'Université du Rwanda, 2012, p. 114.

有加入全国抵抗军的卢旺达难民来说，这并不意味着对情况非常了解。值得注意的是，我们要区分在难民营长大的卢旺达难民的立场与从未在那里生活过的人的动机。对于难民来说，1982 年和 1983 年的暴力驱逐，以及 1986 年后，在本应对他们有利的政权统治下，反卢旺达情绪的抬头最终使融入乌干达社会的选择变得越来越没有吸引力。

1988 年发表的一份研究报告对此提供了一些有趣的见解，这份报告是关于普通卢旺达难民返回卢旺达的愿望的。① 进行这项质性研究的研究人员发现，交谈中的大多数年轻的卢旺达难民希望有朝一日可以返回卢旺达。②

> 他们一次又一次感到，其他乌干达人看不起巴尼亚鲁安达人（Banyaruanda），认为他们是卢旺达人。因此，与我交谈过的许多人清楚地表明，即使他们中的许多人没有在其他国家的生活经历，在乌干达他们依然感到被疏远。诚然，在经济方面，大多数人并没有感觉到他们受到了任何实质性的歧视，但普遍缺乏归属感。③

听说他们想返回卢旺达，她认为这一愿望是基于卢旺达作为"应许之地"的设想，但事实并非如此。她发现，巴尼亚鲁安达人对那里普遍存在困难的社会和经济状况非常了解。④

---

① Helle-Valle，"Bunyaruanda in Uganda"．
② Helle-Valle，"Bunyaruanda in Uganda"，pp. 124 – 126.
③ Helle-Valle，"Bunyaruanda in Uganda"，p. 125.
④ "令我惊讶的是，他们中的大多数人都对卢旺达有详细的了解。他们可以告诉我这个地区和那个地区的情况，土地状况如何，他们是否还有亲戚在那里。当被问及此事时，他们告诉我，他们有第一手或第二手资料。他们的社交网络中总有人访问过卢旺达。渐渐地，我得到了一些证实，其中包括一名高级安置点指挥官（安置点最高官员）。他告诉我，当难民向他申请前往姆巴拉拉或坎帕拉的休假许可证（他们在离开安置点之前必须正式获得许可证），许多人反而访问卢旺达。" Helle-Valle，"Bunyaruanda in Uganda"，p. 125.

当我了解到他们对情况完全清楚时，我问他们为什么还想回去。既然他们知道那里的人口密度情况，难道他们不了解卢旺达对难民的态度？部分人当时的反应相当激烈。他们对我说，在道义上或法律上，一个国家没有权力拒绝他们的公民重新入境，即使他们存在问题。（当然，我没有反对的理由，他们是完全正确的）有些人还说，金钱和物质保障使他们怀疑应该做些什么，但从另一方面来说，他们觉得自己只有一个祖国：卢旺达。①

渊源不同但有融合的情况

在流亡的三十年中，卢旺达难民证明了他们的适应能力，少数人甚至获得了丰富物质与成功职业。收容国人民与卢旺达政府对他们的成功融入印象深刻并羡慕不已，往往倾向于将这种成功融合的情况进行宣传，并推广到所有难民中。然而，绝大多数难民依然生活在难民营或贫民窟中。

卢旺达难民放弃了激进的领导人以武力返回卢旺达的计划后，努力生活，并希望融入收容国。为了做到这一点，他们表现出一种适应精神，在田间地头努力工作，同时致力于子女教育，使孩子们能从难民的境况中解脱出来。他们不得不谦卑地融入收容国民众，并向他们开放自己的文化，甚至几乎完全接受对方文化。他们受生存情况所限，需要互相团结帮扶，因此居住地位置集中。尽管现实如此，他们在很长一段时间内依然保持了对其文化价值的坚定信念。在当时的情况允许难民的非官方融合后，例如在 20 世纪 70 年代倾向接受难民的几年间，乌干达、布隆迪和扎伊尔这三个收容卢旺达难民的主要国家在 20 世纪 80 年代逐步管控甚至暴力地取消了难民们现有的选择。

经济危机和人口增长给土地带来了更大压力是主要原因之一。②

---

① Helle-Valle，"Bunyaruanda in Uganda"，pp. 125 – 126.

② Stein and Clark，"Refugee Integration and Older Refugee Settlements in Africa"，Refugee Policy Group Paper，November 1990（https: //msu. edu/course/pls/461/stein/FINAL. htm/）.

但白领就业机会的缺乏也是加剧紧张局势的另一个因素。1990年，研究人员根据现有数据预测，拒绝前难民的现象将加剧，并将在非洲大湖区造成严重问题。甚至在坦桑尼亚，一个长期被视为难民融合典范的国家，在21世纪初也深陷其中。

就卢旺达难民而言，一部分难民野心勃勃并成功融入收容国。在蒙博托统治下的扎伊尔，在全国抵抗军胜利后的乌干达，这种融合加剧了收容国人民对他们的排斥。在布隆迪，由于其资源和机会有限，胡图族精英（其中许多人曾在卢旺达生活过）重新融入该国的政治和社会生活，他们与曾是图西族人的卢旺达难民很难相互适应，这部分人继续占领该地区一些小部分区域。除了其野心和对其民族身份的依恋，他们人数相对众多，这些情况都给他们的融合增添了障碍。

卢旺达难民在其收容国居住了二十多年后，人数增加了一倍多，他们在教育方面的主要投资使受过良好教育的年轻人人数相对较多，而他们所能获得的机会却在减少。20世纪80年代后半期在乌干达特殊的历史条件下，对一些卢旺达难民来说，这次的融合存在的问题是不可避免的，这将造成他们与收容社群间的紧张关系。对于在布隆迪出生或长大的第二代难民来说，政府结合当地的情况容许他们的融合，这种僵持的氛围蔓延开来。在扎伊尔，那里长期存在的难民社区试图认同并接受班亚旺达人及其复杂情况，而这些难民区随着扎伊尔社会的缓慢衰落也衰落下去。

20世纪80年代中期开始，随着第二代难民的出现，难民群体的压力越来越大，他们不得不开始寻求持久的方法来解决自己的处境。压力会以不同的方式体现，但在每一个主要难民收容国都大同小异。这促进了乌干达、布隆迪和肯尼亚一些政治上活跃的难民以及非洲、欧洲和北美其他地方小规模散居难民的政治觉醒。除了最初散居并成为卢旺达爱国阵线第一批新兵的武装分子，其他人认为集体返回卢旺达的想法仍然是空想。

第二章　革命政权的终结

卢旺达独立时，控制该国的胡图族革命政权未能为人民提供稳定的居住基础。围绕着建立新国家，针对图西族人的宗派暴力从一开始就是胡图族政权的创始原则之一。但很早就开始出现新的政治和社会排斥标准，这一次的排外是区域性的，涉及新精英阶层的各个派别。最终，在20世纪80年代中期哈比亚里马纳总统的继任政权下，该国陷入了政治、经济和社会的急剧衰退。社会暴力再次弥漫开来，刚开始没有涉及种族内涵，后来却演变成了种族灭绝。革命三十年后，该国面临绝境。

1990—1994 年的政治与军事危机

冷战结束时，一股民主化的气息正向非洲蔓延。哈比亚里马纳政权的传统盟友法国向总统施压，要求其开始政治自由化进程。来自南部和中部的胡图族人多有不满情绪，并且有一种根深蒂固的、在此之前并没有统一的意愿来面对这种改变。没过多久，这种不满情绪就以惊人的力量爆发。

1990 年 9 月 1 日，即卢旺达爱国阵线进入卢旺达的前一个月，33名知识分子发表了一封公开信，要求恢复政治多元化。政府于1991年 6 月正式实行政治多元主义之前，于 1991 年上半年，在没有得到答复的情况下，这些知识分子秘密成立了政党。接下来，反对派在布塔雷和基加利举行大规模示威，要求政府参与。哈比亚里马纳总统有所动摇，于 1992 年 4 月任命了一位总理，他是改革后的民主共和运动组织——卡伊班达民主共和运动组织帕尔梅胡图的继任者。由他组建新政府，其中包括内部主要反对党的成员。

1991 年至 1993 年，卢旺达爱国阵线展开了一场三方博弈，最终显示出其军事实力；其内部政治反对派得到了广泛支持；前执政党全国革命发展运动组织，当时处于守势。

卢旺达爱国阵线和内部反对派达成了默契联盟，将边远地区的军事压力与各省和首都基加利的大规模示威活动相结合。这迫使该政权首先向反对派开放政府会谈，与卢旺达爱国阵线举行和谈。1993 年 8 月签署的《阿鲁沙和平协定》要求建立过渡政府，并在全国革命发展运动组织、卢旺达爱国阵线和由民主共和运动组织主导的内部政治反对派之间分享了三方权力。它还规定将卢旺达爱国阵线部队并入国家军队。阿鲁沙协议剥夺了哈比亚里马纳总统的大部分权力，而全国革命发展运动组织失去了其政治主导地位，并在一定程度上失去了军事主导地位。

看到了和平谈判的方向，哈比亚里马纳总统采取了一切可能的手段，分裂反对派，将危机的政治性质转变为种族问题，以便建立一个胡图族人反对卢旺达爱国阵线的"神圣联盟"。他利用仇恨宣传，通过推动屠杀图西族人、建立民兵队伍来恐吓反对者，并试图分裂反对党。

1993 年 1 月，该政权进行了新的屠杀，数百图西族人在屠杀中丧生。鉴于大屠杀的规模，卢旺达爱国阵线打破停火协议，于 1993 年 2 月 8 日突破卢旺达武装部队的防线，进入基加利附近 50 千米范围内。外交压力和政治计谋促使爱国阵线撤退，但"二月战争"成为冲突转折点的标志。这导致国家政治上的调整，给哈比亚里马纳总统提供了新的回旋余地，帮助他摆脱了政治孤立。卢旺达爱国阵线的军事力量展示促成了反对派的分裂，其中一个派系追随其种族激进主义，更加接近全国革命发展运动组织的理念，认为冲突首先是一个民族问题，并将卢旺达爱国阵线视为敌人。

民主共和运动组织本应成为胡图族统一战线斗争的中心，现在一分为二。其中一派势力（目前为多数派）声称继承了卡伊班达总统和 20 世纪 60 年代帕梅胡图族民主共和运动党的思想遗产，另一个少数派则继续致力于民主变革和民族和解的道路。忠于卡依班达传统的民主共和运动组成了胡图族权力联盟的核心。这其中包括全国革命发展运动组织，但也包括前民主反对派几乎所有组织的极端主义派系。这些派系在他们的头衔上增加了"权力"的名称，民主共和运动组织和共和民主权力运动自由党等。

哈比亚里马纳总统经历了由图西族大屠杀所引发的多次政局不稳的情况，正如他之前在达累斯萨拉姆的一次区域会议上向其同僚承诺的那样，他的国家正处于向外部压力屈服、批准和执行《阿鲁沙和平协定》的时刻。同一天晚上，即 1994 年 4 月 6 日，在返回途中，他的飞机被地对空导弹击落。法国法官马克·特雷维迪奇和纳塔弗雷德莉·普克斯发布的弹道专家报告指出，这些导弹很可能是从哈比亚里马纳总统官邸附近的总统卫队营地发射的。[1] 这些调查结果加上其他间接证据均支持这一假设，即全国革命发展运动组织的政治和军事精英决定通过杀害自己的总统来破坏和平进程，并引发相关事件。

这是种族灭绝的开始，也是针对卢旺达爱国阵线战争的重演。

20 世纪 80 年代后期的普遍贫困与社会暴力

卢旺达近代史上引发暴力的主要结构性因素中，有明显的经济和社会因素。鉴于卢旺达在 20 世纪 80 年代后半期经历危机的严重性，一些分析人士毫不犹豫地假定，这些因素是种族灭绝的主要原因。大多数严肃的分析人士拒绝接受这种对潜在因素的马尔萨斯式解释。[2]

---

① Courd'Appel de Paris, Tribunal de grande instance de Paris, "Destruction en vol du Falcon 50 Kigali（Rwanda）", Rapport d'expertise, avril 2010；Maria Malagardis, "Les dix-huitansd' intoxicationd' uneenquêteensens unique", *Libération*, 12 January 2012.

② Peter Uvin, "Reading the Rwandan Genocide", *International Studies Review*, Vol. 3, No. 3, Autumn, 2001, pp. 81 - 83.

当前的经济危机并不能解释那些挑起种族灭绝的精英政府领导人的所作所为。尽管如此，危机的深度及其影响的严重性在很大程度上促成了民众大规模参与犯罪。①

事实上，这场危机是由两个相互关联的危机组成。第一次危机是由于人口过剩、土地缺乏，以及在当时自给自足的农业条件下，土地再生能力枯竭。第二次危机是一场更为典型的经济危机，起因是政府收入下降和结构性调整政策的设计不周。

一场异常残酷的经济危机

1974 年到 1981 年，卢旺达的经济以每年 5.4% 的速度增长。② 这要归功于良好的气候条件和卢旺达主要出口作物交易情况的改善，以及国际援助的大幅增加。

卢旺达经济相对繁荣的时期一直持续到 1986 年。其间一个规模不大但高效的政府管理机构建立。政府做出了相当大的努力，在多地建起了早期缺乏的基础设施。卢旺达当时也奉行审慎的宏观经济政策。分散在全国各地的许多发展项目为这次经济繁荣做出了贡献，但未能释放更大的发展动力。这些都使该国享有了良好发展模式的美誉，但却忽视了经济停滞和现有国内普遍不发达的状况。③

从 1984 年开始，作为这一时期主要增长载体的外部因素变成了消极因素。援助仍然很重要，但开始萎缩。1984 年至 1989 年，卢旺达三大出口产品咖啡、茶和锡的价格暴跌。1989 年，咖啡价格下跌 50%，导致咖啡出口收入从 1.44 亿美元下降到 3300 万美元，导致该国收入锐减。除此之外，多年的干旱和植物病害的蔓延也产

---

① Kimonyo, Peter Uvin, "Reading the Rwandan Genocide", *International Studies Review*, Vol. 3, No. 3, Autumn, 2001, pp. 81 – 83.

② World Bank, "Rwanda Economic Memorandum, Recent Economic and Sectoral Development and Current Policy Issues", Kigali, 1983.

③ Alain Hanssen, *Le désenchantement de la coopération*, *Enquête au pays des millecoopérants*, Paris, L'Harmattan, 1989.

生了影响。① 这些不利因素导致经济增长在人口压力非常大的情况下不断下滑（表2.1）。

表2.1　　　　　　1980—1990年人均国内生产总值增长百分比　　　　（单位:%）

年份	1980年	1981年	1982年	1983年	1984年	1985年	1986年	1987年	1988年	1989年	1990年
调整后的变化率	5.3	2.0	-1.3	2.5	-7.0	0.3	0.6	-4.9	0.0	-2.4	-2.2

资料来源:世界银行,《2016年世界发展指标》。

1990年，受到世界银行和国际货币基金组织的援助，卢旺达被置于结构调整之中，两家机构承诺提供2.16亿美元的额外援助，但援助从未发放。卢旺达无法满足合约要求，停止向咖啡生产商支付保证价格，将预算赤字限制在商定的5%以内。

尽管国内强烈反对，其货币在1990年11月贬值40%，之后在1992年6月又贬值15%，导致消费品价格急剧上升。政府项目的开支被削减，工资停止增长，招聘活动停滞。1985年，10%的最高收入群体占据了该国国内生产总值的25%，但在1992年达到该国国内生产总值的41%。1993年，86%的人口生活在贫困线以下，卢旺达是世界上贫困率最高的国家。②

农民生计的崩溃

农民生计的崩溃的主要原因是人口增长过快。1950年至1990年的40年间，该国人口几乎翻了一番。由于可用土地有限，人口的极度密集。到20世纪80年代中期，农村地区每平方千米的人口密度可能超过500人。③

---

① Michael Porter and Michael McCreless, "Rwanda：National Economic Transformation", Havard Business School, February 2011.

② Michael Porter and Michael McCreless, "Rwanda：National Economic Transformation", Havard Business School, February 2011.

③ Jean-Claude Willame, "Aux sources de l'hécatomberwandaise", *Cahiers africains*, No. 14, 1995, p. 121.

土地所有权集中在精英手中的状况使大多数人可利用的土地减少。[①] 有限的可用空间缩减了畜牧业用地，留下的有机肥更少，同时也减少了休耕地。[②]

在土壤肥力枯竭的影响下，营养价值较高的豆类和谷类作物的收成也不断减少。取而代之的是块根作物，到 20 世纪 80 年代末，块根作物的种植量大幅度增加。[③] 因此，尽管人均产量略有增加，但总体营养价值下降，人口营养不良现象加剧。

在这些不利情况下，一系列的气候事件和作物病害导致 20 世纪 80 年代后半期农作物大面积歉收、人们受到饥荒和营养不良的影响。1989 年，一场严重的食物短缺向西南部和中部的吉孔戈罗（省）以及布塔雷县的几个区域袭来。[④] 1990 年，十个州中只有一个免于严重饥饿。据报道，饥荒造成 1000 多人死亡，可能迫使将近 3.4 万人移民到邻国或其他地区。[⑤]

就某些重要社会指标而言，20 世纪 80 年代末和 1990 年内战之前，卢旺达处于世界上人口寿命最低的"失败国家"水平（见表 2.2 和图 2.1）。

这些数据表明 1984—1988 年的该国人口营养水平低得惊人。卢旺达人均每日摄入 1830 卡路里，远远低于最低国际标准 2100 卡路里。此外，这还是掩盖了巨大地区差异的平均数。例如，1989 年，虽然位于卢旺达东部的一些社区的摄入热量达到 2086 卡路里，但在

---

① P. Dooms, "Utilisation des terres pour l'agriculture: extensions potentielles et productivité des terresenfonction de la superficie des exploitations", Ministry of Agriculture, 1989, Kigali.

② Jean-François Bart, *Montagnesd' Afrique*, *terrespaysannes. Le cas du Rwanda*, Bordeaux, Presses universitaires de Bordeaux, 1993, p. 215.

③ Willame, "Aux sources de l'hécatomberwandaise", p. 135; StefaanMarysse et al., op. cit., 1994, pp. 43 and 51.

④ Filip Verwimp, "Agricultural Policy, Crop Failure and the 'Ruriganiza' Famine (1989) in Southern Rwanda: a Prelude to Genocide?" Discussion paper, Economics Department, Catholic University of Leuven, June 2002; Willame, "Aux sources de l'hécatombe", p. 133.

⑤ Jean-Baptiste Nkulilyingoma, "Where does this famine come from and where is it going?" inKinyarwanda, *Imbaga*, No. 1, May 1990, pp. 8 – 9.

其他一些社区，如 1963 年以来居于所有暴力事件震中的吉孔戈罗（省），摄入热量仅有 657 卡路里。[1]

表2.2　　　　　　　　　　指定社会指标的最低全球排名

最低排名	年人口增长率（1960—1988）	农村人口百分比（1988）	农村贫困人口百分比（1977—1987）	健康人口百分比（1985—1987）	卡路里/人均/天（1984—1986）	所需热量百分比（1984—1986）	中学儿童比例
1	科特迪瓦（4.1）	不丹（95）	中非（91）	马里（15）	莫桑比克（1600）	莫桑比克（69）	马拉维（5）
2	肯尼亚（3.7）	布隆迪（93）	卢旺达（90）	贝宁（18）	乍得（1720）	乍得（69）	布隆迪（6）
3	乌干达（3.5）	卢旺达（93）		扎伊尔（26）	埃塞俄比亚（1750）	埃塞俄比亚（71）	莫桑比克（7）
4	卢旺达（3.3）			索马里（27）	几内亚（1780）	几内亚（77）	不丹（7）
5				卢旺达（27）	卢旺达（1830）	卢旺达（81）	卢旺达（7）

资料来源：联合国开发计划署，《1990 年人类发展报告》。

一项关于种族暴力与营养水平关系的研究表明，在种族灭绝之前，社区每人每天摄入的热量超过 1500 卡路里，这些社区并未成为 1991 年和 1992 年图西族大屠杀的现场。[2]

作物歉收和饥荒在消失五十年后又重新出现，人民陷入赤贫，社会不平等加剧，这些都证实了卢旺达后殖民发展模式的失败。这种以

---

[1]　James Gasana，"Remember Rwanda?" *World Watch Magazine*，September-October 2002，p. 29.

[2]　营养水平影响种族暴力的这种解释必须细致入微。图塔西大屠杀未在布塔雷州的六个市镇发生（那里的平均饮食每天只有 1056 卡路里）。当时该地区盛行种族间互相节制的政治思想氛围。

改善自给自足农业为主要目标的农村发展模式反映出胡图族农民谦虚的价值观。[①] 世界银行评论认为，这种模式已使想要对他们给予帮助的人们陷入困境。

> 卢旺达显然正处在一个十字路口，旧的战略已不可行：一个自给自足的农业国家，仅通过他们的劳动满足对食物和住所的需求，以当地社区为中心过着平静和有意义的生活，不受外界的约束，这一设想已不可持续。[②]

官方抵制计划生育政策，限制中学和大学教育，压制农村人口的外流，这些反映出不利于经济多样化的农村保守主义。意识形态强烈地影响着这种发展模式，这种模式建立在民族和地区压迫之上，而非创造共同财富的基础上，最终造成贫困的蔓延。然而，也有小型的由外资主导的现代经济部门，其替代产业相对活跃。当权的精英们通过不同资源攫取机制几乎不必承担任何风险，并使裙带关系成为政府工作的一种方式。该国还存在其他问题，特别是在妇女权利方面。例如，妇女需要丈夫的授权才能注册企业、购买土地或向法院提起诉讼。她们可以开立银行账户，但未经丈夫同意不能取款。[③]

深度的社会危机、严重的地方性饥饿、人们所描述的暴力和生活绝望以及当时地方政府的书面报告在预期寿命曲线中都有所反映（图2.1）。1960 年，卢旺达人的预期寿命为 42.2 岁。随后有所上升，1984 年达到 49.9 岁的高点，1990 年下降到 32.6 岁。这是自 1960 年后世界上有记录以来最短的预期寿命（1960 年至 1968 年的塞拉利昂

[①]　Filip Verwimp, "Development Ideology, the Peasantry and Genocide: Rwanda Represented in Habyarimana's Speeches" (1973 – 1994), *Journal for Genocide Research*, Vol. 2, No. 3, pp. 325 – 361, November 2000.

[②]　World Bank, "Rwanda Agricultural Strategy Review", 1991, p. 1.

[③]　Villia Jefremovas, "Loose Women, Virtuous Wives, and Timid Virgins: Gender and Control of Resources in Rwanda", *Canadian Journal of African Studies/Revue Canadienne des études africaines*, Vol. 25, No. 3, 1991, pp. 378 – 395.

除外），比任何其他处于战争状态的国家和失败国家（有数据的国家）都短。人的生存能力完全丧失。在 1990 年 10 月卢旺达爱国阵线发动战争之前，卢旺达社会已经开始崩溃。

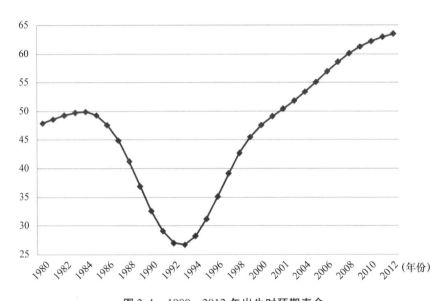

图 2.1　1980—2012 年出生时预期寿命

资料来源：世界银行，《世界发展指标》，2017 年。

暴力行为与乡村躁动情况的增加

20 世纪 80 年代后半期，谋杀性暴力事件也有惊人增长。地方政府记录的社会历史报告情况表明，从 1984 年开始，贫穷与暴力急剧增加。同时，反抗当局的行为再次抬头。这些报告连篇累牍地报道了家庭成员和暴力成员的谋杀、暴力勒索农作物收成、抢劫财产（特别是在作物歉收期间），以及颠覆法律和秩序的行为。①

1986 年 6 月，新成立的部际协调委员会承认"无端的、炫耀性的惊人犯罪行为呈爆炸式增长"。

---

① Kimonyo, op. cit.

人们被冷血杀害，罪犯不害怕承认自己的罪行，在众目睽睽之下进行偷窃。近期发生多起集体谋杀和其他孤立的谋杀以及有计划的暗杀事件，例如1983年2月6日鲁苏莫地区市长谋杀案。这正是个别人转变为真正人类恶棍的例证。犯罪不是任何单个地区的个别行为。传染病很普遍，影响到所有地区，腐蚀着农村和城市中心。①

深重的社交焦虑使农村青年止步不前，他们似乎没有任何选择。条件恶劣、土地分割使许多家庭在土地上无利可图。大约56%的耕地总面积不足一公顷。同时，农村人口向城市流动受到政府的严格限制和管控，移民的选择也受到限制。20世纪80年代后半期，坦桑尼亚和布隆迪驱逐了数万名卢旺达经济移民。各种研究表明，致命的非种族社会暴力行为急剧上升。②

红十字会的一份文件提到了当时普遍存在的灾难即将到来的感觉：

> 随着人口的增加，粮食生产在急剧下降。20世纪80年代末，卢旺达的外国居民猜测本世纪末会发生一场灾难。那将是1989年袭击卢旺达西南部的饥荒，还是1990年城市地区感染率达33%的艾滋病？然而血腥冲突首先到来。③

20世纪80年代末的普遍绝望加上掠夺性的政治文化，很容易促

---

① Republic of Rwanda, Ministry of the Interior and Communal Development, Comitéinterministériel de Coordination, Lettre du ministre et président du CIC au Président de la Républiquefaisant rapport des réunions du CIC, 29 August 1986.

② Catherine André and Jean-Philippe Platteau, "Land relations under unbearable stress: Rwanda caught in the Malthusian trap", *Journal of Economic Behavior and Organization*, 1998, Vol. 34, No. 1, p. 36; Danielle de Lame, "Une colline entre milleou le calmeavant la tempête. Transformations et blocages du Rwanda rural", Tervuren, Musée royal de l'Afrique centrale, 1996, p. 309; See Kimonyo, op. cit.

③ John Sparrow, "Under the Volcanoes: Special Focus on the Rwandan Refugee Crisis", *World Disasters Report*, 1994, p. 6.

使大部分卢旺达农民为一点点回报实施暴力。

无论是在 1959 年的种族清洗运动时期，还是在 1963—1964 年吉孔戈罗（省）大屠杀期间，或是在 1994 年种族灭绝期间，获取土地和掠夺财富的愿望都是民众参与暴力的有力理由。1963 年吉孔戈罗（省）大屠杀期间，胡图族解放运动党官员利用人们获得土地的愿望煽动当地人杀人。"他们充分意识到，消灭图西族人将使他们的土地可供胡图族人使用，因此他们认为鼓励清算和处置当地图西族人具有明显政治优势。"① 艾莉森·德斯·弗格斯拓展了这一观点，将掠夺图西族人土地的暴力行为描述为 20 世纪 60 年代卢旺达国家政策的一个基本要素。

> 此时，胡图族政客们建立了爱国主义和利益之间的联系。在攻击所谓国家和革命的敌人时，胡图族人短期来看从掠夺的货物中获利，长期来看则是通过从图西族人手中夺走土地获利。鉴于以反图西族暴力来谋取的政治和物质利益的做法，一些官员和其他人怀有强烈动机，将攻击目标从狭隘的前权力拥有者扩大到所有图西族人。直到 1967 年，卢旺达境内对图西族人的入侵和袭击都结束后，图西族人依然因为是图西族人这一简单事实而面临着被袭击的危险。②

1994 年，鉴于 1959 年的历史先例，许多没有前途的年轻人以征用土地为由，参与了种族灭绝。"所有这些即将被杀害的人都有土地，有的还有奶牛。在他们死后，其他人会得到这些土地和奶牛。在一个贫穷和人口日益过剩的国家，这是不容忽视的刺激因素。"③ 其中最重要的动机是掠夺，在蛋白质严重缺乏的情况下，人们强烈渴望肉

---

① Lemarchand, *Rwanda and Burundi...*, p. 226.

② Des Forges, op. cit., 1999, p. 53.

③ Prunier, *The Rwanda Crisis*: *History of a Genocide*, London, C. Hurst & Co. Publishers, p. 142.

食，这一情况看似微不足道，但具有决定性作用。[①] 1959 年革命行为似乎在政府和地方的政治文化中催生了暴力行为，造成了针对图西族人的掠夺性暴力行为的重复。[②]

以暴力告终的政治自由化

限制卢旺达社会资源共享的紧张局势不利于党派间的竞争。1994年之前，该国经历了两次政治多元化时期（1957—1963 年，1991—1994 年），两次都以大规模暴力告终。

暴力民主化

第二个多元化时期始于 1991 年 6 月，当时通过政治法律以终止全国革命发展运动组织垄断。该组织的统治于 1994 年 4 月因种族灭绝而告终。除此之外，政治阶层的宗派激进主义、政党的行动方式也极大地破坏了人口稳定。区分对待极端主义政党与所谓民主政治反对派政党的情况至少持续到了 1993 年 7 月 24 日民主共和运动组织正式垮台。极端主义者的青年运动，尤其是全国革命发展运动组织和共和国国防联盟——这是公开支持种族主义的政党，其暴力行为很快促成了军事力量的形成，其特征是极端暴力。这两个政党的民兵在国内各个地区组成了图西族种族灭绝的先头部队。

尽管在意识形态上存在分歧，但"民主"反对派的方法与极端主义党派的方法并没有太大区别，故意杀人的暴力行为除外。它们之间的相似性甚至在民主共和运动组织的分裂和胡图族人权力联盟形成之前就已存在。这些政党通过在城市、社区甚至行政部门举行的许多会

---

① Kimonyo, op. cit. 根据 Elias 的说法，苦难、饥饿和恐惧可能是暴力背后的强大驱动因素。不吃肉会导致对肉的渴望，反过来又会促使人们通过暴力寻求满足感。Norbert Elias, *La dynamique de l'Occident*, Paris, Calmann-Lévis, 1975, p. 208.

② 关于通过大规模暴力实现满足的理论讨论，参见 Ted Robert Gurr, *Why Men Rebel*, Princeton, Princeton University Press, 1970, p. 218.

议强烈呼吁，来号召民众参与，这些活动本身是本着激烈竞争的目进行组织的。当地居民对当事方的呼吁做出了积极回应。与以前的全国革命发展运动组织娱乐团体类似，人们大量报名参加了组织，并组成了舞蹈演员和歌手团体。在这样异常贫穷的社会中，各政党甚至分发代表其颜色的围巾、帽子和 T 恤。

很快，激进主义运动的地盘就被名称众多的政党青年运动所取代。1991 年 8 月至 1992 年 7 月，民主共和运动组织发起了"解放"（kubohoza）运动，即以武力解放其想要统治的国家区域。那时的问题是"解放"全国革命发展运动组织统治力薄弱的地区，全国革命发展运动组织被视为当时执政北方的利益捍卫者。中心地区、南部和西部大部分地区是主要目标。基加利仍然是两个营地的共同战场。

民主共和运动组织的政治征服很大程度上是通过人身恐吓与暴力来实现的。该党保证了对全国约三分之二地区迅速的政治控制。这种出于政治目的的暴力行为伴随着掠夺。民主共和运动组织毫不犹豫地与土匪和其他罪犯结交以镇压人民。"民主"反对派政党的暴力行为是全国革命发展运动组织青年激进运动的根源，臭名昭著的（胡图族）联攻派民兵是进行种族灭绝的先锋。

这些政党组织了青年翼，这些青年翼对竞争对手采取的暴力行动日益频繁。民主共和运动组织青年翼以"雷声"（Inkuba）行动，有时甚至在社会民主党"解放者"的帮助下，骚扰全国革命发展运动组织支持者。面对这一反对局势，全国革命发展运动组织通过将（胡图族）联攻派民兵转变为真正的民兵，提升其威胁力。①

民主共和运动组织暴力行为的最初目标，是驱逐拒绝"离开"全国革命发展运动组织的市长和社区委员会成员。他们有时甚至被长矛

---

① Des Forges, op. cit.

驱赶，他们的房屋被烧毁。在许多地方，人们会利用政治来对抗所产生的混乱和公然违抗行为。他们借助民主共和运动组织的旗帜，占领了公共土地和本应提供给生产合作社的土地。这些掠夺行为预示了种族灭绝期间的动态。一些人认为这些攻击是对帕梅胡图民主共和运动党的模仿。①

其他情况下的暴力行为是在招募成员的过程中发生的，尤其在农村最遥远地区的集会中。集会期间，当地团体要制造热闹的景象以引发公众关注。活动的前一天晚上，游击队员会唱歌，跳舞，敲鼓，直到深夜。这些团伙成员经常强迫他人参与，检查成员证，挥旗滋事，造成混乱局面。

在全国范围内，"民主"反对派与极端主义运动之间的对抗事件引起的暴力事件频发。这些事件主要发生在基加利，各种有政治倾向的活动都有大量参与者。在该镇较贫困地区，青年党运动成员经常生活在暴力混乱中，特别是在 1992 年 4 月，民主共和运动组织领导人迪马斯·恩森吉亚雷米联合政府成立后，该党试图通过解放运动来建立统治区域的基础。

1992 年 5 月 28 日，（胡图族）联攻派民兵组织了一次游行，反对其他的青年党运动，同时，社会民主党在另一个地区举行会议。那天的街头战斗使四十多人受伤。② 1992 年 8 月 4 日，共和国国防联盟在基加利行政区卡齐鲁组织了一次示威，要求释放其被监禁的成员。在与警察的战斗中，共和国国防联盟的两名成员和一名警官被打死。③

11 月 19 日，民主共和运动组织、社会民主党、自由党和基督教民主党组织了一次非常激进的大规模示威游行，以支持政府和《阿鲁沙协定》。在基加利举行的示威游行中，在各反对组织成员中发生暴

---

① Kimonyo, op. cit.

② Kigali Prefecture, "Note au Ministre de l'Intérieur de la part du préfet de Kigali portant sur les violences du 28 May 1992", 28 May 1992.

③ Republic of Rwanda, Ministry of the Interior, "Situation de sécurité dans le pays suite au discours du Premier ministre du 28 août 1992", undated.

力行为，受到严重伤害者达到80多人，暴力行为损坏了80座房屋和28辆汽车。民主自由党和社会民主党的青年与民主共和运动组织、全国革命发展运动组织和共和国国防联盟青年一样，一同参与了暴力活动。这种暴力行为导致商店被抢劫，酒吧被勒索以及街头的抢劫行为。① 青年运动组织成员可以在政治上灵活多变，根据报酬和抢劫机会来改变组织的从属关系。

1993年1月9日，各方在阿鲁沙签署了关于扩大规模后未来政府分享权力的协议草案。第二天，全国革命发展运动组织和共和国国防联盟党派开始在该国各个地区进行暴力示威反对该草案。1993年1月19日晚上，总理恩森吉亚雷米在全国广播电台呼吁开展反对派的支持者所倡导的"捍卫行动"。与此同时，发生了示威和反示威活动。鉴于反对派在全国大部分地区的敌对活动，总统运动组织了图西族大屠杀，屠杀活动位于图西族在吉塞尼省南部的权力中心。包括当地反对派成员在内，约有400名图西族人被杀，2万人流离失所。然而，在该国其他地区，往往是反对派力量在对抗中占上风。在街头战斗中，争执逐步减少，但这依然造成了许多人伤亡，以及相当大的物质损失。②

随着1993年7月民主共和运动组织的分裂，政治动态发生变化，当时该党的多数党决定加入极端主义者联盟，并采用嘉依班达总统所掌权党派的原名帕梅胡图民主共和运动党。

1993年10月23日，帕梅胡图民主共和运动党（后来更名为民主共和运动组织）与全国革命发展运动组织和共和国国防联盟一起在尼亚米拉博地区体育场组织了一次大型集会。从某种意义上说，这次聚会是胡图族权力联盟的确认与诞生。和种族灭绝期间的情况一样，在随后的示威活动中，极端主义团体首次袭击图西族。他们的商店被

---

① Republic of Rwanda, Ministry of the Interior, "La manifestation des membres des partis MDR, PSD, PL et PDC du 19 November 1992", Kigali, 25 November 1992.

② Republic of Rwanda, Ministry of the Interior and Communal Development, "Sécurité dans les préfectures", January 1993.

洗劫一空，并发生了多起强奸案。①

　　所能了解到的当时最严重的暴力事件于 1994 年 2 月 23 日至 24 日在基加利发生。社会民主党的支持者对共和国国防联盟总统布塔雷处以私刑，第二天他们企图为他们的领导人，即前一天晚上在基加利被谋杀的费利辛·加塔巴齐报仇。这次暴力行为集中于图西族人中，在基加利街头造成 35 人死亡，150 人受伤以及多起强奸案。②

　　1994 年 4 月，哈比阿里玛娜总统于 6 日去世后，卢旺达军队的精锐部队优先处决了反对派、温和的民主共和运动组织、社会民主党和自由党的领导人。因为这些人拒绝加入胡图族权力联盟。当时的总理阿加特·乌维林吉米纳也遭到了谋杀，这是随后种族灭绝的序幕。在经过五天的"政治清洗"之后，所有活跃的胡图族持不同政见者都被消灭，总统下达命令：告知公众和激进分子，杀戮不应再集中针对反对派的胡图族成员，而应只针对图西族人。国家成立"临时政府"，将加入胡图族权力联盟的极端主义政党领导人和前民主反对派各派的领导人聚集在一起。该政府监控全国的种族灭绝行为。③

　　在各地区和各地方，相同类型的政治联盟组织了针对当地居民的杀戮。这种地方政权包括行政当局和政党首脑，他们利用民主化时期建立的网络来组织屠杀活动。与政府官员相反，党派领导人在动员当地人进行种族灭绝中起到了重要作用。

　　　　各个级别的政治领导人都支持种族灭绝，并参加了杀戮运动，以此巩固自己的统治并取代竞争对手。他们不受任何限制或职责束缚，不需用间接语言掩饰其意图。他们受当局邀请，参加了从国家到地方的正式会议，他们要求对图西族人和其协助者采

---

　　① Republic of Rwanda, Ministry of the Interior, "Lumière sur les actes de violences qui seraientdirigéscontre les Tutsi suite à la tentative de coup d'État au Burundi dans la nuit du 20 au 21 octobre 1993", 17 November 1993.

　　② Prunier, op. cit. , 1995 , p. 206.

　　③ Des Forges, op. cit. , p. 196.

取无情的行动。

　　　这些政客们利用自己的权威和与党内的沟通渠道直接对图西族人发动攻击。①

　　在完全没有民主政治文化的情况下，政党的大规模鼓动加剧了政治竞争，从而导致 1959 年至 1963 年卢旺达发生了广泛暴力事件，这是 1994 年种族灭绝的主要原因。无论在 1959 年、1960 年、1961 年还是 1963 年或 1994 年，当时的政治领导人煽动群众，因为他们期望通过频发的暴力来摧毁竞争对手。

---

　　① 　Des Forges，p. 267；Kimonyo，op. cit.

第三章　难民回归

20 世纪 80 年代末，卢旺达产生了新的政治力量，从而改变了该国的历史进程。这些武装力量主要包含卢旺达爱国阵线和反对派政党，其中最重要的是民主共和运动组织、社会民主党和自由党。这些政党或其部分派系在全国革命发展运动政权的垮台中做出了不同程度的贡献，并且参与了种族灭绝后的重建工作。本章继续对第二章中介绍的难民历史进行描述，重点介绍重要的最新政治力量——卢旺达爱国阵线，并描述造成这种状况的条件及其政治、思想和军事发展情况。

卢旺达爱国阵线出现的历史背景，无论是远期还是近期，其意识形态取向在很大程度上都由特殊的历史情况所决定，其军事经验对种族灭绝惨案后该党所面临的巨大挑战产生了决定性影响。

卢旺达爱国阵线的出现

卢旺达爱国阵线的出现及其通过战争夺取权力的过程相当迅速。有两个重要的外在因素极大地促进了这一进程，其一是其武装力量核心为凭借历史性机会所形成的乌干达军队内一支久经战斗的难民部队，其二是哈比亚里马纳政权的内部解体。坚定不移的难民团体及其领导人及时成功地利用了这些历史性机会，加入了这一新的政治和军事联盟——卢旺达爱国阵线。卢旺达爱国阵线同时吸引了更多难民，为他们提供有希望的事业，期许能够找到针对其困境的解决方案。

自相矛盾的是，卢旺达爱国阵线的出现既是历史和文化传承的重要组成部分，又是摒弃过去传统的图西族精英主义和卢旺达君主制而导致意识形态破裂的结果。难民强烈的民族主义情怀和年轻领导人从历史中汲取教训的能力，发挥了至关重要的作用，影响了该运动的兴起，并造成了难民无法回归卢旺达的困境。

难民的文化与政治觉醒

在迅速返回卢旺达的希望破灭之后，生存和融合成为难民生活的重中之重。当地公众并不肯定卢旺达的文化特征。在乌干达，一些卢旺达难民试图采用新的当地文化身份，而在戈马等较大的城镇中，操基尼亚卢旺达语的原住民很多，年轻的卢旺达难民则避免在公共场合用基尼亚卢旺达语讲话。在扎伊尔的其他大城市地区，年轻人对基尼亚卢旺达语的了解正在迅速减少。在布隆迪的布琼布拉，许多年轻难民虽然接受其卢旺达身份，但他们通常更愿意在公共场合讲斯瓦希里语，以更好地适应其所居住贫穷社区中斯洛文尼亚人的多元文化和城市特色。他们甚至试图在更正式的情况下讲布隆迪的国语基隆迪语。布琼布拉附近的努贾加拉区是由来已久的中下阶层难民居住的地区，其中一部分难民曾经是知名人士，他们带来的传统文化一直持续存在，但长期以来受众受限。这种文化遗产主要由诸如阿莎尼斯·桑托的"无与伦比"（Indashyikirwa）或佛罗里达·乌韦拉的"密度"（Iminyana）之类的团体来延续，他们训练了年轻的歌手和舞者，后来这些歌手与舞者又训练其他人。① 难民拥有的圣阿尔伯特学院位于努贾加拉，该学院以市区附近的卢旺达文化之家为载体，在保护卢旺达文化中发挥了重要作用。

20世纪80年代初，新的一代开始负责传统文化的传播，这显然满足了年轻难民的需求。1981年，歌手塞西尔·凯里瓦在布鲁塞尔

---

① 前姆瓦米·鲁达希瓦法庭舞蹈演员桑托和佛罗里达·乌外拉的侄女姆瓦米·鲁达希瓦和姆瓦米·基吉的作品影响广泛。为了回报他们在布琼布拉接受的难民青年培训，他们又在世界各地训练了一些剧团。

发行了她的第一张热门专辑。同年，同样来自布鲁塞尔舞蹈团的伊米塔利在利伯维尔国际文化节上引起了人们的注意。尤其是在年轻的歌手和舞者穆扬戈在布琼布拉表演中加入之后，他们在社区中的声望越来越高。在那里，歌手佛罗里达·乌韦拉开始扩大她的听众范围。另外，亚历山大·基曼尼于1982年在美国创立的《期刊杂志》（Im-puraza）也对全世界难民社区的文化和政治觉醒产生了重大影响。该书以基尼亚卢旺达语出版，最初是一本文化杂志，专门介绍卢旺达的传统口述文学，之后扩展到影响难民的政治和社会话题。这本保持中立的期刊开辟了专栏，接受各方观点，并且是唯一将所有难民社群联系起来的论坛杂志。曾经住在坦桑尼亚难民营、对卢旺达古典文化带有怀旧之情的长者、布隆迪大学的年轻革命者以及居住在美国的专业人员，都为该刊物撰写文章。这本杂志取得了巨大成功，在全世界范围发行，甚至在卢旺达的非正式渠道也有发行。

不久之后，剧作家让·马里·维亚尼·凯伊谢玛在布琼布拉最大的剧院里组织了戏剧表演，以歌舞相结合的形式为观众表演。这些戏剧对卢旺达的君主制和前殖民时期的历史进行了大量解读。这些表演激发了一场文化觉醒运动，这种运动从布琼布拉和布鲁塞尔等大城市的许多卢旺达难民社群中蔓延开来，也有来自布卡武、戈马、坎帕拉、金沙萨、蒙特利尔或内罗毕等地的难民群体，那里的舞蹈团在公共场合进行演出。这场文化复兴主要由妇女领导，她们主要是在流亡中出生或成长的第二代难民。这些青年男女对身份丧失感到担忧，他们致力于文化复兴活动，将古老的卢旺达文化当作"抵抗工具"[1]。这也是为了重申集体自我价值感的尝试。[2] 对大部分年轻难民来说，

----

① 见穆扬戈和三个伊米塔里创始成员的访谈。艾马布勒·卡里里马拍摄的电影"穆扬戈和伊米塔里的朋友"（https：//www.youtube.com/watch？v = uikC9y8rXLA&spfreload = 10）。Colette Braeckman, *Rwanda*, *Mille collines*, *milledouleurs*, Brussels, Editions Nevicata, April 2014, p.31.

② 这主要是以剧团的名义表现出来的，像过去一样，剧团表达了这种最高级的自我提升。桑托的剧团被命名为"无与伦比"（Indashyikirwa）。也许我们应该从这里开始寻找20世纪10年代流行的阿加西罗概念的起源。

文化复兴是在返回卢旺达的政治动员之前进行的。

20 世纪 80 年代初，在非洲大湖地区以及欧洲和加拿大，人们成立了一些小政治团体或社会团体。这些团体关注难民的命运以及伊拉克政治局势的演变。1982 年在乌干达西南部针对班亚旺达和卢旺达难民的暴力事件加剧了卢旺达难民的政治复兴。乌干达、肯尼亚、布隆迪、法国、瑞士、美国、塞内加尔、比利时、德国、加拿大和其他地方出现了各种协会组织与出版物。其中最重要的政治协会是卢旺达国家统一联盟，即卢旺达爱国阵线的前身，该联盟由在乌干达长大的年轻知识分子于 1979 年 8 月在内罗毕创立。同年早些时候，在坎帕拉成立了卢旺达难民福利基金会，后来成为卢旺达民族团结联盟在乌干达活动的社会保障。图巴内的前卢旺达国家联盟成员在内罗毕也成立了该协会，以应对年青一代提出的创建卢旺达国家统一联盟所带来的挑战。在卢旺达国家统一联盟出现后，民族解放前线成立，吸引了部分反对卢旺达国家统一联盟的年轻激进马克思主义者。在布琼布拉，出现了由前"蟑螂"（inyenzi）战斗人员创造的奥鲁克图斯组织。卢旺达人青少年教育协会于 1987 年年底在布琼布拉成立，自由派专业人士为了在布隆迪促进民族融合成立了民族革命组织。①

在这些年来的政治觉醒中，两种主要倾向出现，均提出了永久解决难民地位问题的多种解决方案。一种强调融入东道国，另一种则为返回卢旺达的各种方式辩护。除在扎伊尔外，对此感兴趣的群体认为第二种选择最有价值。许多知识分子一致同意卢旺达国家政权应至少保证对难民的承认以及难民的返回权，允许难民在其愿意时，或者如果他们在现住地受到威胁时返回卢旺达，而不必要求提前约定回返。该解决方案促进了难民与收容国的融合，并与第三国的难民重新安置行动并行不悖。卢旺达政府将不与难民敌对，并寻求持续解决问题的方法。有部分激进团体和个人为难民集体返回卢旺达的选择辩护，这是卢旺达国家转型的一部分。为了实现这些不同的选择，与卢旺达政

---

① Rutayisire et al. , op. cit. , p. 132.

府合作的三种互动方式出现。其中，第一种方法捍卫了难民与卢旺达政府之间按照卢旺达政府设定的条件进行直接合作的原则。第二种方法采用政治上更缓和的方式，依赖国际组织的帮助，游说并迫使卢旺达政府坐下来与难民对话。第三种方法则捍卫了政治上对抗的选择，甚至于全国抵抗军在乌干达取得胜利之后预计将发动战争。

由于缺少能够使难民集合起来的组织，也无法使卢旺达政府积极参与，这些讨论主要基于口头。这些讨论常带有抱怨语气，公开出现在《期刊杂志》上。全国革命发展运动组织中央委员会关于 1986 年难民问题所发表的立场，有助于弄清利益攸关方，并激化难民的需求。直到此时，难民们之间仍在进行讨论。但该宣言是十多年来他们与政府之间的首次官方间接"互动"。① 全国抵抗军占领坎帕拉六个月后，即使在远离该区域的群体中，他们也没有意识到卢旺达难民在全国抵抗军中的意图。这一立场的发表被认为是第一次胜利，也是某些事件的开端。

卢旺达政府 20 世纪 80 年代对难民抱有咄咄逼人的态度，并不赞成建立积极对话。早在 1980 年，布隆迪政府就在卢旺达的压力下驱逐了大约 20 位知名人士，包括弗朗索・鲁巴、阿洛伊斯・恩古鲁姆比和戴维・蒙尤兰加（后来返回），这在一些难民中引起了不满。② 1981 年，阿洛伊斯・恩古鲁姆比在戈马被绑架，被引渡到卢旺达，并于 1985 年 7 月被判处无期徒刑。③ 其他年轻男子也以同样的方式在戈马被绑架。几年后，惊讶于难民政治意识的增强，基加利政权采用了一种新的反难民激进主义。在讲法语的非洲国家，卢旺达大使馆向

---

① 在哈比亚里马纳总统上台并公开表示支持和解后，伊迪・阿明・达达总统曾要求卢旺达政府为居住在乌干达的卢旺达难民问题找到最终解决办法。1974 年 7 月，阿明让卢旺达政府与一个难民代表团接触，双方起草了逐步遣返计划。卢旺达政府最终退出。见 Jean-Paul Kimonyo，同上注，pp. 47 – 50。

② 卢旺达难民在戴维・蒙尤兰加博曾经逃亡的布隆迪驻金沙萨大使馆前组织了一次小型抗议活动。James Munyaneza, Interview with David Munyurangabo, *The New Times*, 2 February 2009.

③ Rangira and Kalinganire, Interview with Aloys Ngurumbe, Kanguka, No. 52, 5th year, 12 February 1992.

政府施加压力，要求加强卢旺达难民学生的入境条件。卢旺达大使馆有选择地与拥有大好前途的人或已经取得专业成就的人接触，向他们提供护照并邀请他们参观或移居卢旺达。他们与大学毕业生、年轻专家、商人、为国际组织工作的人，甚至内罗毕的南斯拉夫联盟共和国前领导人取得了联系。

这项政策贯彻执行了于1986年7月通过的全国革命发展运动组织中央委员会的决议，该决议在接受难民个人返回原则的同时，还增加了让他们能够自给自足的条件。此外还要求给难民颁发护照和通行证供一次性访问。那些同意在这种情况下返回的人当中有一些人很快就成功地向该国发出了信息，描述了所遭受的欺凌行为以及他们离开的巨大困难。对于知名人士和经济独立人士（例如商人）而言，返回卢旺达更容易。此信息迅速在各个难民群体中流传开来，在坚信能够回国的难民特别是年轻的难民中，形成了与卢旺达政府之间对抗的气氛。

这些措施开始取得成果，一部分难民中的精英（通常在其所在国已定居的精英难民）开始与基加利政府就居住情况产生争议。其他人则拒绝政府的做法，因为其没有处理难民的政治回归问题。根据这些意见，基加利提出的选择性议案并未解决大量难民需要返回家园的问题。最后，哈比亚里马纳的新政策遣返了为数不多的难民，成功地分裂了难民。① 卢旺达爱国阵线成立八个月后，当时仍在进行有选择性且秘密的招募活动，这一情形成为与卢旺达难民侨民和解的开端。

合作失败

亚历山大·基曼尼在其出版物《期刊杂志》中明确表达了与基加利官员的友好关系，并邀请难民参加于1988年8月在华盛顿举行的

---

① 在1989年2月成立"卢旺达移民问题特别委员会"时，根据"1986年卢旺达民主共和国立场"的条款谈判的回返案件只有300起。André Guichaoua, *Le problème des refugees rwandais et populations banyarwanda dans la region des Grands Lacs africains*, Geneva, United Nations High Commissioner for Refugees, 1992, p. 31.

卢旺达难民国际会议。会议最初提出了一个为期三天的计划，其中包括与卢旺达政府代表举行为期两天的会议，以及为期一天的文化活动。此次邀请活动将难民分为合作和对抗两个群体。那些主张对抗的难民们时常激烈地批评整个计划。他们谴责在遥远的地方召开会议，认为会议以财力为基础对参会人群进行选择，使更多倾向于政府合作的群体参加。他们还批评了一个事实，即会议一开始就计划与政府代表进行直接讨论，而难民既没有确立代表权，也没有统一立场。反对者认为，应该专门讨论难民群体间怎样和谐相处与其政治结构。最具矛盾和最激烈的立场来自布隆迪的青年团体。最后，组织者同意，根据难民代表之间事先讨论的结果，来确定难民与政府代表进行讨论的内容。

该会议于 1988 年 8 月 17 日至 20 日在华盛顿举行，得到了美国难民与移民委员会的支持。来自十四个国家的代表团从欧洲、北美和非洲的布拉柴维尔，以及布琼布拉、达喀尔、坎帕拉和内罗毕前往华盛顿。卢旺达爱国阵线秘书长铁托·鲁塔雷马拉是匿名代表之一。最后，政府代表只是一些学生，并且与他们的讨论仅限于一般性讨论。在讨论会议决议时，铁托·鲁塔雷马拉建议持反对意见的代表平息他们的激情，并向他们秘密地解释该地区正在制定其他更重要的倡议，并将在适当的时候与他们取得联系。① 会议在活动结束时发布了新闻稿：

> 1988 年 8 月 17 日至 20 日，华盛顿特区举行了国际会议，该会议研究了流亡近 30 年的卢旺达难民的问题。参加这次会议的 14 个国家的代表团决定，解决这一问题的唯一公平和能够接受的办法就是使难民最终返回其原籍国：卢旺达。
>
> 为了实现这一目标，会议呼吁：1. 所有卢旺达难民团结一致；2. 汇集相关的想法、建议和提议；3. 拒绝任何分裂尝试。

---

① 2015 年 7 月 15 日在基加利采访 G. N.。

会议通过了以下决议：与卢旺达政府讨论和平解决这一严重问题的方式方法，并要求所有爱好和平与正义的国家以及政府间组织与公开组织提供援助。会议通过创建委员会来执行决议。会议还一致反对有选择地发放卢旺达护照，以及使用身份证和通行证作为分裂手段。决议要求所有卢旺达人避免落入此陷阱，并打算来年审查以上方面的进展。[1]

尽管这些结论为与卢旺达政府的合作敞开了大门，表明了妥协态度，但他们对卢旺达政府的蔑视，最终证明那些赞成对抗的人占了上风。卢旺达政府未安排合适的代表团出席该会议，这种情况已经昭示了结果。

面对政府拒绝对话的情况，华盛顿会议监督委员会发言人亚历山大·基缅尼改变了想法，这说明难民中最倾向和解的态度发生了变化。基缅尼于1971年以富布赖特研究员的身份来到美国，就读于加利福尼亚大学洛杉矶分校。1973年卢旺达事件发生时他身在美国，并且因其是图西族人申请了难民身份，后来获得美国国籍。20世纪80年代，他在位于萨克拉曼多的加利福尼亚州立大学教授语言学，并于1982年发行《期刊杂志》。正如我们所见，该出版物在世界各地的卢旺达难民中都有广泛的受众。逐渐地，他的出版物为与难民问题相关的政治考量，提供了逐渐增多的思考空间。而后，通过公开与卢旺达政府官员接触，他脱颖而出。他提出了举行华盛顿会议的想法，众所周知，他赞成与政府合作以寻求解决难民问题的方法。他在难民群体中的声望使这次会议赢得了信任。在华盛顿会议之后，在1989年1月发行的《期刊杂志》上，他以挑衅的方式发表了一篇文章，敦促难民集体索要卢旺达护照，并解释说这将考验政府的良好意愿，并减少任何操纵的可能性。[2]

---

[1] *Impuruza*, No. 12, Special issue, November 1988.
[2] Alexandre Kimenyi, "Réfugiés rwandais : demandez en masse vos passeports", Impuruza, No. 13, January 1989.

尽管基缅尼寄希望于政府，卢旺达政府并未理睬他。1989 年 8 月，他在多伦多组织了华盛顿会议的后续会议，但这次只有来自北美和欧洲的与会者参加。参加者承认了他们无能为力的现状。[1] 1990 年 10 月 1 日，在卢旺达爱国阵线袭击发生后的一次采访中，基缅尼解释说，卢旺达政府不想与难民进行会谈，而是想通过收容国切断他们的退路。[2] 在袭击发生后的下一期《期刊杂志》中，基缅尼写下基尼亚卢旺达语的赞美诗，赞扬在入侵第二天被杀的卢旺达爱国阵线军事指挥官吉萨（以弗雷德·里维格玛的名义）。[3] 之后，基缅尼加入卢旺达爱国阵线，但于几年后离开。

1989 年和 1990 年，卢旺达政府承受了来自非洲大湖区以外的现有难民和回归群体的压力。大多数人与卢旺达爱国阵线没有直接联系。他们开始在人权组织和激进运动中进行激烈游说，利用国际活动来展示和提高新闻界对卢旺达难民问题的认识。例如，1989 年是 1959 年卢旺达革命 30 周年，也是法国《人权和公民权宣言》发表 200 周年的纪念日。利用这一时间巧合，当年 11 月，布鲁塞尔、科托努、日内瓦、蒙特利尔、巴黎和华盛顿特区的卢旺达群体在卢旺达大使馆前组织了示威活动，吸引了媒体的报道。达喀尔的难民群体于 1989 年 6 月在达喀尔的法语国家首脑会议上掀起了热潮，并向哈比亚里马纳总统发表了一封公开信，该信在法语国家的国际媒体上得到了很多报道，他们问了以下问题："……的确，您不像我们中的某些人，一样出生即为难民，但您能否确保未来不会成为难民呢？"[4]

这些难民群体得益于世界上第一波民主化浪潮，并利用卢旺达国内政治和社会局势迅速恶化的情况，着手开展国际宣传运动。1990 年 10 月 1 日，在卢旺达爱国阵线领导下的战争爆发时，这些群体的

---

[1] *Impuruza*, No. 15, December 1989.

[2] La Libre Belgique, "Les exiléstutsiaffirmentavoirépuisé les voies de la négociation", La Libre Belgique, 4 October 1990.

[3] *Impuruza*, No. 17, December 1990.

[4] Rwandan refugees in Senegal, "A monsieur le Président de la République Rwandaise", Open letter, 1989, Dakar.

成员——即使是那些事先没有直接了解卢旺达爱国阵线的活动和意图的人——也得到了热情的支持。很快，他们利用这场运动中所建立起来的网络进行联系。[1]

卢旺达政府确实采取了措施来满足难民的要求，1989 年 2 月专门成立了卢旺达移民问题特别委员会。[2] 激进的难民于 1989 年 4 月接受《非洲青年杂志》采访时，提到了政府的这些努力，而哈比亚里马纳总统则拒绝使用"移民"一词。激进主义者认为，"移民"一词忽略了该问题的政治层面。法国学者杰拉德·普鲁尼尔声称，1990 年下半年，特别委员会正准备在联合国难民事务高级专员的帮助下大规模遣返难民，而卢旺达爱国阵线在 10 月发动袭击，企图破坏这一想法。[3] 哈比亚里马纳总统于 1990 年 9 月 28 日，即卢旺达爱国阵线袭击发生前三天在联合国大会上发表讲话，宣布向想要回归的难民提供公民身份和旅行证件，并接收许多希望返回卢旺达的难民。

但这些听起来单方面针对难民的明显让步，实际上只是一种公共关系活动。一位知情作者说，形成遣返难民避难所的可能性很大，他说："哈比亚里马纳政权明确选择不做尝试。1990 年夏天，基加利政府使节原本应该去乌干达'代表难民群体'以启动遣返程序，但他们被告知'不要着急'。[4]"

哈比亚里马纳总统知道卢旺达爱国阵线为入侵做的准备。他指望法国提供军事支持，并选择进行军事对抗，以摆脱他所面临的国内强烈反对的局面。[5]

---

① Colette Braeckman, *Rwanda*, *Mille collines*, *milledouleurs*, Brussels, Editions Nevicata, April 2014, pp. 28 – 30.

② André Guichaoua, op. cit. , p. 31.

③ André Guichaoua, op. cit. , p. 31; André Guichaoua, *From War to Genocide*: *Criminal Politics in Rwanda*, *1990 – 1994*, Madison, University of Wisconsin Press, 2015, p. 31.

④ 普吕尼埃对卢旺达驻坎帕拉大使馆外交官的访谈，1993 年 6 月 10 日，见 Gérard Prunier, *The Rwanda Crisis*: *History of a Genocide*, London, C. Hurst & Co. Publishers, 1995, p. 99, footnote 12.

⑤ Gérard Prunier, *The Rwanda Crisis*: *History of a Genocide*, London, C. Hurst & Co. Publishers, 1995, p. 99, footnote 12.

卢旺达爱国阵线的思想渊源

如我们所见，通过回顾殖民前的过去时光，卢旺达难民的文化觉醒得以体现。然而，仅仅在这种文化复兴中看到对图西族传统精英主义的重新关注是错误的。① 在活生生的历史记忆的支撑下，政治动荡导致了卢旺达爱国阵线的建立，其中政治化程度最高的难民群体远离传统的精英意识形态，拥护进步甚至革命的思想。②

20 世纪 70 年代，居住在乌干达的知识分子难民被这些思想吸引。尽管与大多数难民社区的社会和政治保守主义相比，这些思想仍然只有少数，但社群中几乎普遍存这些想法。卢旺达国家统一联盟，后来演变成为卢旺达爱国阵线，说明了这种意识形态转变的过程。

虽然在乌干达的卢旺达难民总体上支持民主党，反对奥博特担任总统一职（1966—1971），但一些年轻的卢旺达人被其乌干达人民代表大会的进步和泛非路线所吸引。③ 1968 年，米尔顿·奥博特总统发起了"左倾"运动，该运动在该国引起了积极进步的左派与泛非讨论。这些讨论的中心，是通过激进的乌干达全国学生联合会，使马克雷尔大学的学生行动起来。这种知识背景标志着卢旺达民族团结联盟的许多创始人统一了起来。④

卢旺达民族团结联盟的贡献

20 世纪 70 年代中期，卢旺达的年轻知识分子开始离开乌干达前

① 一项哈比亚里马纳政权和胡图族极端分子自 1990 年 10 月战争爆发至 1994 年 7 月战败以来的宣传中对卢旺达爱国阵线发起的指控。见 Jean-Pierre Chrétien, Jean-François Duparquier, Marcel Kabanda 和 Joseph Ngarambe, *Rwanda：les médias du génocide*, Paris, Karthala, 1995。

② 一些历史上的卢旺达爱国阵线领导人讲述了在守夜期间，长老们是如何向他们讲述古代卢旺达及它的伟大。Stephen Kinzer, A Thousand Hills：Rwanda's Rebirth and the Man Who Dreamed It, Hoboken, New Jersey, John Wiley and Sons, 2008, p. 21。

③ 蒂托·鲁塔雷马拉就是当时正与鲁哈卡纳·鲁贡达和奥拉拉·奥图努等进步学生领袖接触的人之一，他负责向姆巴拉拉的教师教授奥博特的著作《普通人宪章》的内容。

④ 2015 年 6 月 22 日在基加利采访 G. M。

往内罗毕。在过去两年中,一个主要以来自马克雷尔大学毕业生为成员的小组经常举行非正式会议,讨论卢旺达难民的未来。这些年轻人试图研究卢旺达民族主义运动的失败,并从他们长辈的错误中汲取经验教训,为未来做好准备。年轻的激进主义者试图向内罗毕的许多卢旺达国家联盟的老领导人学习。他们想知道为什么卢旺达国家联盟秉持崇高的目标,却依然败北,为什么"蟑螂"(inyenzi)尽管有正当理由却失败了。他们还想了解卢旺达国家联盟的老人手如何看待未来。① 这些年轻的激进主义者在准备开展运动时非常谨慎,不想重复卢旺达国家联盟的和"蟑螂"(尤其是派系)失败的错误,尤其是缺乏内部民主程序和挪用资金的情况。② 这种历史回顾坚定了他们反帝国主义的思想(当时非洲进步主义者的普遍立场),从而汲取卢旺达国家联盟反殖民斗争失败的经验。③

1979 年 4 月,米尔顿·奥博特重新掌权,威胁了乌干达的卢旺达群体,他们于同年 12 月正式成立了卢旺达国家统一联盟,在内罗毕与坎帕拉设立分支机构。在与穆塞韦尼一起躲藏之前,弗雷德·里维格玛负责该组织在坎帕拉的行动委员会,此外还负责准备战争等其他活动。④ 尽管卢旺达国家统一联盟采纳了卢旺达国家联盟的两个主要目标,即促进民族团结和捍卫主权,创始人决定不让卢旺达国家联盟成员参与他们的动议。⑤ 自从卢旺达殖民统治结束以来,青年难民们承认卢旺达国家联盟是民族主义的前身,但他们决定抛弃卢旺达政治条款和政治辩论中的封闭性质。他们在"世界非洲民族主义和成功革命"的大潮中采取行动。⑥

卢旺达国家统一联盟本着"真正的民主和社会主义共和"精神,

---

① Rutayisire et al. , op. cit. , p. 92.
② 2015 年 6 月 22 日在基加利采访 G. M。
③ 2015 年 6 月 22 日在基加利采访 G. M。
④ Rutayisire et al. , op. cit. , p. 110.
⑤ Rutayisire et al. , op. cit. , p. 92.
⑥ Rutayisire et al. , op. cit. , p. 93.

确定了在卢旺达建立民族团结和打击不公正现象的目标。[1] 该组织采取将国内和国外所有进步力量聚集在一起的战略。实现这一目标的最初手段，是在国际论坛上发出政治呼吁。[2] 卢旺达国家统一联盟将难民返回卢旺达的问题从"通过一切可能的政治或军事手段"，转变为卢旺达的政治和社会转型。[3] 卢旺达国家统一联盟并未试图强行遣返难民，而只是让希望回国的难民能够回归。[4]

20 世纪 80 年代初，卢旺达国家统一联盟在内罗毕采取措施，游说各国寻求帮助，例如埃塞俄比亚、利比亚、坦桑尼亚和东欧国家。针对布隆迪有两个任务：卢旺达国家统一联盟要求布隆迪政府支持对卢旺达年轻人的军事训练。除了道义上的支持，这些尝试并没有产生太大作用。卢旺达国家统一联盟还系统地向非洲统一组织首脑会议和有关难民的国际会议发送了请愿书。但很快他们了解到，即使仅限于卢旺达境外，组织也必须获得一定的影响力才能在国际社会中被倾听。由于担心重复出现卢旺达国家联盟和"蟑螂"的错误，卢旺达国家统一联盟活动的发展缓慢，成员们赞成以协商一致的方式进行讨论并做出决定。根据卢旺达国家联盟和"蟑螂"领导人以往的经验，为几个国家提供的援助经费总是被挪用。因此，卢旺达国家统一联盟选择财务上自给自足，并严格管理资金的使用。[5]

穆塞韦尼开始游击活动后，许多卢旺达难民也参加了游击活动，随后出现卢旺达国家统一联盟与全国抵抗军之间关系的问题。1981 年 11 月，弗雷德·里维格玛离开丛林中的庇护所，前往坎帕拉，希望卢旺达国家统一联盟领导人能够动员卢旺达的年轻难民加入新成立的全国抵抗军。一些领导人首先要求全国抵抗军与卢旺达国家统一联盟之间签署一份正式协议，要求日后支持难民返回卢旺达。但是，里

---

[1] Rutayisire et al., op. cit., p. 96.

[2] Rutayisire et al., op. cit., pp. 95 – 96.

[3] 2015 年 6 月 22 日在基加利接受 G. M. 的采访。

[4] Rutayisire et al., op. cit., p. 95.

[5] 2015 年 6 月 22 日在基加利接受 G. M. 的采访。

维格玛不准备考虑这一要求。最后，该组织选择无条件为招募到的年轻卢旺达人提供便利，而后在全国抵抗军内部谈判中寻求支持。①1984 年，卢旺达国家统一联盟在全国抵抗军内部的卢旺达领导人中开展招募活动。卢旺达国家统一联盟的六名成员秘密加入了全国抵抗军。其中一些人受过良好的教育，例如，彼得·巴因加纳，他是内罗毕一家大型医院的医生，后来成为卢旺达爱国阵线军队的高级军官。

卢旺达国家统一联盟是卢旺达难民组织中最有雄心的组织，特别是与乌干达和难民的政治现实联系最密切。其大多数成员与全国抵抗军中许多卢旺达高级军官一起在最困难的时期生活在难民营中。然而，卢旺达国家统一联盟与其他卢旺达难民组织一样，在实现其目标与期望方面同样存在弱点。20 世纪 80 年代中期，全国革命发展运动组织与哈比亚里马纳总统仍然掌控国家，并得益于国际社会的广泛支持。这些组织的运作方式对国际社会产生了吸引力。尽管八年以来采取的行动取得了微薄的效果，卢旺达国家统一联盟对卢旺达改革方向的意识形态方面的贡献仍然很重要。

卢旺达国家统一联盟的存在是为解决卢旺达的难民问题，在卢旺达国内外民众的支持下，该组织已将这一目标放在改造国家和卢旺达社会的更大目标之下。②尽管有雄心壮志，但它还是一个很小的组织，直到 1987 年来自全国抵抗军的卢旺达军队加入该组织后，它才真正开始发展，但那时卢旺达国家统一联盟已经开始转变为卢旺达爱国阵线。

卢旺达爱国阵线的建立：政治军事联盟的结果

全国抵抗军胜利后，为了接近居住在卢旺达的人，更靠近盟友，卢旺达民族团结联盟将其总部搬到了坎帕拉，这样更接近卢旺达的全

---

①　Rutayisire et al., op. cit., p. 112.
②　2015 年 8 月 26 日在基加利接受 E. R. 的采访。

国抵抗军战斗人员和全国抵抗运动组织政府。尽管卢旺达国家统一联盟鼓励其成员加入全国抵抗军，但1986年1月全国抵抗军的胜利使该组织的领导人措手不及。就在一个月前，在内罗毕举行了第三次代表大会，会议期间笼统地讨论了战争问题。辩论的重点是重申将战争作为实现其目标手段的可能性。一旦战争成为可能的行动方法，随之而来的就是将其付诸实践的战略问题。卢旺达国家统一联盟领导人在讨论中有时会提出非常荒谬的建议，与讨论主题不相关。会上没有提出利用卢旺达全国抵抗军军官的想法，因与其没有正式联系。直到卢旺达国家统一联盟正式转变为卢旺达爱国阵线的几个月前，在1987年12月第四次卢旺达国家统一联盟大会上，卢旺达国家统一联盟领导人与卢旺达全国抵抗军军官之间的关系仍不清楚。①

为筹备1985年12月在内罗毕举行的第三届卢旺达国家统一联盟大会，会议秘书处要求成员们提出改组建议。与列宁的问题"怎么办？"相对应，铁托·鲁塔雷马拉给他曾参加并学习过的法国共产党发表的一份题为"我们该怎么办？"的文件，鲁塔雷马拉建议将卢旺达国家统一联盟从一个知识分子俱乐部转变为能够实现其目标的群众组织。他倡导将民族团结联盟变成一个像布尔什维克一样以行动为导向的组织，一个由全心全意致力于卢旺达解放的人民组成的先进组织。1986年，卢旺达民族团结联盟邀请铁托·鲁塔雷马拉来到坎帕拉，将其想法付诸实践。

1987年中期，卢旺达国家统一联盟执行委员会成立了一个工作组，进行机构转型并动员号召难民，尤其是年青一代的难民。它由铁托·鲁塔雷马拉和普罗泰斯·穆索尼，以及两名曾担任全国抵抗军政治委员的军官阿方斯·古鲁玛和威尔逊·鲁泰西雷组成。② 那时，全国抵抗军组织内的卢旺达难民领导人已加入卢旺达国家统一联盟，并任命彼得·巴因加纳少校为其联络代理。他们的领袖弗雷德·里维格

---

① Rutayisire et al. , op. cit. , p. 117.
② Rutayisire et al. , op. cit. , p. 124.

玛少将无法在卢旺达难民政治组织中公开工作。[1]

全国抵抗军在丛林岁月时期采取革命战争策略，并对其战斗人员进行了系统的政治训练。居住在乌干达的许多卢旺达难民后来加入了卢旺达爱国阵线，在全国抵抗军军事发展期间和获得政权后，参加了抵抗委员会与全国抵抗运动组织地区的革命政治培训。许多人质疑对这些革命性话语的坚定支持是否适当，但是这些言论无疑为卢旺达爱国阵线的领导人提供了一个有效的行动平台。尽管军方在人民管理方面有更多经验，但卢旺达国家统一联盟与卢旺达全国抵抗军军官的领导基本具有相同的目标。卢旺达全国抵抗军官员坚持要求卢旺达爱国阵线采取务实、开放的原则包容所有持善意的人，不管他们持有何种政治或意识形态宗派主义和"口号主义"。两方很容易就对最初的卢旺达爱国阵线计划的关键要素达成了一致，并在夺权和行使权力时敦促大众参与。军队的影响力也使人们清楚地选择战争作为主要行动手段。[2]

该组织首要职责之一是建立政治学校，让参加者意识到需要进行武装斗争以实现卢旺达的改革并允许难民返回。该教学计划包括对政治学和马克思主义哲学的介绍，以及革命作战方法和动员活动。卢旺达的历史构成了该学习的重要组成部分，但分析性历史是非叙述性的，受到历史唯物主义的启发，并且很大程度上去除了君主制的维度。这项历史分析的要点之一是卢旺达对民族对抗的解构，这是精英们夺取政权和资源的一种策略。最初学校的参与者成为第一批卢旺达国家统一联盟的永久成员，并塑造了卡达（Kada）为卢旺达爱国阵线的象征人物。[3] 他们被送到布隆迪、肯尼亚、坦桑尼亚、乌干达和扎伊尔的城镇和难民营的难民群体中，他们的任务是向难民宣传对为

---

[1] 2013 年 7 月 17 日在基加利接受联合国的采访。

[2] Rutayisire et al., op. cit., p.140.

[3] 卢旺达爱国阵线的干部成为运动的中心人物，充当领导人和难民之间的纽带。由于卢旺达爱国阵线的社会基础非常分散和多样化，因此他们在组织中发挥了重要作用。他们有着多重身份，既是动员者、后勤人员，又是调解人、间谍。他们全职工作，深入这个国家最遥远的地方。由于他们所深入社区的帮助，他们才得以生存和活动。他们中许多人上过大学，但当战争爆发时，他们中的一些人没有选择追求社会等级，而是决定拿起武器。

难民返回所进行的武装斗争以及在卢旺达的改革，并了解他们对这些计划的态度。尽管其中大多数来自乌干达，但最初的年轻成员中有一些来自布隆迪和扎伊尔。

1987 年 10 月，干部们带着收集的信息回到坎帕拉。总的来说，得益于武装斗争，大部分难民可以返回卢旺达，但也存在少许不同意见。起初，年长者害怕再次遭遇"蟑螂"的灾难性经历，不愿接受战争。居住国之间也存在差异：布隆迪和乌干达的年轻人充满热情，也愿意战斗;① 然而，在扎伊尔，即使初期在戈马、布卡武和比布韦，也只有很少人支持该计划。收集到的信息表明了难民之间有不同的政治和社会倾向：难民宣称自己是社会和政治保守主义者，其中一些人是保皇党，一些小团体声称是社会主义者或革命者。

在 1987 年 12 月举行的第四届全国人大代表大会准备过程中，起草了两份文件：一份是简单而务实的八点政治方案；一份赋予卢旺达国家统一联盟地区广泛的自治权的操作指南，其依据是民主集中制原则和行为准则。② 在这次卢旺达国家统一联盟代表大会上，将取消卢旺达国家统一联盟，取而代之的是名为卢旺达爱国阵线因科塔尼的新组织。卢旺达爱国阵线与卢旺达国家统一联盟的不同之处在于打破政治宗派主义，向所有分享其政治计划的卢旺达人开放包容。卢旺达爱国阵线放弃了卢旺达国家统一联盟的马克思主义用语和政治激进主义，但保留了其组织结构。③ 其中包括将世界范围内拥有大型卢旺达难民社区或侨民的国家以代号划分。④ 卢旺达爱国阵线增加了一个妇女委员会和一个青年事务委员会，随后又增加了政治动员委员会。⑤

---

① 然而，在布隆迪，组成"反思小组"的知名人士反对该项目并主张融入该国。作为社区中的少数人，他们最终加入了大多数人的行列。

② 这是一种受列宁启发的组织方法，它鼓励讨论，并将结果传递给等级系统的上一级，但同时要求服从这个指挥系统的所有决定。事实证明，这一进程对于管理不太倾向于自我管理和自律的多元和文化分散的社区非常有效。

③ 这是一次大会和政治局、执行委员会、大会和区域委员会的会议。

④ 肯尼亚是 A 地区，乌干达为 B 地区，坦桑尼亚为 C 地区，布隆迪为 D 地区，扎伊尔为 E 地区，欧洲为 F 地区，加拿大为 G 地区，卢旺达为 O 地区。

⑤ 这个相当粗略的程序与全国抵抗运动的 10 点非常相似，但有一些不同。

卢旺达爱国阵线的八点基础政治计划强调恢复民族团结，捍卫主权，建立真正的民主，建立一体化经济，自给自足以及消除一切形式的腐败。值得注意的是，他们将难民遣返问题的排序降到第六点上。

卢旺达爱国阵线的八点计划已将革命主义的修辞搁置一旁，其论述既务实又举重若轻。但是，在卢旺达爱国阵线领导人的讲话中，人们对卢旺达的深刻转变表示渴望，因为卢旺达当时的政治，社会和经济结构为难民的集体回返保留很小的空间。①

政治和军事动员

卢旺达爱国阵线成立后，开始在有难民社区的地方动员和招募成员。尽管有意愿扩大该运动的队伍，但招募是单独且有选择性地进行的，而且保密性很强。从一开始直到1990年10月爱国阵线准备发动武装斗争前的几个月，各社区只有一些小团体参加了这次运动。对于早期的新兵来说，加入卢旺达爱国阵线是一种情感转变的经历："从那一刻起，我变成了另一个人。我不再是一个麻木的、听天由命的、失败主义者的难民，而是变成了一个积极的、坚信必胜的战斗者。我的内心充满了喜悦。"②

卢旺达爱国阵线存在的消息开始在这些社区传播开来，这使得东道国，特别是在扎伊尔和布隆迪的少数地区以及那些已经开始与卢旺达大使馆建立联系的人有了反对意见。在坦桑尼亚，招募新兵也很困难，因为许多长期难民已经获得或认为他们已经获得了公民身份。甚至在卢旺达，早在1984年就在基加利、吉塞尼、吉塔拉马和卢瓦马加纳地区建立了出于安全原因而相互切断了联系的小型卢旺达国家统一联盟小组。有些知识分子，特别是西方国家的知识分子，反对战争，或者反对为了参加运动而庄严宣誓效忠的义务。这些反对有时也

---

① 笔者个人观点。

② Jean-Marie Vianney Rurangwa, *Un Rwandais sur les routes de l'exile*, Paris, Karthala, 2005.

是一些成员利用他们在运动中的地位，通过排除那些他们认为不够爱国的成员来解决个人恩怨。不过，这些纠纷大多在 1990 年 10 月 1 日那次卢旺达爱国阵线大胆的袭击之后就消失了。一夜之间，几乎所有的难民社区都团结起来支持卢旺达爱国阵线。

从一开始，卢旺达爱国阵线还特别努力地从卢旺达境外的各种社会阶层招募胡图族人。知名人士如前部长亚历克西斯·卡尼亚伦圭、国际公务员塞思·森达松加和商人塞拉斯·马贾姆贝雷等都是由该运动领导人直接招募的。卢旺达爱国阵线还与在巴尼亚分区与有卢旺达血统的巴尼亚卢旺达人进行了接触。此外，他们还分别与殖民时期的在乌干达定居后逃离了强迫劳动的经济移民的后代、20 世纪 40 年代被比利时殖民者从卢旺达驱逐到沙巴地区在刚果矿山工作的人的后代、北基伍和南基伍的巴尼亚卢旺达社区和巴尼亚穆林格社区进行了联系，并使他们了解了卢旺达爱国阵线的计划。大量生活在政治排斥中的年轻巴尼亚卢旺达人和巴尼亚穆林格人加入了卢旺达爱国军，成为能很好地适应变动、适应艰难生活的优秀战士。

为了准备计划在卢旺达进行的战争，卢旺达全国革命军军官开始在他们服役的乌干达军队中建立自己的军队。这也得益于穆塞韦尼总统的默示协议。[1] 1986 年 1 月，在国民抵抗运动接管乌干达政权时，卢旺达全国革命军里有大约 3000 名巴尼亚卢旺达人和大约 1500 名卢旺达难民。[2] 最重要同时也最困难的任务是在不引起怀疑的情况下大量招募和训练年轻的卢旺达难民。[3] 乌干达北部战事的持续以及在全国部署士兵的需要，促成了这种军事渗透。正如至少自 1984 年以来就秘密地设法吸引卢旺达难民到卢旺达全国革命军以便返回卢旺达的卢旺达领导人一样，这种军事渗透也鼓励难民担任指挥职务。

1987 年年中，保罗·卡加梅少校从古巴训练回来后，和卢威格

---

[1]　参见克里斯托夫·科特雷特在纪录片 Inkotanyi 中对穆塞韦尼的采访。

[2]　Stephen Kinzer, op. cit. , p. 51.

[3]　即 1987 年开始从布隆迪和扎伊尔抵达、不会说英语的年轻难民和其他来自坦桑尼亚的难民。

玛将军开始更加有条不紊地组织秘密军队。卢旺达全国革命军内部反对卢旺达政府的压力上升，在敏感行动责任岗位上的卢旺达难民高级官员（特别是弗雷德·里维格马）被调任，使同谋者们意识到他们的机动余地正在缩小。[①] 如果他们不尽快采取措施，很快他们就无法采取行动了。1989 年，弗雷德·里维格马、保罗·卡加梅和克里斯·布尼耶兹被派去学习，但经他们的安排，最终只有卡加梅离开。这样里维格马就可以继续准备在卢旺达发动的袭击。这种情况下，在全国革命军内部对卢旺达难民的动员自然而然地开始了，一种强烈的团体感将他们联系在一起。1987 年至 1989 年，有近 3000 名卢旺达爱国军新兵接受了训练。等到卢旺达爱国军在卢旺达发起进攻时，新兵人数已达 4000 名左右。[②]

战火下卢旺达爱国阵线的改革

1990 年 10 月 1 日清晨，大约 400 人从卡基图姆巴边境站进入卢旺达。在接下来的几个小时及后来的几天里，部队其余人员也都跟随入境，同时还有一些兴奋的平民们追随加入了他们。在乌干达的各个地区，大量士兵们离开了卢旺达全国革命军并带走了重要装备、个人武器、轻火炮、弹药以及车辆。在进攻开始一个月后，卢旺达爱国阵线的大部分人员被迫返回乌干达。两年后，卢旺达爱国军成功扭转了局势，在与得到法国大力援助的政府军对战中占了上风。

极其不利情况下的游击战

在乌干达微妙的政治背景下，卢旺达爱国军有着战斗经验丰富的战士，他们把重点放在从全国革命军秘密叛逃的阶段，还没有做好进

---

① 1986 年战争结束时，弗雷德·里维格马是陆军总司令的副手，仅次于穆塞韦尼总统，在军队中排名第二。1989 年，他被任命为国防部长的随从，离开军队进入政府，然后返回乌干达北部担任行动指挥官。

② 2015 年 6 月 15 日在基加利采访 J. B.。

入卢旺达的充分的准备。卢旺达爱国军一开始在草原地区的常规进攻中没有采取连贯的战略，并且不知道如何对付装备精良的对手。全国革命军中的卢旺达人也从来没有作为一个团体共同战斗，这就引发了组织和领导方面的严重问题。①

1990 年 10 月 2 日，即在入侵的第二天，指挥官弗雷德·里维格马在敌军炮火中牺牲。他的死使得卢旺达爱国军失去了统一指挥权，从此以后各部队开始自行作战。弗雷德·里维格马死后三个星期，接管指挥权的两名军官巴音甘纳少校和布尼耶兹就遭到埋伏被抓捕，原因不明。卢旺达爱国军伤亡众多，一些士兵，包括一些军官也开始擅离部队。10 月 15 日，在法国直升机和扎伊尔军队的配合下，政府军卢旺达武装军开始反攻，陆续从卢旺达爱国军手中收复了包括加比罗、卡巴罗勒和尼亚加塔雷等城镇的所有前沿阵地。

到了 10 月中旬，保罗·卡加梅少校从美国归来后，开始着手恢复军队秩序，这支军队在失去有号召力的领袖后已经陷入了深深的绝望和彻底的混乱之中，变得支离破碎。一些指挥官建议返回乌干达，并要求穆塞韦尼再次接纳他们为难民。卡加梅少校接手后将计划改为向更西边的毕木巴县重要的加图纳边境哨所发动攻击以转移视线，该哨所比卡基图姆巴距离基加利更近，他希望这次重大成功能够提升部队士气。同时，他组织后勤，改组部队。但在敌人的猛烈火力下，1990 年 10 月 28 日，卢旺达爱国军的大部分部队撤离了卡基图姆巴的总部，撤退到乌干达地区，只在阿卡杰拉公园留下一个小组的战士。

11 月 1 日，卢旺达政府在该国主要城镇组织游行，庆祝"十月战争"结束。游行队伍中的人假装要埋葬弗雷德·里维格马。前一天晚上，经过乌干达领土的卢旺达爱国军部队占领了加图纳和周围地区。在政府庆祝胜利的同时，蒂托·鲁塔雷马拉在布鲁塞尔的一次记者招待会上宣布了弗雷德·里维格马以及他的同伴巴音加纳和布尼耶兹的死亡，以及加图纳的被占领的消息。这条信息对于辟谣尤其有

---

① 2015 年 6 月 15 日在基加利采访 E. K.。

用，因为谣言说弗雷德不仅被杀害了，而且是被巴音加纳和布尼耶兹所杀害。卢旺达爱国阵线通过宣布占领加图纳告诉其支持者和世界，战争并未结束。①

保罗·卡加梅接手军队指挥权，改变了战略，放弃了常规战争，转而采用游击战术。他从他设立总部的加图纳开始行动，分三组重新部署部队。其中卢旺达爱国军总部所在的一组部队进入了位于西北部海拔 3000 多米的火山上的森林。

另一组在乌干达附近加图纳边境哨所公路轴线上的乌姆武姆巴河岸的树林里安营扎寨，第三组驻扎在尼亚加塔雷最东北部的吉苏罗和卡博罗戈塔的香蕉种植园内。部队开辟了一条通往乌干达边界一侧的通道。1991 年 1 月，部队移交的完成使得卢旺达爱国军可以更轻松地逃脱卢旺达武装军的袭击。进入新的主基地的通道不便，植被覆盖茂密，而且夜间气温很低，再加上山坡陡峭，使得补给运输困难。

寒冷的天气使得许多衣着单薄的战士饥寒交迫甚至丧生，还有许多战士身患重病。年初，士兵中还暴发了严重的痢疾。来访的卢旺达爱国军干部看到战士们的悲惨状况，不禁自问，卢旺达爱国战线是否已输掉了战争？但他们拒绝承认失败。随后，卢旺达爱国军遭遇了新一轮的逃兵潮。逃兵讲述的故事和战场上的沉默导致了该分区域和世界其他地方支持卢旺达爱国军的平民士气下降。随着新兵的到来，军队得到的捐款也减少了。在布隆迪和扎伊尔，逃兵们指控卢旺达爱国军军官虐待和歧视讲法语的士兵。同一时期，卡加梅将军重组了他的部队，并在计划一次新的大规模进攻时实行了严格的纪律。一个由战士们的父母组成的代表团从布隆迪前来询问他们子女的待遇，受到了军队总部的欢迎。

1991 年 1 月 22 日和 23 日，卢旺达爱国军袭击了鲁亨格里镇，占领了该镇几个小时，其间从监狱中释放了一些重要的胡图族政治犯。这次对该国第二重要城镇和政权政治据点的占领，在卢旺达国内和海

---

① 2015 年 6 月 15 日在基加利对 E. K. 的采访。

外侨民中产生了相当大的影响。这一事件与政府所宣称的卢旺达爱国军已被彻底击败的说法相矛盾。几天后，卢旺达武装军发起了一场强大的反攻，将卢旺达爱国军追击到火山森林中的避难所。三个战略阵地遭到攻击。4 月初，卢旺达武装军侵入一个战略部队，直接威胁到守卫卢旺达爱国军总部的其他部队。[①]

在此关头，卢旺达政府在国际压力下同意在扎伊尔与卢旺达爱国战线签署《恩塞尔停火协定》。对后者来说，这是它的对手和国际社会首次正式承认它。但对政府来说，在军队进攻的情况下，感觉它像是投降了。为了反驳卢旺达政府的指控，即卢旺达爱国军在卢旺达没有阵地，只从乌干达行动，该协定设立了一个中立的非统组织军事观察员小组，负责边界巡逻，防止卢旺达爱国军从乌干达出兵。然而，该停火协议几乎立刻就被破坏了，双方相互指责是对方破坏了该协议。

卢旺达爱国军实力遭到削弱，在被迫撤回到其火山避难所的情况下，它绝地反击，发动了一场游击战，并大大提高了它的作战效率。为了减轻卢旺达武装军在山区的压力，乌姆文巴和吉苏罗山的特遣队继续发起进攻。随后，卢旺达爱国军建立了一条穿过鲁亨格里、比姆巴和穆塔拉县的长长的战线，并从北部和西北部与乌干达接壤的边境地区随时随地发动攻击。卢旺达爱国军实施小型机动部队攻击，采取打了就跑的战略。它练习深夜攻击敌方防线之间的通道、线后攻击以及利用壕沟防御敌方炮火。在这些战斗中，卢旺达爱国军损失了很多士兵。卡加梅将军组织收集情报，要求部队指挥官们更加小心谨慎地准备进攻，甚至要求部队中官职最高的人担责。一旦士兵损失过多，卡加梅便毫不犹豫地立刻将这些人关进监狱。[②]

卢旺达爱国军采用游击战术，在长长的战线上向任何地方发动攻击。这使卢旺达武装军迷失了方向，导致他们不能再把精力集中在其

---

① Rutayisire et al., op. cit., p. 200.
② 2015 年 6 月 15 日在基加利对 E. K. 的采访。

中某一个地方。这样一来，卢旺达武装军失去了战斗主动权。战斗非常激烈，在一些战斗中卢旺达武装军损失甚至达几十人。对卢旺达爱国军来说，战争最初的一个转折点是其于 1991 年 6 月在距乌干达边界几千米的比姆巴镇布塔罗地区建立了一个小型占领区。卢旺达爱国军大量传播这一胜利的消息，以反驳有关爱国军没有从卢旺达作战的指控。卢旺达爱国军总部离开了火山上的森林，搬到了布塔罗。随后，爱国军在姆文巴公社周围的加图纳和尼亚加塔雷之间建立了一个被占领的地区。1991 年 11 月 3 日，卢旺达武装军对卢旺达爱国军占领的一小片领地发动了全面进攻。后者尽管损失惨重，但守住了领地，这是这次冲突的一个重要转折点。从此，卢旺达武装军不再试图主动对该地带发起攻击，转而进入了防御模式。

1992 年，卢旺达爱国军和卢旺达武装军开始进行阵地战。为了扩大其占领区并对卢旺达政府施加压力，卢旺达爱国军于 1992 年 6 月初以该州最大的城镇比姆巴镇为中心发动了大规模进攻。

卢旺达武装军奋力抵抗，试图在这个对政权有重要政治意义的城镇击退卢旺达爱国军。两天后，卢旺达爱国军被迫撤退。尽管如此，卢旺达爱国军还是明显地扩大了其占领区域，这也成为连接其在鲁亨格里和比姆巴的阵地的连续地带。法国军队参加了这次未遂的反攻，在比姆巴镇直接使用了包括 105 毫米火炮在内的重炮进行作战。卢旺达武装军对卢旺达爱国军多次尝试发起进攻，但都失败了，并且每次都会失去部分领地。政府要求停火，卢旺达爱国阵线接受了，条件是随后要进行政治谈判。1992 年 7 月 12 日，双方签署了《恩塞勒停火协定》修正案，修正案中规定在两军阵地之间设立一个中立观察区。从 7 月 31 日开始，双方遵守协议停火，随后在 1992 年 8 月 10 日开始了阿鲁沙和平进程。

1993 年 1 月 21 日至 25 日，即在阿鲁沙签署权力分享协定仅仅两周之后，数百名图西族人再次遭到屠杀。这次事件发生在卢旺达西部。1993 年 2 月 8 日，卢旺达爱国军破坏停火协定，发动了大规模进攻，突破了政府的防御工事，并向距基加利约 40 千米的山丘挺进。

卢旺达爱国阵线声称其发动进攻是正当的，理由是哈比亚里马纳总统及其政党通过恐怖活动破坏了和平进程。卢旺达政府要求再次停火，卢旺达爱国阵线则回应要求处罚参与本次屠杀的人员。2 月 21 日，卢旺达爱国阵线宣布单方面停火，并表达了要在卢旺达武装军不离开新阵地且两军之间的缓冲区由中立的维持和平部队监控的条件下重新夺回其最初的阵地的意愿。这次撤退有几个原因。一方面是因为有强大的国际压力，另一方面也有卢旺达爱国阵线在掌管新占领地存在困难的原因。同样重要的是，卢旺达爱国阵线愿意通过和谈而不是仅限于战争和外部政治因素介入来推进卢旺达国内政治进程。[1] 1993 年 2 月 8 日的进攻迫使大约 86 万人逃往南部。[2] 卢旺达爱国军还被指控杀害了一些难民。[3]

自 1994 年 4 月 6 日哈比亚里马纳总统遇刺后，基加利的屠杀事件开始增多，卢旺达爱国阵线提议，由联合国牵头成立一支三方部队以停止屠杀。根据这项提议，联合国卢旺达援助团（联卢援助团）、卢旺达武装军和卢旺达爱国军将各提供 300 名士兵。但卢旺达武装军拒绝了这项提议。[4] 4 月 9 日，也就是在谋杀事件发生三天后，卢旺达爱国军在北方再次发起进攻，三个月后，卢旺达爱国军在对卢旺达武装军和其他种族灭绝势力的战斗中取得最后胜利。

在这场战争中，许多卢旺达爱国军士兵牺牲了，牺牲总人数大约占从 1990 年至 1994 年服役的共计 17000 至 18000 名士兵中的三分之一。[5] 面对极端主义抬头和 1990 年至 1994 年武装冲突期间对农村地区图西族的频繁屠杀，卢旺达爱国阵线领导人意识到大批图西族人将

---

① 采访。

② Alison Des Forges, op. cit. , p. 175.

③ Fédération internationale des droits de l'homme (Paris), Africa Watch (Washington, D. C.), Union interafricaines des droits de l'homme and des peuples (Ouagadougou), Centre des droits de la personne and du développementdémocratique (Montréal), *Rapport de la Commission internationaled' enquête sur les violations des droits de l'homme au Rwanda depuis le 1er octobre 1990*, March 1993.

④ Alison Des Forges, op. cit. , p. 20.

⑤ 2015 年 6 月 15 日在基加利采访 J. R. 。

死亡，但据他们中的一些领导人说，他们从未想到这些杀戮会发展成一场全面的种族灭绝。[1]

难民社区的坚定支持

卢旺达爱国军在很大程度上是在敌对的环境中作战，在卢旺达也处于孤立状态。由于外部外交压力和国内政治敏感性，乌干达对其支持有限。哈比亚里马纳政权将这场战争描述为乌干达的入侵。在边境巡逻的中立军事观察员使得乌干达的支助活动变得复杂。1994 年以前的大部分战斗都发生在政权的大本营北方地区。大多数接触过卢旺达爱国军的当地居民由于受到政府间谍的恐吓，对卢旺达爱国军怀有敌意，他们给卢旺达武装军通风报信，并且拒绝向卢旺达爱国军出售食物。支持卢旺达爱国军的基地，则分散在非洲大湖区和世界其他地方。

1990 年 10 月 1 日发动的袭击，使得几乎所有难民和移居社区对卢旺达爱国军的声援都加强了。生活在乌干达和坦桑尼亚敌对地区附近的难民社区，为帮助卢旺达爱国军做出了巨大努力。他们鼓励新兵从扎伊尔返回卢旺达，并帮助他们运送食物。几乎在所有地方，难民或曾经的难民都表现得非常团结，为卢旺达爱国阵线做出了贡献。在西方国家，有时还不是卢旺达爱国阵线成员的活动家，在媒体上对卢旺达爱国阵线的活动进行解释。但是由于来自前线的坏消息和运动的封闭性，这种热情逐渐消退。

卢旺达爱国阵线在面对军事崩溃和需要更多的支持来恢复的情况下，决定放宽加入该运动的条件，接受所有愿意加入它的人。该运动决定放弃使用秘密行动，并请公众人物、知识分子，如亚历山大·基曼尼和商人等，参与领导该运动。[2] 由于受到关注，该运动在 1991 年

---

① Alison Des Forges, op. cit., p. 20.
② Rutayisire et al., op. cit., p. 208.

1 月底占领鲁亨格里后扩大了卢旺达爱国军队伍。一个新的动员阶段开始了，通过开放使难民社区和移居国外的人能够提供有力的支持。甚至最不情愿的社区，如坦桑尼亚和扎伊尔的社区也加入了这项运动。尽管人数有所增加，但卢旺达爱国阵线依然继续坚持对它的支持者们进行政治培训，并严格遵守其原则和程序。

然而，战争的需要迫使卢旺达爱国阵线进行改变。从政治方面看，从秘密招募过渡到更加公开行动（在卢旺达社区内）的同时，其运作也更加透明。在地方一级，运动的先行加入者和后来加入的公众人物之间的过渡并非没有困难。一些社会经济条件较好的新成员已经较好地融入了它们各自的东道国，而且他们通常拥有许多资源可以捐献。该运动的开放和扩张，在某种程度上产生了使该运动的政治重心从其乌干达核心扩散出去的效果。该运动很快在全世界拥有数以万计的成员，同时它也不得不改革它的运作方式，使它更加客观。它选择了一种简单而灵活的官僚制度以适应生活在不同社会环境中的社区的需要。

在对战争结果承担责任方面，难民社区的反应非常强烈。卢旺达爱国军新兵从乌干达以及布隆迪、坦桑尼亚和扎伊尔抵达卢旺达。有些甚至来自加拿大和欧洲。在卢旺达，从 1992 年开始，由于民主化进程正在进行以及反对派也参与了政府，对图西族人的控制有所放松。卢旺达爱国阵线在国内成立了新的小组，许多年轻人通过布隆迪、扎伊尔和坦桑尼亚加入了卢旺达爱国军。志愿者战士来自各个社会阶层，有的甚至来自最富裕的阶层。年轻妇女们也响应了部队的号召。难民营中的年轻人迫切想要应征入伍，在卢旺达难民集中的一些城市地区情况也是如此。中学和大学的卢旺达学生和讲师一走而空——其中一些人成为战士，另外一些人成为该运动的永久干部。妇女在各级动员中发挥了非常积极的作用，这些动员成为各社区的一项主要社会运动。

卢旺达爱国阵线的资金来源主要有三个：普通会员的定期会费和特别会费、富人的私人捐款，以及该运动的生产性活动（通常是小型零售贸易）的利润。收到的资金数额可能相当可观，但也因军事情况而异。在取得重大胜利的时候，例如在占领鲁亨格里和比尤姆巴后，资金数额增加了，但在停火期间资金数额又急剧减少。1994 年 6 月底，在法国发行绿松石区卡后，一个月内卡销售收入即达到 300 万美元。在此过程中，极少发生贪污案件。①

卢旺达爱国军也得到了强有力的道义支持。1992 年 7 月停火后，卢旺达爱国阵线组织了来自世界各地的代表团访问。当这些来访者在"他们的孩子"的保护下返回祖国时，他们情难自抑。随后，卢旺达爱国阵线在其领地为来自非洲、欧洲和北美洲的不同地区的委员会负责人举办了研讨会。

1990 年 10 月底，在卢旺达爱国军的军事崩溃之后，来自乌干达的组成部分仍然坚定地以卢旺达爱国阵线为中心，此外还有其他的难民社区加入进来，努力支持他们的新军队并鼓励它完成已经开始的工作，这些都给予了它成功所需的实质性资源和道义支持。对难民来说，选择战争不仅是出于用武力进行变革的意愿，也是为了保护自己不再忍受一个深受荼毒的、在过去毫不犹豫地进行大规模屠杀的政府和社会的压迫。

最后，在多方力量的推动下，卢旺达难民抓住了这一在乌干达建立一支难民大军返回自己国家的历史性机会，他们希望最坏的情况永远不要发生。

---

① 对 Aloysia Nyumba（阿洛西亚·奈姆巴）的采访，"Rwanda Dispatch" No. 11，September 2009.

第二部分
灾难之后

第四章　1994年7月

1994年7月4日，在基加利被占领后的几天，经过三个月的激烈屠杀和战斗，基加利已经变成了一座被遗弃的城市，笼罩在寂静、空虚和死亡的恶臭中。凌乱的街道上，到处都是被遗弃的车辆残骸，只有偶尔能看到一辆的卢旺达爱国阵线军车、徒步巡逻队和一些幸存者。如同行尸走肉的幸存者们从他们的藏身之所走出来，从这些躲过大屠杀的避难场所离开。在这地狱般的三个月里，一些学校、教堂和国家体育场成了几千名寻求庇护的人的避难所。基加利的大多数居民都已离开了这座城市。最初在战斗最激烈的时候，他们为了安全躲在基加利周边的山上，后来他们向西逃到扎伊尔或法国军队划分的绿松石行动保护区。野狗成群结队地在街上猖狂游荡，以尸体为食，因此它们会时不时地被射杀，零星的枪声打破了寂静。

在尼亚米拉姆卜等边远地区，新开挖的地面和几乎没有完全掩埋的尸体表明了这里就是乱葬坑所在之处。在更加贫困的地区，尽管当地已经尽力清理商业中心和主要居民区了，但在被毁的房屋中或在街角发现躺在路边的尸体这种事依然屡见不鲜。在大屠杀发生后的头几天里，所目睹的大规模悲剧使得整个基加利笼罩在一种虚幻的气氛中。

卢旺达其他地区普遍缺乏实体基础设施，看上去破坏迹象不太明显。即便如此，人们的心灵还是同样地受到了伤害。尽管各地屠杀的残忍度不同，但没有一个地区能幸免于图西族被屠杀的命运。在不到一百天的时间里，约75%的图西族人被灭绝，这场种族灭绝是20世纪破坏性最大的一次。

1994 年 7 月 4 日，也就是基加利被卢旺达爱国阵线攻占的这一天，通常被认为"象征着"种族灭绝的结束。然而，更重要的一天是 1994 年 7 月 19 日，因为当天卢旺达爱国阵线单方面宣布停火并成立新政府，这标志着内战的结束和过渡时期实施了种族灭绝的"胡图政权"的结束。

当代历史虽然悲剧事件迭出，但我们从未目睹过比卢旺达图西族人在 1994 年 4 月至 7 月间所遭受的范围和程度更激进的种族灭绝运动。这场种族灭绝也将在今后很长一段时间内继续折磨着这些受害者，其规模之大、受害总人数之多、主动参与屠杀的人数之众以及事件发生的速度之快令人震惊。虽然受害总人数仍有争议，但经常被引用的总人数在 80 万至 100 万人，其中绝大多数是图西族人。[1] 最近的数据显示，在种族灭绝发生之前，生活在卢旺达的图西族人的总人数被严重低估了，因此实际被杀害人数估计会更多。[2]

彻底的种族灭绝

当时在卢旺达的大多数图西族人在一次彻底的种族灭绝中被杀害，这一次种族灭绝几乎使其目标人口彻底灭绝。[3] 对于这个在几乎不到一天的步行时间里就可以从任何地方到达国家边界的小国（国土面积 26000 平方千米；10000 平方英里）来说，对人口的实际控制对

---

① 见导言脚注 3。

② 这些估计数字大多以 1991 年人口普查为基准，当时共普查了 596400 图西族人，占总人口的 8.4%。马里克·维普顿根据当地数据对吉孔戈罗地区图西族人数量进行的详细研究，证实了这一普遍看法，即图西族人的数量被低估了。一般普查记录到，吉孔戈罗的图西族人口占 12.8%，而当地数据显示，图西族人口的比例至少为 17.5%。Marijke Verpoorten, "The Death Toll of the Rwandan Genocide: A Detailed Analysis for Gikongoro Province", Institut National d' EtudesDémographiques, *Population*, 2005/4, pp. 331 – 367; Republic of Rwanda, Census Service, *Recensementgénéral de la population et de l'habitat au 15 août 1991*, Kigali, December 1992.

③ 这是指《防止及惩治灭绝种族罪公约》第 2 条，该条对种族灭绝的定义侧重于"意图全部或部分摧毁"各类群体。见 Robert Melson, "Modern Genocide in Rwanda. Ideology, Revolution, War, and Mass Murder in an African State" in Robert Gellately and Ben Kiernan (eds), *The Specter of Genocide: Mass Murder in Historical Perspective*, Cambridge, U. K., Cambridge University Press, 2003, pp. 325 – 383.

于达到种族灭绝至关重要。在很短的时间内，尽管没有准备特别的行政或运筹措施来聚集即将遇害的图西族人并阻止他们逃离，但数十万图西族人却永远都无法离开卢旺达了。那里没有集中营，没有大监狱，也没有运送受害者或凶手的工具。控制和追查图西族人的工具是当地的胡图族人们自己。实际参与杀戮的是士兵和宪兵，但主要是民兵和平民团体。这些群体主要由年轻男性组成，但他们中通常也有年长的男性、女性甚至儿童。[1] 杀人事件基本上都发生在大白天和公共场所，比如公共办公室和教堂。大多数聚集在建筑物内或附近的图西族人很快就被当地居民围困在极度兴奋的人群中。这些人群手持砍刀、棍棒和磨刀的棍棒，常常是在鼓声、敲打锅碗瓢盆声和口哨声中行动。即使在图西族人躲避求生的偏僻的山上，也有很大一部分当地居民旁观或者主动参与袭击。[2]

这次大规模公众参与种族灭绝的经历，使人们越来越深信种族灭绝幸存者中的胡图族人集体有罪。这也促使一些胡图族人，甚至那些一开始并不一定赞同种族灭绝思想的人一致采取行动声援凶手。这次种族灭绝的实施方式，也在许多没有被胡图族人立即指定为受害者的人群中造成恐惧和恐慌。事实上，虽然这次种族灭绝在早期阶段遵循了一些相当明确的基本规则，如需明确被追捕的人的身份，可进行简单形式的辩护，以及存在某种秩序共识，但在杀戮接近尾声时，随着更多滥杀滥伤的暴力行为的蔓延，情况发生了变化。那些最热衷于参与杀戮的人的掌权，为了抢夺财物而持砍刀血腥杀人的杀人犯们之间的比试，以及许多社区的公共秩序的崩溃，使得整个社会充满暴力。除此之外，人们对社

---

① 盖卡卡地方法庭审理直接杀人及其直接共犯的第二类犯罪案件 361590 件，第一类职务犯罪案件 53426 件。但一个人可能会在几个案件中被起诉，这使得对被判刑的总人数的任何评估都变得困难。通过 *Rwandapedia*（www. rwandapedia. rw/explore/gacaca），Scott Straus 估计，直接参与谋杀的人数在 17.5 万人到 20 万人。Straus 的估计没有考虑到那些通过实际控制受害者而造成大屠杀愈来愈激烈的人也难辞其咎。Scott Straus，"How many per-petrators were there in the Rwandan genocide? An estimate"，*Journal of Genocide Research*，Vol. 6，No. 1，March 2004，pp. 85 - 98.

② 关于公众参与、其形式和动机的描述，见 Jean-Paul Kimonyo，*Rwanda's Popular Gen-ocide*：*A perfect storm* 和 Jean Hartzfeld，*Une saison de machettes*，Paris，Éditions du Seuil，2003.

区陷入暴力狂欢的目的也产生了怀疑。随着第一批胡图族逃犯的到来，被卢旺达爱国军击溃的民兵和士兵也到来了，人们的痛苦情绪迅速转变为恐慌，并在各社区蔓延开来。人们意识到，刚刚发生的事情并非没有后果，下一步即将面临一大群人仓皇向西逃亡。

政治上和空间上分裂的国家

1994 年 7 月 19 日卢旺达爱国阵线获胜后，卢旺达已被分为三个不同的影响区，这反映出此次胜利并不是彻底的胜利。第一个区域由卢旺达爱国阵线控制，覆盖了除西南部建立的绿松石行动区外的全国其他地区。第二个区域是绿松石区，由法国军队控制。第三个区域是刚刚犯下种族灭绝罪行的政治和军事力量控制下的难民营，这些难民营分别位于扎伊尔东部的北基伍省和南基伍省，更具体地说是位于布隆迪和坦桑尼亚境内。

卢旺达爱国阵线控制区

在三个月的杀戮期间，卢旺达武装军和卢旺达爱国军之间最激烈和持久的对抗发生在卢旺达北部，尤其是在基加利及其周围地区。部分卢旺达武装军甚至在该市陷落之前就已经开始向西部迁移，跟随临时政府并接管了在地方当局帮助下所动员的大量人口。基加利一被占领，卢旺达爱国阵线部队对该国其他地区的征服，实质上就是一个紧追不舍的问题。在这场快速征服中，卢旺达爱国军接纳了许多新兵，包括年轻的幸存者、来自远方的逃兵，甚至还有一些无意中参与过杀戮的当地民兵成员。一些参与种族灭绝的人因此能够改变立场，悄悄加入卢旺达爱国军。[1] 卢旺达爱国军所面临的挑战，是以军事力量覆盖整个国家来建立新秩序。在接下来的几个月里，特别是在西部地区，出现了由前卢旺达武装军士兵和联攻派民兵

---

① Philip Reyntjens, "Subjects of Concern: Rwanda, October 1994", *Issue: A Journal of Opinion*, Vol. 23, No. 2, Rwanda, 1995, p.39.

组成的小规模抵抗活动。① 这些杀人凶手从绿松石区以及扎伊尔和坦桑尼亚的难民营中潜回卢旺达，杀死了生活在边境地区种族灭绝的幸存者。

在战争与和平过渡的早期，卢旺达爱国军部队试图压制所有可能构成威胁的人，并在安抚国家的同时提供安全保障。士兵们与卢旺达爱国阵线的政治干部一起，在许多地方承担了地方行政管理的任务。② 为了重新建立秩序对与种族灭绝和其他罪行有关的人进行的逮捕，往往是基于简单的谴责而不考虑法律程序。对公共安全的威胁来自一些继续杀害幸存者的孤立的种族灭绝团体，但有时也来自与士兵共谋并实施报复行为的幸存者和其他图西族人。

种族灭绝后的时期标志着旧秩序和新秩序之间过渡的开始，这种过渡将持续数年。没有逃离的居民中最普遍的一种态度是否认之前发生的事情。记者克里斯·麦格雷尔讲述了一件事，事情发生在 7 月初，在基布耶县吉希塔一个小地方举行的一次星期天弥撒。③ 教堂附近有个乱葬坑，里面的尸体散发出浓烈的恶臭味，在入口处，一位妇女被问及缘由，她给出了这个答案：

> 她否认有任何异味，也拒绝看从坟墓里伸出来的脚，放在窗台上的头骨，或教堂墙上的血迹，"都是谎言"，她说，"一切正常，这里什么事也没发生。"她的图西族邻居呢？"他们走了，"她说。他们都在同一时间离开的？她继续走进教堂，一座信奉一种谴责谋杀和说谎的宗教的教堂。④

---

① 联攻派民兵最初是前国家支持的党派卢旺达民族革命运动的年轻成员。这个词后来被用于指进行屠杀的各种民兵和团体。

② 阿巴卡达运动的政治干部是受过基本政治和军事训练的专职特工，是 RPF 的组织骨干。他们的主要职能是动员和管理团结在 RPF 的社区。他们是动员、招募、管理、后勤管理人员，在最关键的军事阶段，他们中有一定数量的人还担任战斗人员。

③ 在种族灭绝之前，吉斯希塔公社 37.5% 的人口是图西族人；11273 人被杀害，即该社区 70% 的人口。Philip Verwimp, "Death and Survival during the 1994 Genocide in Rwanda", *Population Studies*, Vol. 58, No. 2, Paris, 2004, pp. 233 – 245.

④ Chis McGreal, "Town whose senses are dead to slaughter", *The Guardian*, 7 July 1994.

　　尽管有着种族的两极分化和大部分胡图族人的害怕和逃离，他们可以选择去法国军队的绿松石区，或者去布隆迪、坦桑尼亚和扎伊尔的难民营，但值得一提的是，大多数胡图族人仍然留在他们居住的地方或至少留在附近。例如，在基加利，成千上万人逃到附近的山上，但很快他们就回家了。截至 1994 年 7 月 19 日，难民和国内流离失所者的人数估计约为 300 万。① 这意味着大约一半的胡图族人口仍然留在家园或很快就返回了家园。通常，那些返回卢旺达爱国阵线控制区的人比如返回基加利地区的人，常常强调他们是卢旺达人，参加屠杀的人只是少数，这与早些时候占主导地位的喋喋不休的种族仇恨形成了鲜明的对比。

　　在政府更迭后依然决定不逃跑的胡图族人是一个不同的群体，这个群体经历不同，参与大屠杀程度不同（许多自认的凶手仍留在他们居住的地方），其动机也不同。惰性、阻止迅速离开的环境，与肇事者发生冲突等许多因素都是他们选择留下来的原因。留下来的居民在政治上是异类，模棱两可，但他们将构成国家统一的基础。

绿松石区

　　法国军队的绿松石行动于 1994 年 6 月 23 日部署到卢旺达，他们建立了一个"安全人道主义区"，即所谓的"绿松石区"。联合国安全理事会决议授权的这项行动的目的在于提供人道主义援助和制止屠杀。② 实际上，根据密特朗总统的计划，动员这项行动所采取的军事手段令人印象深刻，旨在策划冻结敌对行动，并阻止卢旺达爱国阵线前进。"绿松石行动"计划将该国分为基加利上方和下方两部分，一边是卢旺达

---

　　① David Millwood（ed）, *The International Response to Conflict and Genocide*: *Lessons from the Rwanda Experience*, Joint Evaluation of Emergency Assistance to Rwanda, Study 3: "Humanitarian Aid and Effects", March 1996.

　　② 尽管联合国几周前设立了联合国卢旺达援助团第二期（联卢援助团第二期），但该特派团将根据《联合国宪章》第七章关于使用武力制止种族灭绝和保护平民的规定，对卢旺达进行干预。

爱国阵线地区，另一边是由实施种族灭绝的临时政府控制的地区。①

在 7 月 4 日基加利陷落后，由于卢旺达爱国军的持续进攻，以及面临西北部的吉塞尼和鲁亨格里即将垮台，法国军队于 7 月 5 日建立了所谓"人道主义安全区"。这一活动覆盖了该国西南部的尚古古、吉孔戈罗和基布耶县的部分地区，并扩大到占卢旺达总面积的大约五分之一的地区。法国军队立即着手与卢旺达武装军指挥官及刚刚监督了种族灭绝的实施的地方行政当局合作。部分种族灭绝部队由于无法通过北部路线前往吉塞尼和扎伊尔的戈马镇，于是和许多平民一样选择留在绿松石区避难。绿松石行动展示的人道主义是为图西族幸存者在青谷谷县尼亚鲁什希的营地提供安全保障，媒体也对此进行了大量报道。卢旺达武装军士兵和民兵到达后，由于并没有被法国军队解除武装，因此他们继续秘密杀害图西族人，特别是在尼亚鲁希希营地附近和其他地区。② 在基布耶县，法国士兵在知情的情况下默许了一场在比塞罗山区的残忍屠杀。此次屠杀持续了三天，最终因国际记者的报道才被迫停止。③

尽管反对的声音很大，但是绿松石区依然允许向种族灭绝行动幸存者提供援助，最重要的是，它还帮助部分卢旺达武装军队和种族灭绝行政当局以及数十万难民逃离家园。④ 法国军队协助他们并从扎伊尔的戈马镇为其提供武器和弹药。⑤ 科林斯广播电台和卢旺达电台也

---

① Edouard Balladur, "Rapport de la Mission d'informationparlementaire sur le Rwanda", No. 1271, 15 December 1998, Auditions, p. 106.

② Republic of Rwanda, "Rapport Mucyo", Commission nationaleindépendente chargée de rassembler les preuves de l'implication de l'Étatfrançais dans le génocideperpetué au Rwanda en 1994, Kigali, November 2007, pp. 191 – 192.

③ Raymond Bonner "'We don't have orders to disarm militias', Fear Is Still Pervasive In Rwanda Countryside", *The New York Times*, 29 June 1994; Laure de Vulpian and Thierry Prungnaud, *Silence Turquoise*, Paris, Don Quichotte, 2012; Vincent Hugeux, "Les oubliés de Bisesero", *L'Express*, 30 June 1994, p. 42.

④ 见《穆西奥报告》。

⑤ Human Rights Watch, *Rearming with Impunity: International Support for the Perpetrators of the Rwandan Genocide*, May 1995, Vol. 7, No. 4 (www. hrw. org/legacy/reports/1995/Rwanda1. htm).

在绿松石区避难，在那里，他们继续自由地呼吁谋杀，尽管用的是更含蓄的语言。① 8 月底，这些广播煽动大批民众逃往扎伊尔。

记者林赛·希尔苏姆报道说，如果担心卢旺达爱国阵线可能报复是他们逃跑的一个原因，那么对种族灭绝活动的支持也是原因之一。

> 现在在法国保护区的路障边，许多武装人员身穿与卢旺达共和国国防联盟（一个最激进地反图西族，并深度参与种族灭绝行动小政党）相同颜色的衣服，并配戴印有已故总统像的徽章。大批逃离卢旺达爱国阵线的胡图族人似乎仍然信奉种族灭绝思想，公开表示对他们过去三个月所实施的 50 万起谋杀案并不感到后悔。②

到 8 月中旬，绿松石区已经吸引了 60 万名境内难民前往吉孔戈罗县，80 万难民前往青谷谷县，30 万难民前往基布耶县。③

卢旺达难民向扎伊尔布卡武的流亡分两个阶段进行：首先是 7 月中旬，然后是 8 月底在绿松石行动任务结束前几天，即在法国士兵离开前几天。大约 30 万人因此离开了绿松石区，其中包括数万名士兵和民兵，以及数十万名自给自足的农民。

在前绿松石难民营和流亡区之间的地区，有 28 万到 35 万人继续生活在 38 个营地里。基贝霍营地及其周围地区收容了 10 万名难民，那达格营地收容了 6 万人。④

8 月底，卢旺达爱国军刚控制该地区时，卢旺达爱国阵线士兵与难民之间爆发了暴力事件。其中一些流离失所者在返回基地之前，就离开营地并暗杀附近的种族灭绝幸存者。前绿松石区的大多数营地，特别是

---

① 无线电广播电台"自由的柯林斯·米里斯"是胡图族极端分子用来煽动种族灭绝的广播表达手段。卢旺达电台是前政府的电台。

② Lindsey Hilsum, "Hutu Ideology Justifies Genocide of Tutsi as Preventive Ethnic Medicine", *The Guardian*, 11 July 1994.

③ David Millwood, op. cit., p. 50.

④ David Millwood, op. cit., p. 51.

在基贝霍，仍然由致力于种族灭绝计划的团体控制。这些帮派在难民营内招募成员并提供军事训练，同时阻止其他难民离开。① 这一武装反对活动在九个月后，即基贝霍营地大屠杀期间，才得以暴力终止。

难民营的火药桶

境外的难民营构成了第三个地区，并且不在卢旺达爱国阵线的控制范围之内。8 月 21 日，法国士兵从绿松石区的撤离引发了最后一次大规模越境难民外逃。在这一期间，外逃难民的人数达到约 180 万人，具体分布在布隆迪、坦桑尼亚和扎伊尔的各个营地。②

电视上播放的人流穿越边境进入扎伊尔的画面，给国际观众带来了特别大的震撼。从 7 月 14 日到 18 日的五天时间里，大约有 85 万人进入戈马镇及其周围地区。在接下来的一个月里，有大约 5 万名难民死于霍乱、痢疾、脱水或其他难民的暴力行为。7 月底，霍乱的暴发和卢旺达战事的结束促使大约 10 万难民自发从扎伊尔返回。③ 与之相反的是，流亡到布隆迪和坦桑尼亚的难民得到了更好的管理，除破坏了当地环境及对当地人口产生影响外，没有造成大的问题。

戈马的难民危机促使人道主义机构和媒体空前活跃起来。虽然这一努力使难民能够迅速得到援助，但同时它也扭曲了卢旺达危机的真正意义。国际媒体把种族灭绝造成的危机描述为以难民问题为中心的人道主义灾难。

前所未有的媒体关注和人道主义动员

大量难民抵达扎伊尔的场景在世界主要国家首都的电视上直播。

---

① David Millwood（ed），*The International Response to Conflict and Genocide：lessons from the Rwanda Experience*，Study 2："Early Warning and Conflict Management"，March 1996，p. 97（footnote No. 132）.

② 对扎伊尔和坦桑尼亚难民人数的估计被人道主义组织夸大了 40%。David Millwood，op. cit.，Study 3，pp. 128 – 129.

③ David Millwood，op. cit.，Study 3，p. 53.

戈马机场上架设了密密麻麻的卫星天线，犹如一片森林，据说到 7 月底，该地区已有 500 多名记者和媒体技术人员驻扎了。[①]

　　1994 年 7 月中旬至 8 月中旬，媒体的这种狂热意味着难民危机常常成为国际电视新闻的主要头条新闻。相比之下，外部世界的媒体和公众舆论对开始于 1994 年 4 月 7 日的全面灭绝图西族人的种族行动的兴趣却微乎其微（图 4.1）。1994 年 4 月的第三个星期，媒体对卢旺达的关注达到了第一个高峰，涉及第一批难民拥入坦桑尼亚（特别是贝纳科难民营）。1994 年 8 月初的戈马暴发霍乱引发了第二次关注高峰。

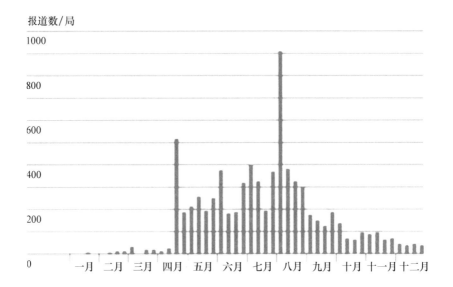

图 4.1　1994 年国际媒体对卢旺达的报道

资料来源：戴维·米尔伍德的英国灾难应急委员会《"国际反应"研究》，第 143 页。

　　对于非政府组织，特别是那些依赖私人资金的非政府组织来说，这是一个"存在或停止存在"的问题，结果变成了镜头前各式徽标的竞争与炫耀。媒体的特别关注成功使得大量资金在创纪录的短时间

---

　　① 　David Millwood, op. cit. , Study 3, p. 43. 报告人：戈马联合国难民署新闻干事 Ray Wilkinson。

内筹集，人道主义危机迅速得以遏制，特别是减少了戈马霍乱疫情的受害者人数。因此，资源的调动紧随着媒体对这场危机的报道强度的提高而增加。

1994 年 4 月至 12 月，国际社会对人道主义难民危机反应所筹资金达近 12.9 亿美元。这一数字还没有考虑非政府组织的捐款，也没有充分考虑军事干预的费用及其对人道主义活动本身的贡献。在提到 1994 年 7 月至 9 月期间的事件时，几名人道主义工作者解释说："像水龙头已完全打开一样"，"做任何事情"都是可能的。[1] 但据称，在 1994 年 1 月至 12 月，用于卢旺达的人道主义援助只有 35% 用于卢旺达本身，其余的 65% 分配给了难民营。[2]

国际社会的关注从卢旺达的实际情况转移，或许可以解释为从一开始国际媒体所呈现的，就是位于非洲中心地区的一个小国家的种族屠杀事件。这种解释没有给可能采取的行动留下多少余地，并在西方公众中激起了无助感和恐惧感，这似乎是编辑们不想看到的结果。[3] 难民危机充当着一种人道主义逃避阀的角色，令人费解，但为了避免在种族灭绝问题上采取负责任的立场，这种人道主义做法很快就陷入了与控制该国难民营的种族灭绝政治和军事势力的联盟中。

控制难民营的种族灭绝势力

1994 年 7 月 19 日，在吉塞尼倒台前几天，卢旺达武装军部队开始有序越境，向扎伊尔的戈马进军。这些士兵中的许多人乘坐公共汽车和卡车越过边界，其中一些人携带重型火炮，并在平民难民营附近安营扎寨。[4] 这些士兵脱掉制服，来到难民营领取食物和其他用品。另外，一些非政府组织毫不犹豫地以人道主义援助中立的名义，直接

---

① David Millwood, op. cit., Study 3, p. 144.
② David Millwood, op. cit., figure 2, p. 29.
③ 2016 年 2 月 8 日对 C. C. 的采访。
④ Chris McGreal, "Remnants of a beaten army enter Zaire", *The Guardian*, 18 July 1994.

向军营提供物资。①

　　和以前在卢旺达境内运作的机构一样，一个以地方官员关系网为基础的政治和行政机构迅速在难民营建立起来。一些非政府组织和其他人道主义机构雇用了这个公开机构的一些成员。联合国难民事务高级专员办事处（UNHCR）以及许多非政府组织为前卢旺达武装军部队士兵、民兵和所谓胡图权力联盟的政治领导人提供食物，从而间接地支持这一由种族灭绝机构接管的难民营。前几个月，一项在难民营进行的调查估计，约有 4000 人死于难民之间的暴力行为或扎伊尔士兵对其他难民的暴力行为。很多非政府组织考虑撤军，但他们同难民署一样，得出的结论是：它们的任务和人道主义原则意味着撤离是完全不可能的。②

　　1994 年 11 月，当时在北基伍开展工作的 15 个大型非政府组织签署了一项宣言，该宣言警告，难民署如果不立刻采取果断措施保护难民和援助人员，他们将撤出难民营。最终，尽管难民署依然没有采取行动，但撤出戈马镇的组织只有无国界医生组织。卢旺达总统宣称："集中营的管理是对监督种族灭绝的旧政府原原本本的重建。'警察'和'司法'掌握在同一个行政部门手中，而且他们使用同样的威胁、勒索、处决和人群操纵手段。"③ 难民营内的这种行政机构通过恐吓和政治条件限制，阻止难民返回卢旺达。甚至在他们被流放之前，热诺基德人（那些犯下种族灭绝罪的人）就煽动并经常强迫人们逃离，告诉他们，如果他们继续待下去，他们将被卢旺达爱国阵线杀害。这一做法不仅在难民营建立期间、甚至在关于卢旺达爱国阵线成员暴力报复的谣言开始传播之前就一直在进行。④

---

① Andy Storey, "Non-Neutral Humanitarianism NGOs and the Rwanda Crisis", *Development in Practice*, Vol. 7, No. 4, Special double issue, November 1997, pp. 384 – 390.

② Organization of African Unity (OAU), *OAU Report regarding the Rwandan Genocide*, May 2000, p. 195.

③ 引自 Patrick de Saint-Exupéry, *L'inavouable, la France au Rwanda*, Paris, Les Arènes, 2004, p. 143。

④ Raymond Bonner, "Army Routed from Rwanda Now Intimidates Its Refugees", *The New York Times*, 1 August 1994.

前卢旺达武装军队士兵和民兵可以自由地在靠近卢旺达边界的地方重组和建立营地。① 在联合国安全理事会上，由于成员国缺乏承诺，为拆除这一火药桶而考虑的各种尝试都宣告失败。安全理事会最终将其责任下放给了难民署，后者与扎伊尔政府通过谈判达成了一项保护难民营的协议。1995 年 3 月，一支由难民署承担费用支出和装备配备的扎伊尔总统卫队特遣队使得难民营中的暴力活动大大减少，但并未采取任何行动来挑战种族灭绝部队对难民营的控制。

国际社会缺乏承诺，意味着它忽视了难民营内局势的爆炸性发展。然而，前卢旺达武装军的参谋长在 1994 年 8 月在《纽约时报》上解释说，他在扎伊尔重新集结了 15000 人，但"我们还没有准备好恢复战斗……我们要等，一直等到我们把我们需要的全部资金都筹集起来"。②

解除种族灭绝武装的行动最终还是没有成功，与之相反，东道国扎伊尔于 1994 年在联合国安全理事会常任理事国法国的支持下重新武装了这些难民。③ 不到一年之后，北基伍和南基伍的难民营就成了扎伊尔胡图极端运动复活的基地。它们是卢旺达暴力破坏稳定的发射台，并且反过来又在扎伊尔挑起了一场大陆战争，这给人类社会带来了灾难性的后果。

国际社会放弃卢旺达

1994 年 4 月 21 日，在卢旺达全国范围内种族灭绝加剧之际，联合国安全理事会一致同意，从其驻卢旺达维持和平部队中撤出 2500 人，只留下 270 人的象征性特遣队。在种族灭绝开始几个小时后，美

---

① 国际公约要求难民营位于距国际边界不少于 50 千米的地方，如果士兵被视为难民，他们必须被解除武装，并被安置在距离边界不少于 120 千米的营地。

② Bonner, op. cit.

③ "……对蒙博托总统来说，在促进那些直接参与卢旺达种族灭绝的人重新成为一支强大的军事力量上，他发挥了关键作用。扎伊尔背后站着法国，一个非洲前殖民统治者，继续在非洲大陆上拥有巨大的经济、政治和军事力量。"Human Rights Watch, Rearming with Impunity.

国、比利时，特别是法国就知道，灭绝图西族人的行动已经开始。[1]
事实上，国际社会恰好"为种族灭绝开了绿灯"。[2]

主张把卢旺达遗弃给种族灭绝部队的主要相关国家是法国、联合
国、美国和比利时。法国的地缘战略动机根深蒂固，除此之外，令人
诧异的还有这些国家的决策者在下令国际撤退时的随意态度。

联合国

1993 年 10 月，联合国成立了联合国卢旺达援助团（联卢援助团），
开始参与到卢旺达冲突事务中。这一支由 2548 名军事人员组成的维持
和平特派团的目的，是推进执行两个卢旺达党派几个月前所签署的
《阿鲁沙协定》。这些协定旨在结束 1990 年 10 月 1 日由卢旺达爱国阵线
发动的内战。根据《联合国宪章》第六章通过的一项决议，安全理事
会授权联卢援助团，允许它只能在正当自我防卫的情况下使用武力，在
其所面临的严重情况下，这个规定对于联合国特派团想要维持本应具有
的稳定局势，是完全不够的。在设立联卢援助团的决议通过前一周，联
合国人权委员会特别报告员写了一份报告，该报告描述了希望非常渺茫
的政治和安全局势。报告中提到 1990 年 10 月以来对图西族人的屠杀和
其他侵犯人权行为可能被视为种族灭绝。同样，联卢援助团成立之前的
特派团目睹了卢旺达国内政治局势的激进主义、民兵的崛起、德斯米尔
斯·柯林斯电台的建立以及胡图族权力派别的形成。

尽管如此，联卢援助团是在一种乐观的气氛中构想出来的，是愿
意真诚商定和平进程的各方共同开展的一项维持和平行动。由于对卢
旺达情况的无知，但更重要的是由于维持和平特派团的主要捐助者对
卢旺达不感兴趣，特派团的工作基础薄弱。就其能力而言，无论是在

---

[1] "Exclusive: Rwanda Revisited", *Foreign Policy*, 5 April 2015. Sénat de Belgique, Rapport fait au nom de la commission d'enquête par Messieurs Mahox and Verhofstad, 6 December 1997.

[2] 乔治华盛顿大学国家安全档案馆馆长汤姆·布兰顿与大屠杀博物馆防止种族灭绝中心于 2014 年 6 月组织了一次关于处理卢旺达种族灭绝问题的国际决策研讨会。Mark Lander, Declassified United Nations Cables Reveal Turning Point in Rwanda Crisis of 1994, 3 June 2014.

数量还是质量上，特派团所拥有的人力或物力资源都很少，普遍缺乏装备和训练有素的士兵。比利时除外，因为其特遣队有 450 人。

1994 年 4 月 21 日，随着比利时特遣队撤出联卢援助团，全国范围内种族灭绝达到顶峰。就在这个时期，安全理事会一致表决同意把部队人数减至 270 人。这支剩余部队的任务，是充当卢旺达爱国阵线和政府军之间停火谈判的中间人。在种族灭绝结束之前，第一联卢援助团优先考虑促进交战双方之间停火，而不是停止屠杀。从这一点来看，种族灭绝的肇事者和反对卢旺达爱国阵线的联卢援助团之间的立场是一致的。他们要求在停火之前停止任何屠杀，而临时政府和政府军则要求在停止屠杀之前停火。

在表决将削减联合国士兵人数的计划一周后，秘书长布特罗斯·加利转变了态度。他在一份声明中承认，减少维和人员人数的决议只与内战有关，但对屠杀问题搁置不谈。他开始主张采取更有力、更积极的干预措施制止屠杀，同时"掩盖是政府指挥了种族灭绝的事实"，并"置自己的信誉不顾支持法国某些代表和卢旺达临时政府自身故意错误地报道屠杀事件"。[1]

1994 年 5 月 17 日，安全理事会原则上同意以《联合国宪章》第七章的规定作为其任务的基础，允许设立有 5500 人部队的第二联卢援助团，在必要时可使用武力执行任务。[2]

1994 年 8 月中旬，在卢旺达爱国阵线获得胜利和种族灭绝结束很久之后，第二联卢援助团的第一名士兵踏上了卢旺达国土。

美国

尽管联合国存在固有缺陷，而且法国对秘书长布特罗斯·加利的影响很大，但是美国还是在联合国应对卢旺达危机的方式中发挥了关键

---

[1]　Des Forges, op. cit., p. 637.

[2]　1994 年 5 月 25 日，埃塞俄比亚政府同意提供 800 名士兵，但直到 8 月中旬才找到运输工具。African Rights, *Rwanda: Death, Despair and Defiance*, London, African Rights, 1995, p. 1130.

作用。

1993 年春，当克林顿即将就任时，新任国防部部长莱斯·阿斯平告知他所在的国防部，将把卢旺达从监控的热点地区名单上除名。"如果卢旺达和布隆迪发生什么事，"他说，"我们不在乎。……美国的国家利益没有受到威胁"。① 美国随后在种族灭绝问题上坚持这一路线。在第一联卢援助团成立期间，作为曾经最坚持执行《阿鲁沙协定》的国家之一，美国在安理会推动建立"成本最低、最容易和危险性最低的"特派团，严格规定其任务限于维持和平。一个可怕的巧合是，1993 年 10 月 5 日，即索马里摩加迪沙战役发生一天后，美军在此次由美国领导的联合国维和行动中死亡 18 人，这一天关于设立第一联卢援助团的决议在纽约被通过。

六个月后的 1994 年 4 月 7 日，克林顿政府将 10 名比利时维和人员被谋杀，解读为摩加迪沙战役的重演。对美国决策者来说，允许维和人员在那个时候面对暴力只意味着重蹈索马里事件的覆辙。因此他们决定美国将不会介入此事。美国驻联合国大使马德琳·奥尔布赖特在 1994 年 4 月 12 日给美国政府的一份机密电文中说，鉴于当时基加利局势相对平稳，而且联卢援助团没有成为袭击目标，联合国不准备就联卢援助团的未来做出任何决定。美国代表随后提议，联合国应采取主动行动，从卢旺达撤出其主力部队，只留下一个很小的机构，这以后可能有助于停火的执行和进一步的政治谈判。② 1994 年 4 月底，国家安全委员会成员苏珊·赖斯提出，7 个月后国会选举可能产生的后果问题将会是美国在使用"种族灭绝"一词来描述卢旺达正在发生的事情的同时，又让人感觉美国不是这次种族灭绝活动的帮凶。③

---

① James Woods，助理国防部副部长，1986—1994 年，在美国公共广播公司电视节目 Frontline，"The Triumph of Evil"，26 January 1999（www. pbs. org/wgbh/pages/frontline/shows/evil/etc/script. html/）。

② 美国国务院非机密文件，案件号 F - 2014 - 01300，文件号 005517345，2014 年 3 月 26 日。

③ "赖斯不记得这起事件，但承认，'如果我说了，那是完全不恰当的，也是不相干的'"，Samantha Power，"Bystanders to Genocide：Why the United States let the Rwandan tragedy happen"，The Atlantic Monthly，September 2001，pp. 84 - 108.

1994 年 5 月 1 日，美国国务院法律部门在给国防部部长的一份照会中警告说，不要承认卢旺达发生了种族灭绝，因为这会迫使美国政府进行干预。

美国国务院 1994 年 5 月 16 日的一份机密照会承认，当时在卢旺达发生的大屠杀具有"种族灭绝"的法律特点。① 第二天，美国驻安理会代表奥尔布赖特要求推迟执行第二联卢援助团决议，直到该特派团达到美国总统的新第 25 号决定指令的要求。奥尔布赖特特别呼吁实现初步停火并让参与新的联合国倡议的各方达成协议，尽管美国实际上根本无意在这方面发挥积极作用。

尽管如此，克林顿政府还是承诺为第二联卢援助团提供 50 辆装甲运兵车。联卢援助团指挥官罗密欧·达拉雷将军说，这一捐助可能在解救被困平民方面发挥重要作用。然而，美军一开始就把价格提高了 50%，然后在运送车辆方面设置了多重障碍：

> 当时耗费的时间成了一个笑话，而且，你知道的，一直以来枝节横生，这需要一个决定，以便让那些该死的装甲运兵车上路。他们（官僚们）陷入了无休止的问题中，这些问题涉及合同的措辞、车辆上使用的字体类型、颜色、谁来油漆它们、涂的位置、使用字母的类型、颜色以及各种琐碎的细节。②

最终，这些车辆在 1994 年 9 月，也就是种族灭绝结束两个月后，终于抵达卢旺达。事实上，美国政府尽其所能扼杀了第二联卢援助团。与之相反，一些非洲国家从 1994 年 5 月初开始就已经准备好派遣部队了。

利用纳尔逊·曼德拉总统 5 月 10 日在约翰内斯堡就职的机会，布特罗斯·加利会见了加纳、纳米比亚、尼日利亚、塞内加尔、坦桑

---

① 《法律分析草案》，国务院法律顾问办公室，由非洲事务助理法律顾问起草，Joan Donoghue，16 May 1994（www.gwu.edu/~nsarchiv/NSAEBB/NSAEBB53/rw051694.pdf/）。

② Woods, op. cit.

尼亚、赞比亚和津巴布韦的国家元首。他们都准备派遣特遣队增援联卢援助团。埃塞俄比亚和马里也表示愿意提供捐助。① 5 月 25 日，埃塞俄比亚政府正式同意派遣 800 名士兵及其装备并全部准备就绪。尽管这项协议是在 5 月达成的，但他们的运输只能在 8 月中旬，也就是种族灭绝结束一个多月后才能进行。②

与此同时，在同一时期，美国毫不迟疑地参加了有利于卢旺达难民的国际努力，捐款超过 3.7 亿美元，占整个人道主义预算的 25% 以上。美国甚至还组织了一个军事人道主义特派团，任务是"支持希望"，为以戈马为重点的人道主义工作提供后勤空中支助。③ 1998 年 3 月 25 日，比尔·克林顿总统对他的国家没有努力制止种族灭绝表示遗憾。④

比利时

1994 年 4 月 7 日，在卢旺达军队杀害了 10 名比利时联卢援助团士兵后，比利时决定撤出其特遣队。

4 月 11 日，一个 100 人的比利时维和士兵小组，在保护基加利一所高等技术学校的 2000 名图西族难民时收到上级命令，要求他们放弃保护这些难民。还没等这组比利时士兵从一个出口离开，屠杀就从学校的另一个入口开始了。第二天，即 4 月 12 日，比利时外交部部长威利·克莱斯通知秘书长布特罗斯·加利，比利时希望尽快从联卢援助团撤出其特遣队。在整个特派团的 2548 名士兵中，迄今为止武装和装备最好的比利时特遣队人数共有 450 人。联卢援助团骨干的撤离使军事行动的其余成员更不可靠了。

当比利时分遣队团长马查尔上校去基加利向秘书长特别代表雅

---

① Organization of African Unity, *Rwanda*：*The preventable Genocide*, p. 141 （www. ref-world. org/pdfid/4d1da8752. pdf）.

② Des Forges, op. cit. , p. 1130.

③ Millwood, op. cit. , Study 3, p. 43.

④ CBS News, "Test of Clinton's Rwanda speech", 25 March 1998 （www. cbsnews. com/news/text of clintonsrwanda speech/）.

克·罗杰·布赫和他的顾问沙哈利亚尔汗宣布比利时军队撤离的消息时，他们二人的反应远不仅仅是单纯外交上的，而是反映了局势的现实。然而，"正因为比利时有 10 名士兵死亡，所以更不能抛下成千上万的非洲人等着被杀害"。① 尽管他们的战友阵亡了，马查尔上校和他的部下都不赞成撤军。在比利时，尽管大多数媒体都支持政府的决定，但一项调查显示，40% 的受访者认为，"卢旺达目前的局势或许证明在军事方面存在新的士兵死亡风险是合理的，而 48% 的人赞成维持特派团，甚至赞成派遣更多的比利时士兵来帮助卢旺达恢复和平"。② 然后，刚宣布决定从卢旺达撤军，比利时 1994 年 4 月 12 日就开始在联合国和主要西方国家首都积极展开一系列活动，争取让整个联合国维持和平特派团撤军。当时的比利时外交部部长克莱斯·威利说，这是因为"怕丢面子"。秘书长布特罗斯·加利自然支持这一提议。③

在 2000 年 4 月 7 日举行种族灭绝纪念活动时，比利时首相盖伊·费尔霍夫斯塔特请求卢旺达人原谅比利时当时在卢旺达种族灭绝期间所持立场。④

法国

毫无疑问，给哈比亚里马纳政权和取代哈比亚里马纳政权的种族灭绝临时政府的残忍暴行提供最多支持的是法国。这种支持很明显地表明了其对卢旺达爱国阵线公开的敌意。法国在多个方面支持打击卢旺达爱国阵线的斗争，偶尔会出现极端激烈的情况，但都因缺少直接

---

① Senat de Belgique, Rapport de la Commission d'enquêteparlementaireconcernant les événements au Rwanda, 1997.

② Senat de Belgique, Rapport de la Commission d'enquêteparlementaireconcernant les événements au Rwanda, 1997.

③ Senat de Belgique, Rapport de la Commission d'enquêteparlementaireconcernant les événements au Rwanda, 1997.

④ Colette Braeckman, "Au nom de mon pays je vousdemande pardon, Verhofstadt", *Le-Soir*, 8 April 2000.

的军事对抗而终止。

从 1990 年 10 月内战刚爆发到种族灭绝结束，甚至更长时间，法国对哈比亚里马纳政权一直进行实质性的持续支持。它采取的形式包括向军队和情报部门提供体制和行动支助、军事训练、提供情报、外交保护、战略行动支助和武器弹药供应，甚至在该政权忙于消灭图西族人的时候也是如此。① 法国在种族灭绝期间，对安全理事会决定的影响似乎是通过秘书长布特罗斯·加利转达的。②

2014 年 6 月，乔治华盛顿大学国家安全档案馆和大屠杀博物馆防止灭绝种族中心组织了一次为期三天的国际决策专题讨论会，当时大多数卢旺达领导人及国际领导人都参加了会议。在那次会议上，英国驻联合国大使戴维·汉内说，如果说卢旺达人在种族灭绝期间犯了实质的罪行，那么国际社会也犯了不作为之罪。③

艾莉森·德斯·弗格斯在讲述种族屠杀事件的最后宣称："美国人对省钱感兴趣，比利时人对面子感兴趣，法国人对拯救他们的盟友——实施种族灭绝的政府——感兴趣。……所有他们感兴趣的都优先于拯救生命。"④ 为了成功地进行彻底的种族灭绝，相信并使其他人相信种族灭绝会带来政权的政治生存能力，种族灭绝的策划者们需要对大屠杀达成一致意见。这就是他们首先要消灭胡图族反对派的主要原因。在远离基加利的社区的人们开始抵制参与灭绝种族的呼吁，但由于缺乏替代的办法且在种族灭绝议程上意见明显一致，最终使那

---

① 法国，国民议会，Rapport de la Mission d'informationparlementaire sur le Rwanda。尽管引人争议，但 Jacques Morel（雅克·莫雷尔）的书对于法国在 1990 年 10 月至 1994 年 7 月在卢旺达的参与有最好的纪录；Jacques Morel, *La France au cœur du génocide des Tutsi*, Paris, L'EspritFrappeur, April 2010.

② Des Forges, op. cit., p. 637；Linda Melven, *A People Betrayed：The Role of the West in Rwanda's Genocide*, London, Zed Books, 2000.

③ Colum Lynch, "Exclusive：Rwanda Revisited", *Foreign Policy*, 5 April 2015（foreign-policy. com/2015/04/05/ rwanda-revisited-genocide-united-states-state-department/）.

④ Human Rights Watch, "Rwandan Genocide Could Have Been Stopped", 31 March 1999（https：//www. hrw. org/news/1999/03/31/ruwandan-geneous-could-have-been-stopped）.

些犹豫不决或穷追不舍的人相信抵抗是徒劳的。① 通过联合国驻实地代表的斡旋，国际社会全体一致做出了对杀人犯姑息的决定。

1994 年 4 月 10 日，卢旺达爱国阵线提议与联卢援助团及卢旺达军队采取联合行动，三方各提供 300 人，制止杀戮。卢旺达爱国阵线领导人认为，这样一支部队足以结束屠杀。但这项建议没有得到采纳。②

1994 年 4 月 30 日，在安全理事会讨论派遣第二联卢援助团的时候，卢旺达爱国阵线的代表发布了一项公报，表示反对这一倡议。他们认为在这一阶段，联合国维和人员的干预在制止屠杀方面将不再有任何作用。③ 人权观察组织谴责了这种反对，声称这只会推迟第二联卢援助团的部署，从而阻止了去拯救生命。④ 但我们都知道，任何此类部署主要取决于美国的善意，因此这一断言值得怀疑。

事件发生几年后，记者琳达·梅尔文采访了卢旺达爱国军的负责人卡加梅将军，询问他对国际社会抛弃他的国家的反应。"他回忆起妇女和儿童是如何带着可怕的弯刀伤痕来到他们的基地的，他解释说，这个世界看上去前所未有的无情和令人绝望。所有主张文明价值观的人都背弃了我们……那时我就知道我们必须自己解决问题。我开始鄙视世界上那些以崇高的道德权威为傲的人。"⑤

这种国际上的遗弃，使卢旺达爱国阵线独自承担起制止种族灭绝的责任，同时国际社会却试图安抚凶手，产生了深远的影响。国际社会的强烈谴责会在政治上和道义上削弱革新者，但这种遗弃在危机最严重的时候却引发了更严重的暴力事件。然而，从另一个角度来看，

---

① "它将杀戮运动的扩大与早期的国际惯性联系在一起，这表明即使在卢旺达遥远山区的地方会议上，也讨论过反对屠杀的国际抗议活动。"Alison Des Forges，同上注，第 3 页；Kimonyo，同上注，第 351、455、481 页。

② 2015 年 6 月 15 日在基加利采访 J. R.。

③ Gerald Gahima and Claude Dusaidi，Statement by the Political Bureau of the Rwandese Patriotic Front on the Proposed Deployment of a U. N. Intervention Force in Rwanda，New York，30 April 1994.

④ Des Forges，op. cit.，pp. 699 – 701.

⑤ Melven，op. cit.，p. 189.

它为卢旺达爱国阵线内部的更多单干的人们提供了一个机会，使他们能够站出来，对摆脱危机和开始重建的进程进行严格的、几乎完全的控制。

卢旺达爱国军的罪行

在种族灭绝结束数周后，有人对卢旺达爱国军提出严重指控，指控他们大面积且有计划地屠杀胡图族平民。最初对卢旺达爱国军的杀人指控控告的是小范围和有针对性的案件。最常见的指控是他们描述说一群平民和几个手持刀的士兵在一起。①

在卢旺达爱国军方面处理这些谣言之前，许多在难民营工作的人道主义非政府组织已经反对迅速遣返难民的政策。他们声称，卢旺达境内的难民缺乏援助。② 1994 年 7 月之后，这些非政府组织一再谣传卢旺达爱国军对返回卢旺达的难民实施了暴力行为，并要求难民署在强迫难民返回之前，调查对卢旺达爱国军实施了屠杀的指控。③

1994 年 8 月 20 日，《比利时晚报》刊登了一份调查报告，此报告是由荷兰非政府组织乐施会诺维布与一个卢旺达组织和两家扎伊尔协会组织合作编写的初步报告的调查结果。其中包括四名受伤难民的证词，这四名受伤难民称，他们在卢旺达爱国阵线士兵对大约一百名胡图族人的屠杀中幸存了下来。④ 在非政府组织的压力下，难民署下

---

① Raymond Bonner, "Rwandans Say the Victors Kill Many Who Go Back", *The New York Times*, 5 August 1994; Lindsey Hilsum, "RPF troops kill Hutus on their way home", *The Guardian*, 5 August 1994.

② "对联合国说服大约一百万在扎伊尔的卢旺达难民回家付出的努力，外国援助人员提出了质疑，说他们将回到粮食短缺和缺乏援助的状况。" Chris McGreal, "Aid Chief Attacks Call for Return to Rwanda", *The Guardian*, 5 August 1994.

③ "随着人们对鼓励难民回家是否明智的怀疑继续存在，在花费大量资金和资源建立难民营之后，一种惯例，甚至是不可避免的惯性正在这里出现。" Jane Perlez, "Rwanda Camps: Long-Term Refuge?", *The New York Times*, 6 August 1994.

④ Colette Braeckman, "Des représailles du RPF? Un premier rapport accablant", *Le Soir*, 20 August 1994.

令由美国人罗伯特·格索尼带领的三人顾问小组进行调查。这个小组跟卢旺达爱国军的合作，并得到授权允许他们去任何想去的地方以及对任何人进行询问。该小组在 1994 年 8 月至 9 月初的五个星期里走遍了卢旺达全国。

在调查任务结束时，格索尼的小组得出结论，卢旺达爱国阵线犯有大面积且有计划地杀害胡图族平民的罪行。根据这些结论里的描述，从 1994 年 4 月底至 7 月底，卢旺达爱国阵线每月杀害 5000 名至 10000 名胡图族人，而 8 月被杀害的人数下降到 5000 人。杀害集中在布塔雷和基本戈县以及基加利省南部和东部农村地区。[①] 格索尼估计，卢旺达爱国阵线共杀害了约 30000 人，其中大部分是胡图族人，但也有少数是图西族人。[②]

联合国秘书长驻卢旺达特别代表沙哈利亚尔汗在回忆录中写道，格索尼说，在他看来，"这些不是报复和即决审判的个别案件，而是事先计划好的针对胡图族人的系统性种族灭绝行动。……他认为报复和即决处决案件并不是孤立存在的，而是有预谋且有计划地攻击胡图族人"。[③] 格索尼的报告是指控卢旺达爱国阵线参与大规模报复性杀戮的主要消息来源。也有其他消息来源，特别是人权监察组织，同样提出了类似的指控。[④]

格索尼向联合国难民事务高级专员绪方贞子提交了结论，后者将结论转交给秘书长布特罗斯·加利。秘书长布特罗斯·加利随后派维

---

① 罗伯特·格索尼从来没有写过一份完整的任务报告，因为在他无法对他所提供的资料进行核对时，难民署阻止了他。他本人向杰拉德·普鲁尼尔透露——相当令人惊讶的是，考虑到争议，扩展版可以支持他的结论——他没有写一份完整的报告，因为他知道报告永远不会发表。他写了一份总结，其中包含了基本结论。提交给联合国人权委员会专家委员会的这份摘要显然是真实的，后来由卢旺达问题国际法庭的一名辩护律师分发并张贴在网上。难民署，"Summary of UNHCR presentation before Commission of Experts, 10 October 1994. Prospects for early repatriation of Rwandan refugees currently in Burundi, Tanzania and Zaire".

② 沙哈利亚尔·可汗关于格索尼报告的电报，联合国，1994 年 10 月 14 日（www. rwandad ocumentsproject. net/gsdl/collect/mil1 docs/index/assoc/HASHc166/6f755cde. dir/doc84106/）。

③ 沙哈利亚尔·可汗关于格索尼报告的电报，联合国，1994 年 10 月 14 日（www. rwandad ocumentsproject. net/gsdl/collect/mil1 docs/index/assoc/HASHc166/6f755cde. dir/doc84106/）。

④ Des Forges, op. cit., pp. 702 – 735.

持和平部部长科菲·安南和格索尼一同前往卢旺达，与卢旺达当局分享这一信息。格索尼一到卢旺达，就在纽约联合国代表团在场的情况下向联合国驻卢旺达代表团作了简报。沙哈利亚尔汗在关于他在卢旺达的经历的回忆录中写道："我们听到格索尼的讲话时感到恐惧，也有些不相信，因为他的描述不仅与政府宣称的政策完全相反，而且与我们的军事观察员、联合国机构外地代表、非政府组织和人权观察员发给我们的报告截然不同。"①

1994 年 9 月 19 日，两位联合国代表在格索尼的陪同下，会见了总理福斯蒂·特瓦吉拉蒙古、内政部部长塞思·森达松加和外交部部长让·马里·维亚尼·恩达吉马纳。卢旺达当局承认，有一些士兵实施了报复行为，但他们拒绝承认格索尼指控中所述的残暴程度和有计划性。他们辩称，新政府的部队不可能以这种方式杀害 3 万人而不引起注意。卢旺达人补充说，这些士兵不太可能像格索尼所说的那样，带着锄头、棍棒和砍刀四处走动。卢旺达官员并没有责怪格索尼的诚意，他们认为专家被操纵了。②

会后，纽约代表团会见了驻卢旺达的联合国其他官员，这些官员拒绝接受所有格索尼的指控。③

> 美军准将安多霍（联卢援助团部队副司令部）和蒂科卡上校（军事观察员团长）一致认为，报复性杀人的发生率在联合国和非政府组织代表很少的地区（如基本戈和坦桑尼亚边界）更高。然而，他们否认了 3 万名胡图族人在一次有计划、有组织的运动中被卢旺达爱国阵线屠杀的说法。他们补充说，有几名记者发表了这样的"耸人听闻"的言论，但观察家仔细检查证据时，却发现所谓的证据都是高度夸大而且不正确的。他们确信格索尼是受

---

① ShaharyarM. Khan, *The Shallow Graves of Rwanda*, New York, I. B. Tauris, 2001, p. 52.

② 沙哈利亚尔·可汗关于格索尼报告的电报。

③ 沙哈利亚尔·可汗关于格索尼报告的电报。

到了这种捏造和夸张的证据的影响。

联合国卢旺达紧急事务办公室（UNREO）副主任夏尔·佩特里访问了该地区并听说了关于屠杀的流言。因此，他与在该区域活动的非政府组织进行了认真的调查。最终佩特里否决了卢旺达爱国军实施了有计划、有预谋的屠杀的结论。

第二天，即 9 月 20 日，科菲·安南和我访问了边界地区（吉塞尼地区）的几个地点。这个地区毗邻扎伊尔边界，是前政府的据点。联合国在该地区有充分的代表性。安南没有提及格索尼的调查结果，他询问了联合国蓝贝雷帽组织（成员由医生、工程师等组成）关于胡图族人返回该地区的治疗问题。蓝色贝雷帽组织人员回答说，该地区 80% 惊慌离开的胡图族农民已经返回。他们已经融入了新的卢旺达爱国军行政当局并享受到良好的待遇。他们的返回是顺利和和平的。科菲·安南随后又询问了格索尼所详细描述过的一个村庄的大屠杀的情况。这位联合国少校（一位澳大利亚医生）回答说，他也听说过村里发生屠杀的传闻，并且已经去调查过了。他发现，事实上，7 月底（新政府成立后）发生了一场大屠杀，但这是由一位市长做的，他是一名狂热的胡图族极端主义分子。这位市长甚至 7 月下旬就已经在人道主义保护区内实施屠杀活动，因为那里有一些领土仍在前政府的控制下。最后，当卢旺达爱国军接手时，该市长逃到了扎伊尔，但他的几个随从均已被逮捕。[①]

沙哈利亚尔·汗在他的书中评论这一事件时指出，格索尼对事件的描述结果是正确的，只是凶手和受害者的种族身份被颠倒了。[②] 他

[①] 沙哈利亚尔·可汗关于格索尼报告的电报。

[②] Shaharyar M. Khan, op. cit., p. 53.

描述了他是如何核查格索尼的指控的。

在9月晚些时候，我访问了一个由美国和加拿大医生组成的团队，他们在基本戈附近工作，他们来自格索尼认定为大屠杀"地带"的地区。医生们告诉我，他们从对病人的治疗中可以看出，杀戮已经平息，取而代之的是平静。在4月至7月期间，他们治疗了身上有用砍刀等造成新鲜伤口的病人。现在他们的病人不是因为受伤来看病了，而是因为冲突后的疾病，比如痢疾和腹泻。已经几乎没有新负伤的病人了。①

最后他承认，他自己的调查显示，在基本戈地区和南部边境地区，报复性杀戮行为比其他地方更多，这也比在其他地方发现的更孤立的复仇行为可能牵连到更多平民和更高级别的卢旺达爱国军官员。然而，他并没有"接受"格索尼得出的所谓这些杀戮是一场事先注定的、由高层下令的、有计划性的屠杀的一部分的结论。②

在同一时期，美国负责非洲事务的副助理国务卿普鲁登斯·布什内尔也在该地区。她也对格索尼的说法中所列出的所谓事实进行了核实。在因为有报道称有人在那里犯下了严重的罪行而使格索尼小组尤为关注的布隆迪接壤地区，她尝试证实格索尼小组所说属实，但是这次尝试没能成功。③

几天后，联卢援助团进行了多次更加系统的调查，但一无所获。

联合国将某些内容交给联合国卢旺达援助团（联卢援助团）指挥官进行核查，结果没有发现大型墓穴。加拿大驻卢旺达特遣队的一个排被派往该国东南部基本戈县，实地视察了难民署所说的发生屠杀的几个地点。经过三个星期的检查，维和人员在10

---

① Shaharyar M. Khan, op. cit., p.54.
② Shaharyar M. Khan, op. cit., p.55.
③ Des Forges, op. cit., p.729.

月 18 日返回时说，他们没有发现难民署提到的乱葬坑，也找不到这些屠杀的任何证人。一名负责这次考察的军官说："我们被告知在鲁瓦马加纳郊区有一个乱葬坑，根据联合国难民署收集的目击者报告，在那里可以找到被卢旺达爱国军屠杀的大约 100 名胡图族平民的尸体。""我们确实找到了坟墓，但据几名目击者的证词，难民署已确定了这次屠杀所发生的时间，但在那个时间卢旺达爱国军的士兵尚未控制该地区。"①

1994 年 12 月，联合国安理会为调查在卢旺达发生的大屠杀和杀戮事件而设立的专家委员会发表了最后报告。委员会在其结论中确认，有大量证据表明，毫无疑问是胡图族人对图西族人进行了种族灭绝。② 关于卢旺达爱国军所犯下的罪行，委员会解释说，在完成其初步报告时，委员会收到了指称杀戮是在 1994 年 8 月至9 月初之间进行的资料。联合国秘书长随后要求委员会来调查这些报告。③

在第二次访问卢旺达时，委员会在其最后报告中就核实关于新政府所犯暴行的指控做出了特别努力：

> 就委员会本身而言，由于时间不够，无法找到任何证据表明图西族人犯下了 1948 年《灭绝种族罪公约》所指的意图摧毁胡图族人的行为的任何证据。委员会也找不到证据表明一些卢旺达爱国军士兵杀害胡图族人是有计划的，或者是由政府官员或军队指挥官发起甚至批准的。④

---

① Alain Frilet，"Polémiques sur les représaillesrwandaises"，*Libération*，27 October 1994.

② United-Nations Security Council, Final Report of the Commission of Experts, S/1994/1405，4 December 1994，p. 52.

③ United-Nations Security Council, Final Report of the Commission of Experts, S/1994/1405，4 December 1994，p. 30.

④ United Nations, Report. Of the United Nations High Commissioner for Human Rights, 11 November 1994，p. 12.

当时在与副总统和国防部部长的讨论中，委员会获悉，大约有70名卢旺达爱国军士兵因报复行为被捕，并将受到审判，其中包括3名军官。[1] 由卢旺达爱国军认定犯有报复行为而处决士兵的许多件案件已经被报道。1994年10月，卢旺达爱国军宪兵逮捕了大约100名有报复行为的士兵，他们主要是种族灭绝幸存者以及可能在种族灭绝中幸存下来的卢旺达爱国军士兵。

1994年10月，布特罗斯·加利要求格索尼将他的结论与联合国人权委员会分享，而联合国人权委员会则质疑了这些结论。联合国最后要求格索尼和他的同事们不要发表他们的报告，也不要谈论他们的调查。格索尼遵守了这些指示。难民署结束了鼓励难民返回的政策。格索尼的调查不仅有助于结束遣返难民的进程，而且有助于在国际人道主义界，特别是那些在难民营工作的非政府组织和卢旺达爱国阵线之间重建良好关系。

---

[1] United Nations, Report of the United Nations High Commissioner for Human Rights, 11 November 1994, p. 12.

第五章　战争与和平之间

　　1994 年 7 月 19 日成立的"民族团结政府"开启了正式的政治过渡时期，这一时期原计划持续五年，后来延长至 2003 年。这一过渡时期发生的极其丰富的各种事件，使得一个新的卢旺达崛起了。该时期可分为两个截然不同的部分。第一部分，也是本章的重点，从 1994 年到 1999 年。这一时期经历了从一个旧的国家秩序到一个新兴国家秩序诞生过程中激烈的军事和政治斗争的痛苦。正是在这一时期，卢旺达爱国阵线（简称 RPF）重新统一了该国。虽然军事对峙发生在扎伊尔和该国周边地区，但政治和种族争端在联合政府内部爆发，并以第一次破裂告终。

质疑民族团结政府的合法性

　　1994 年 7 月，卢旺达爱国阵线打败了种族灭绝势力，但它与国际社会之间气氛紧张。它迫使法国部队在联合国授权部署部队的决议中规定的最后期限前离开了卢旺达。1994 年 7 月初，该党领导人在内部辩论在以下三种可能中选择其一的基础上组成政府：单独执政；与知名人士联合执政；或遵守种族灭绝前签署的规定各政党分享权力的《阿鲁沙协定》。卢旺达爱国阵线选择了第三种。①

　　7 月 17 日，卢旺达爱国阵线郑重承担起组建新政府的历史责任。

---

① 2016 年 1 月 18 日在基加利采访 M. G. 。

民族团结政府将是一个政治联盟，其基础是 1993 年 8 月 4 日签署的《阿鲁沙协定》以及若干重要的修改意见。修改的内容包括将签署《阿鲁沙协定》的卢旺达民族革命运动与其他党派的胡图族权力派别排除在外，因为这些实体在组织和实施种族灭绝方面发挥了主要作用。卢旺达爱国阵线将《阿鲁沙协定》中同意给卢旺达民族革命运动的职位留给了自己，即总统职位和 5 个额外的部长职位。其他重要的修改是设立了副总统一职。这一职位将由卢旺达爱国阵线负责，而且过渡期也从 22 个月延长到 5 年。① 此外，卢旺达爱国阵线暂停了政党的大规模动员活动。各政党只被授权在其中央管理机构一级部门工作，这些部门大多设在基加利的政治局。

民族团结过渡政府于 1994 年 7 月 19 日正式成立。巴斯德·比齐穆恩古被宣布为共和国总统，保罗·卡加梅将军担任副总统兼国防部部长。两人都是卢旺达爱国阵线的成员。卢旺达民主共和运动的福斯蒂·特瓦吉拉蒙古被任命为总理。② 在组成政府的总共 21 名部长中，有 8 名部长加上总统和副总统来自卢旺达爱国阵线，第二个政党卢旺达民主共和运动共有 4 名部长，新政府显然是由卢旺达爱国阵线主导的。

民族团结政府和前卢旺达武装部队士兵整编

1994 年底，大约有 2000 名前卢旺达武装军士兵自愿加入新的军队，其中一些士兵来自扎伊尔。这些士兵被安置在加考营地，接受卢旺达爱国军的再教育和军事训练。这些人中，有 1011 名男子，包括 81 名军官，他们后来于 1995 年 1 月正式并入卢旺达爱国军。一些重要的前卢旺达武装军军官被指派在卢旺达爱国军中承担相当大的责任。迪奥格拉蒂亚斯·恩迪布瓦米上校成为宪兵参谋长，马塞尔·加

---

① Rwandan Patriotic Front, "Déclaration du RPF relative à la mise en place des institutions de la transition", 17 July 1994.

② 卢旺达爱国阵线的大多数成员强烈反对卢旺达民主共和运动参与政府，除非该党改名，因为这个名称代表着 20 世纪 60 年代的卢旺达民主共和运动帕尔梅胡图族，和种族灭绝先锋之一的卢旺达民主变革力量派系在意识形态上的延续。

辛齐上校被任命为卢旺达爱国军副参谋长，巴尔塔扎尔·登格因卡上校担任305旅的指挥官，劳伦特·穆尼亚卡齐中校担任第99营的指挥官，伊曼纽尔·哈比亚里马纳中校成为卢旺达爱国军在议会的代表以及国防部训练主任。

两个党派走到一起标志着它确实是政府和人民在基尼亚卢旺达所经常说的"卢旺达人团结政府"。然而，这并不能阻止在政府中卢旺达爱国阵线的合作党派对其提出疑问以及仍然有一部分国际社会团体对其保持明显的敌意。

内部纠纷

在政府成立后不到四个月，政府中的第二重要政党卢旺达民主共和运动，发表了一份严厉的谴责。该谴责对卢旺达爱国阵线提出了几乎涉及了该国公共生活所有方面的、极为严厉的指控。[①] 在政治层面，卢旺达民主共和运动对《卢旺达爱国阵线七月十七日宣言》以及《阿鲁沙协定》的修改提出了质疑。例如，卢旺达民主共和运动抱怨说，卢旺达爱国阵线垄断了以前分配给卢旺达全国革命发展运动的职位，将过渡期从22个月延长到5年，并冻结了各政党的动员活动。

卢旺达民主共和运动谴责"有一股神秘力量向卢旺达民主共和运动施压并决心让这个国家的各个政党保持沉默，并阻止任何选举协商"。为了维护各政党在国家民主化进程中所扮演的角色，"各政党必须迅速恢复其言论权，并在全国各地恢复其活动"。[②] 通过要求立即恢复各政党之间的竞争，卢旺达民主共和运动文件掩盖了种族灭绝的政治复杂性。它不但几乎没有提到很大一部分政治阶层和不可忽视的一部分当地居民的参与，包括卢旺达民主共和运动多数派的参与，而且将那些应对大屠杀负责的人仅限于"卢旺达全国革命发展运动及

---

① MDR, "Position du Parti MDR sur les grands problèmesactuels du Rwanda", Kigali：MDR, 6 November 1994.

② MDR, "Position du Parti MDR sur les grands problèmesactuels du Rwanda", Kigali：MDR, 6 November 1994, p. 7.

其追随者"。①

政党自我批评的缺失无疑是继续沿用历史悠久的卢旺达民主共和运动政党名称，以及对在事件发生后恢复政党的群众动员活动的要求，引起了那些不认同卢旺达民主共和运动说理的人们的怀疑。许多卢旺达爱国阵线的支持者们认为，卢旺达民主共和运动基于胡图族"多数民族"的宗派观念并愿意利用选举竞争，其尽快恢复一个基于种族认同的政权的思想只会继续下去。②在种族灭绝和随之而来的内战发生四个月后，卢旺达民主共和运动文件强烈反对谴责它所属的政府，谴责它在公共行政、司法、经济活动水平方面存在缺陷，以及遣返难民行动缓慢。此外，卢旺达民主共和运动呼吁"对国际舆论所称的在卢旺达犯下的'双重种族灭绝'事件进行国际调查"。③

虽然没有表现出与卢旺达民主共和运动同样的对卢旺达爱国阵线的攻击，但政府中的其他政治组织暗中跟随卢旺达民主共和运动的领导。在准备组建过渡议会时，卢旺达爱国阵线与其伙伴之间的关系变得紧张。在某些大使馆的支持下，一些政党要求完全地依照《阿鲁沙协定》的规定行事，并对《卢旺达爱国阵线七月十七日宣言》提出疑问，理由是他们没有签署该宣言。对于这些情况，卢旺达爱国阵线方面则发出正式通知，要么参加过渡机构，要么离开这些机构。最终，这些伙伴政党都服从并履行了义务，过渡议会于1994年11月25日成立。

在人们看来，选举和政党之间重新竞争的问题非常普遍，给可持续和平的前景带来了恐惧和不确定性。1994年8月，一名种族灭绝幸存者向她认为是一名卢旺达爱国阵线成员的哥哥何塞·卡加博，他也是一名从法国返回的前难民，问道："但是，何塞，你要把选举强加给我们吗？告诉我，如果你这么做，我就走了。我留在这个国家没

---

① MDR, "Position du Parti MDR sur les grands problèmesactuels du Rwanda", Kigali：MDR, 6 November 1994, p. 5.
② 2015年5月24日在基加利采访何塞·卡加博。
③ MDR, "Position du Parti MDR sur les grands problèmesactuels du Rwanda", Kigali：MDR, 6 November 1994, p. 15.

有意义。谁来投票？为谁投？"①

与国际社会的对立

从 1994 年 9 月开始，国际社会在卢旺达的存在变得愈加重要，一个遭受巨大破坏的国家竟然停放着大量的昂贵车辆，这种情景特别能代表当时国际社会在卢旺达的存在。1994 年 8 月底，联合国卢旺达援助团（第二联卢援助团）5000 名部队的特遣队部署完闭。1994 年 10 月，有 130 个国际非政府组织在卢旺达，但不包括几十名外国联合国官员，他们随后在 1994 年 9 月得到大约 200 名隶属于联合国人权实地行动团的其他人员的增援。

1994 年 4 月至 12 月，国际社会集中关注以医疗、食物和住房形式进行的人道主义活动，主要是向生活在国外的难民和从前绿松石地区流离失所的人提供帮助。此外，从 1994 年 9 月开始，国际社会开始关注国内的复兴和重建活动。

紧急复原的第一阶段一直持续到 1995 年 12 月，由联合国各机构以及其他双边和多边援助机构领导。非政府组织也做出了宝贵贡献。第一阶段迅速筹集到了大量的资金，这主要得益于 1995 年 1 月举行的联合国卢旺达问题联合呼吁，尽管这些资金名义上只用于紧急人道主义援助活动。康复活动在一定程度上触及了所有部门，包括农业、卫生系统、教育系统、司法系统、社会心理支持等。例如，这些努力可以迅速恢复城镇供水，从而防止大规模霍乱和痢疾流行。种子和耕作设备的分配帮助小农开始自立，而经济复苏援助则有助于重振金融体系和宏观经济基础设施。②

不同于慈善机构提供的快速康复服务，国际社会直到 1995 年下

---

① José Kagabo，"Après le genocide：Notes de voyage"，*Les Temps Modernes*，Paris，Editions Gallimard，No. 583，1995，p 108.

② OECD，Joint Evaluation of Emergency Assistance to Rwanda，2004；USAID，"Rebuilding Post-War Rwanda：The Role of the International Community"，The International Response to Conflict and Genocide：Lessons from the Rwanda Experience，Study Ⅳ，March 1996.

半年才开始缓慢地向政府提供援助。最大的阻碍在于无法找到 450 万
美元来支付卢旺达对世界银行的欠款，以便能够申请 2.5 亿美元的批
准贷款。① 正如我们将进一步看到的那样，法国正是在这种背景下，
操纵并试图强加其种族灭绝盟友的参与。最后，欧洲联盟于 1994 年
11 月无条件地提供了 8800 万美元，从而结束了僵局。② 政府执政一
年后，公务员既没有工资，也没有住房，只得到了口粮，大部分业务
费用由爱国阵线承担。1995 年 1 月，在日内瓦组织了一次捐助者圆
桌会议，其间政府活动的援助承诺达到 7.07 亿美元。但是，到 1995
年中期，只支付了 6800 万美元，其中只有三分之一给卢旺达政府，
只占认捐额的 3%。然而，到 1995 年年底，对政府的国际财政援助有
所增加。一个评估种族灭绝后国际援助的小组确定，缓慢的公共部门
援助支付拖延了重建进程，并加剧了该国的经济和政治危机。③

　　有人解释说，国际捐助者不愿意帮助种族灭绝后的政府。有人指
控说，在关闭基贝霍境内流离失所者营地时过度使用武力，这对许多
受害者造成了影响。这一事件迫使一些捐助者暂时停止援助，但他们
在两个月后重新进行考虑。还有一些原因与政府吸收能力有限及其拒
绝接受外国技术援助有关。但其主要原因首先是捐助带有隐含和明确
条件的政治性质。

　　欧盟援助隐含的条件之一是扩大政府，以使其具有"更广泛的代
表性"。与此同时，在幕后，法国正计划将其盟友、种族灭绝背后的
主要力量——民发运动（MRND）纳入新政府。④ 梵蒂冈的特别代表

---

① 这引发了 1994 年 11 月 26 日发表于 *The Economist*（《经济学人》）上的一篇题为
"Abandoned Rwanda"，的文章。

② Le Monde，"L'UnionEuropéennedébloque 440 millions de francs"，27 – 28 November
1994 in Gérard Prunier，*Africa's World War：Congo，the Rwandan Genocide，and the Making of a
Continental Catastrophe*，Oxford，Oxford University Press，2009，p. 8.

③ OECD，op. cit.，Study Ⅳ，p. 39.

④ "… aid worth ECU 200 million is reportedly being blocked by France until the MRNDD
（Mouvementrépublicain national pour la démocratie et le développement）is brought into the govern-
ment…" The Economist Intelligence Unit，*Country Report Uganda*，*Rwanda*，*Burundi*，Fourth
quarter，1994.

捍卫了同样的立场。据他说，为了恢复和平，有必要在"那些在战场上取得军事胜利但人数不够的人和那些准备重新获得控制权的难民营中的人"之间建立一种谅解。① 这种坦率的意见相当罕见，因为国际社会从未公开胆敢提议政府与种族灭绝的凶手进行谈判。② 国际社会的保留态度也对其与种族灭绝幸存者的关系产生影响。国际评估小组指出：

> ……国际社会往往忽视种族灭绝幸存者的困境；总的来说，他们没有受到与其他人口群体不同的待遇。另一方面，国际社会为难民花费了大量资源。不是难民不值得援助，而是这种援助应与对幸存者的援助相平衡。……然而，除体制障碍之外，国际社会内部的文化不敏感有时使卢旺达人所认为的种族灭绝的悲惨社会和人的方面贬值。也许最可悲的例子是，在遭受巨大痛苦的人可以理解的抵抗上，急于促进和解。③

国际社会对种族灭绝幸存者命运麻木不仁，相反，国际社会对难民的关怀当然与艾莉森·德·福格斯谴责的政治和意识形态考虑有关。"一些决策者，特别是法国和比利时的决策者，认为族裔多数必然相当于民主多数。他们不能采取谴责种族灭绝的步骤，因为他们担心最终有利于卢旺达爱国阵线的胜利，随后建立一个由少数民族主导的政府。④"

日益激烈的对抗也使新政府与国际非政府组织社会的一部分分离。就在种族灭绝之后，几十个非政府组织来到卢旺达工作，配备了大量资源，并根据他们对当地需求的看法开展活动，遵循自己的战

---

① 信仰通讯社，1995 年 1 月 28 日。
② Philip Gourevitch，"After Genocide：A Conversation with Paul Kagame"，*Transition*，No. 72，1996，p. 175.
③ OECD，op. cit.，Study Ⅳ，p. 100.
④ Des Forges，op. cit.，p. 29.

略。薄弱的政府机构无法控制其活动，但随着治理能力的提高，这种情况发生了变化。到 1995 年年底，政府要求非政府组织在其政策、优先事项和程序框架内开展工作，并向康复部登记。少数人拒绝了，但大多数人服从了。1995 年 12 月，在大约 150 个非政府组织中，政府宣布驱逐 38 个非政府组织，并暂停 18 个拒绝遵守新指示的非政府组织的活动。① 这种驱逐似乎持久地改变了新政权与部分人道主义界之间的关系。

减少种族灭绝者的侵略

1994 年 7 月 4 日种族灭绝正式结束并不意味着致命暴力或战争的结束，在这场战争中，爱国军面对种族灭绝部队进行了顽强抵抗。这些部队在飞往扎伊尔仅几个星期后就恢复了其致命的活动，首先是针对居住在边境地区的种族灭绝幸存者。这种暴力的强度越来越大，直到卢旺达爱国军决定在扎伊尔的难民营中与种族灭绝分子对抗。这种对抗也发生在卢旺达，导致 1998 年至 2000 年期间西北部种族灭绝部队的叛乱失败。但在解决难民营渗透造成的不安全问题之前，卢旺达爱国军首先设法关闭了境内流离失所者营地。

关闭前绿松石地区的营地

在国内深处，极端分子继续在流离失所的卢旺达人的营地进行致命的活动。许多未能及时逃离的杀手躲在前绿松石地区的营地里。使用与扎伊尔难民营中相同的策略，这些杀手通过控制人道主义援助的分配，成功地在国内流离失所者营地重建了权力。他们劝阻其他流离失所者离开营地，声称他们将被爱国军杀害，并毫不犹豫地使用恐吓手段。他们还利用这些营地作为发动袭击的基地，从吉孔戈罗省营地

---

① Shortly thereafter, five other NGOs among those whose activities had been suspended were expelled. United Nations, "Rwanda United Nations Situation Report for December 1995", Kigali, 15 January 1996.

附近的社区偷窃和杀害一些人。这些攻击的目的是显示爱国军部队无法控制该地区，从而破坏新秩序。①

1994年8月，新政府开始让国内流离失所者返回家园，从而关闭了一些营地。1994年11月，政府规定关闭所有难民营的最后期限为12月底。同时，成立了由国际社会管理的综合行动中心，汇集了联合国机构、国际非政府组织和政府代表。这一结构旨在监督和协调涉及流离失所者的国际和政府活动，其活动的业务方面被分配给一个由国际社会与政府合作领导的工作组。联卢援助团看到卢旺达爱国军打算进行分治行动，以便在较大的难民营中消灭犯罪分子，因此发起了希望行动，以便和平地收缴武器，但只发现了几枚手榴弹和几百把砍刀。

到了12月至1月，政府扩大行动，鼓励流离失所者返回家园。使用胁迫手段，如摧毁流离失所者的帐篷和财产或包围流离失所者，并将他们引向出口，除基贝霍营地外，大多数大型营地都成功关闭。到1995年1月，350000名国内流离失所者中约有一半已返回原籍地，其中大多数没有国际援助。但是，由于营地关闭，联攻派民兵进行了转移，他们潜入仍然开放的营地。② 例如，基贝霍难民营的人口从70000人增加到1995年2月的115000人，其中包括许多极端分子。③

人道主义机构响应卢旺达爱国军1995年12月和1月使用的强力武器方法，在综合行动中心的主持下发起了返回行动。这项行动基于流离失所者自愿返回的原则。该行动有两个主要方面：协调传播鼓励

---

① Human Rights Watch, "Rwanda: A New Catastrophe?" December 1994. See also Thomas P. Odom, "Guerrillas from the Mist: A Defense Attaché Watches the Rwandan Patriotic Front Transform from Insurgent to Counter Insurgent" in *Small Wars Journal*, Bethesda MD, Vol. 5, July 2000, p. 8.

② Odom, op. cit., p. 9.

③ Stephanie T. E. Kleine-Ahlbrandt, "The Protection Gap in the International Protection of Internally Displaced Persons: The case of Rwanda", Institutuniversitaire des hautes études internationales, Working paper, March 2004, p. 46.

返回的信息和减少粮食分配。但一些非政府组织和至少一个联合国机构拒绝遵循这一计划。在一种普遍不安全和难民营内外逮捕程序不明确的气氛中，一些非政府组织拒绝"以食物为武器"。当被要求协调吉孔戈罗县的宣传活动时，联合国卢旺达人权实地行动团（卢旺达人权实地行动团）回答说："它不能传播虚假信息。"拒绝成为政府政策"执行机构"的组织做出相反选择，集中精力为国内流离失所者提供基本服务，损害遣返计划的成功机会。①

从 1995 年 2 月开始，返回的人数减少，返回变得更加困难。卢旺达政府明确指出，流离失所者营地是一个重大的安全威胁，也是难民从国外返回的障碍，面对国际社会对问题紧迫性的漠不关心，卢旺达政府越来越感到失望。在 1995 年 2 月 27 日的一次会议上，综合行动中心工作组不得不承认返回行动失败。基贝霍难民营的流离失所者不想离开该营地，宣传活动没有效果。"得出的结论是，基贝霍正在成为罪犯的避难所，没有有效的策略迫使国内流离失所者返回家园。"②

1995 年 3 月，综合行动中心的政府代表向国际社会的同事表示，他们希望看到基贝霍难民营尽快解体。虽然一些捐助者赞成迅速关闭难民营，但联合国和非政府组织坚持在自愿回返原则的基础上寻求较慢的解决办法。卢旺达政府代表指责人道主义机构阻挠，并继续向难民营提供人道主义援助，鼓励流离失所者留在原地。③

4 月 18 日，爱国军部队进行了一次"警戒搜查"行动，试图将分散在几座山上的流离失所者聚集在一个地方，同时限制向流离失所

---

① Stephanie T. E. Kleine-Ahlbrandt, "The Protection Gap in the International Protection of Internally Displaced Persons: The case of Rwanda", Institutuniversitaire des hautes études internationales, Working paper, March 2004, p. 45 and footnote 157.

② United Nations, "Report of the Independent International Commission of Inquiry on the E-vents at Kibeho", Kigali, 8 May 1995, p. 6.

③ Kleine-Ahlbrandt, op. cit., p. 49. In a meeting of 27 March 1995, the representative of the Integrated Operations Center declared that it was preferable to postpone the return operation was scheduled to begin on 6 April 1995, the first anniversary of the genocide, by one week. "United Nations, Report of the Independent International Commission of Inquiry", p. 7.

者提供食物和水。卢旺达爱国军宣布，这项行动将关闭难民营，对流离失所者进行搜查和登记，然后将他们护送到原籍社区，并逮捕那些拒绝离开的人。在随后的登记过程中，许多流离失所者被证实参与了种族灭绝。① 在这次行动中，一些流离失所者向爱国军士兵投掷石块，另一些人则试图拿走他们的武器。士兵们做出反应，打死了13名至22名流离失所者。②

4月22日星期六中午，一大群流离失所的人试图通过向山谷跑去突破爱国军形成的警戒线，而爱国军则试图通过包围小山来聚集他们，以便他们通过一个登记点。③ 爱国军部队向人群开枪，一部分人受伤。在这次事件之后，爱国军部队重新建立了警戒线，向空中开枪，包围流离失所者，以便将他们转移到登记点。

一名澳大利亚人道主义工作人员描述了局势如何恶化：

> 随着局势的缓慢推进，人们变得非常疲倦和不安。我们后来接收的一名伤员告诉我们，他们被卢旺达爱国军挤得太凶，没有食物或水，以至于他们几乎坐不住。特别是联攻派领导人开始感到关切，这是正确的，因为监禁或处决对他们来说是非常真实可能的。于是，他们开始骚扰人民，然后用砍刀攻击人群。他们的理由可能有两个：一是转移注意力以逃避，二是让潜在的告密者沉默。不管是什么原因，这导致了人群中的恐慌，他们开始突破卢旺达爱国军警戒线。爱国军士兵害怕暴动，开始向人群胡乱开枪。④

不久就收集到了目击者的叙述和事件发生时在场者的报告，证实了这一系列引发大屠杀的事件。也就是说，在第二次试图突破爱国军

---

① Kleine-Ahlbrandt, op. cit., p. 8.
② Kleine-Ahlbrandt, op. cit., p. 8.
③ Kleine-Ahlbrandt, op. cit., p. 52.
④ Tracy Smart, "Kibeho", 9 September 2002 (www.warriordoc.com/rwanda/kibeho.htm/).

警戒线时，正是营地中的民兵开始用砍刀攻击其他境内流离失所者，迫使数千人反抗爱国军士兵持有的警戒线。[①] 然后人群向士兵开枪，造成许多人受伤，并造成持续和不分青红皂白的武装反击。[②]

卢旺达爱国军部队的枪击和人群的踩踏造成了重大人员损失。一些流离失所者被民兵和其他极端分子处决。[③] 政府估计有338人被杀，联合国估计有2000人，而一些非政府组织则声称有8000人死亡。[④]

4月27日，比齐蒙古总统宣布成立一个独立的国际调查委员会，得到联合国安全理事会的支持。委员会确定，严重侵犯人权的行为，包括处决手无寸铁的流离失所者，是爱国军和流离失所者本身的责任。但是，委员会没有对受害者人数做出估计。它解释了爱国军士兵过度使用武力的原因是他们缺乏控制人群的经验和设备。委员会还感到遗憾的是，联合国机构没有能力更有效地为难民营的快速撤离做出贡献。就非政府组织而言，委员会强调，"有可信的迹象表明，一些非政府组织通过鼓励境内流离失所者留在基贝霍难民营和推行歧视性的雇用做法，严重违背了卢旺达政府的政策。此外，一旦封锁行动开始，一些非政府组织就决定不再与其合作，这加剧了人道主义危机[⑤]"。

基贝霍大屠杀严重破坏了政府与国际社会之间的关系。对政府的国际援助已经减少，欧洲联盟、比利时和荷兰暂停了援助，尽管两个月后恢复了援助。

恢复对灭绝种族力量的战争

1994年7月种族灭绝正式结束几个星期后，扎伊尔难民营开始血

---

① Paul Jordan, "Witness to genocide. A personal account of the 1995 Kibeho massacre" (www. anzacday. org. au/history/peacekeeping/anecdotes/kibeho. html)；托马斯·奥多姆，同上注，第9页。

② United Nations, op. cit. , 8 May 1995, p. 8.

③ United Nations, op. cit. , 8 May 1995, p. 9.

④ Kleine-Ahlbrandt, op. cit. , p. 55.

⑤ United Nations, op. cit. , Kigali, 8 May 1995, p. 10.

腥入侵卢旺达。他们一开始是孤立的突袭式杀人抢劫。起初,这些袭击被认为是土匪行为,但很快就变得很明显,其目的是破坏国家稳定。[1] 作为回应,卢旺达爱国军制定了保护经济基础设施的战略,这是攻击者的经常目标。

种族灭绝者在 1996 年初改变了战略,专门针对地方当局、种族灭绝幸存者和同意在孤立地点的种族灭绝审判中做证的胡图族人。事实证明,这一新战略是有效的,对这些目标的谋杀成倍增加。1996 年 6 月,三起事件将改变卢旺达人对正在发生的事情的看法:11 名学生,他们是种族灭绝的所有幸存者,在该国东部的基邦戈被暗杀;在西北部拉什希的种族灭绝审判证人名单上有 9 人被杀;在北部萨廷西的 1959 年革命中有 23 名种族灭绝幸存者和难民。[2] 种族灭绝继续存在的感觉开始在种族灭绝幸存者和其他人中间蔓延。1996 年下半年在该国西北部的极端暴力,预示着真正的叛乱,其主要特点是谋杀平民。

联合国卢旺达人权实地行动团 1996 年 4 月记录了 170 起谋杀案件,5 月记录了 165 起,6 月记录了 85 起,7 月记录了 365 起,8 月记录了 284 起,9 月记录了 105 起。这些卢旺达人权实地行动团的数字没有区分归咎于渗透者的谋杀、归咎于爱国军的谋杀和没有确定肇事者的谋杀。[3] 个别而言,这些血腥事件受害者人数众多的原因是,在该国北部和西部的很大一部分地区经常发生这些暴力行为,最重要的是,这种暴力行为甚至在这些地区以外也产生了一种不安全和社会紧张的感觉。

扎伊尔战争的开始

卢旺达没有花很长时间对它所面临威胁在权衡之后做出反应。

---

[1] Odom, op. cit., p. 10.

[2] Mark Frohardt, "Reintegration and Human Rights in Postgenocide Rwanda", Issue brief, U. S. Committee for Refugees, Washington, D. C., 1997.

[3] 卢旺达人权实地行动团在其报告中没有区分对渗透者、卢旺达爱国军和不明凶手的处决指控。当时,大部分的杀戮都是叛军在进攻中进行的。联合国卢旺达人权实地行动团,1996 年 9 月报告。

当时的副总统兼国防部部长卡加梅将军在1996年7月4日纪念灭绝种族事件结束的讲话中警告那些造成该国不安全局势的人，卢旺达将找到他们，在他们所在的任何地方与他们对抗。1996年8月底，卡加梅将军前往华盛顿会见美国官员，他向他们解释说，卢旺达的不安全状况不能继续下去。他说，如果没有人能处理这一问题，他就会这样做，甚至在任何地方寻找灭绝种族者。他的对话者没有认真对待他。①

与此同时，卢旺达极端难民在南北基伍与卢旺达边界的势力范围扩大，使局势更加紧张，基伍各省的地方当局和部分民间社会参与了卢旺达极端难民的行动，对该地区的刚果图西族人进行了种族清洗运动。在难民营定居之后，种族灭绝部队就开始迫害北基伍的刚果图西族人和1959年卢旺达难民，并在较小程度上迫害洪德少数民族，在扎伊尔当局和基伍各省有影响力的民间社会成员自满的目光下杀人。② 1996年春季，13500名扎伊尔图西族难民住在吉塞尼省的一个难民营里。该地区其他地方，包括其他族裔群体，共有40000名难民。③

南基伍的反图西运动由副省长巴尼·瓦博希·纳波和乌维拉地区专员什威卡·穆塔巴齐领导。1996年9月9日，穆塔巴齐组织了一次反巴尼亚穆伦格人（来自南基伍的扎伊尔图西族人）游行，随后在卡森加地区组织了一个五旬节的群众，命令"猎杀蛇"。④ 几天后，巴尼·瓦博希·纳波在伊托姆伯维高原上给了巴尼亚穆伦格族人6天

---

① Odom, op. cit. , p.12. john pomfret, "Rwandans Led Revolt in Congo; Defense Minister Says Arms, Troops Supplied for Anti-Mobutu Drive", *The Washington Post*, 9 July 1997.

② Faustin Ngabu, Bishop of Goma, "Message de paix aux chrétiens et aux hommes de bonne volonté", Goma, 20 April 1996.

③ Aloys Tegera, "Les Banyarwanda du Nord-Kivu（RDC）au XXème siècle. Analysehistorique et socio-politique d'un groupetransfrontalier（1885 - 2006）", Paris, University of Paris I, Doctoral thesis, June 2009, p.30, note 100.

④ Muller Ruhimbika, "Comment les Banyamulenge du Sud-Kivu ontvécu la guerre de l'Alliance des Forces Démocratiques pour la Libération du Congo（AFDL）et vivent la seconde guerre du RassemblementCongolais pour la Démocratie（RCD）", Unpublished report, p.5.

的最后期限，从山区下来，把自己交给当局，由当局护送他们通过走廊回到他们"卢旺达的真正家园"。① 1996 年 9 月 14 日，286 名巴尼亚穆伦格人抵达尚古古卢旺达边界，讲述恐怖和屠杀的故事。② 与此同时，一支由巴尼亚穆伦格族退伍军人组成的爱国军战斗人员特遣队被派往布尼亚穆伦格族集中的米内姆布韦高原，并与扎伊尔军队进行战斗。③ 1996 年 9 月初，卢旺达爱国军又派部队增援该地区。这是入侵扎伊尔的开始，这将导致卢旺达难民营的瓦解和卢旺达部队在该国的长期存在。

1996 年 10 月 18 日宣布成立解放刚果—扎伊尔民主力量联盟（解盟）。它聚集了蒙博托政权的反对者，包括一名前刚果革命者洛朗·德西雷·卡比拉和一大批巴尼亚穆伦格族战斗人员。解盟战斗人员在卢旺达爱国军部队的支持下，先后控制了南北基伍，并在战斗激烈后解散了卢旺达和布隆迪难民营。这一运动的最后阶段是在距戈马约 20 千米的穆贡加营地附近进行的，在那里，其他营地的数千名卢旺达难民和战斗人员在营地被拆除后聚集在一起。

1996 年 11 月 14 日，爱国军袭击了穆贡加难民营，那里的种族灭绝部队抵抗了几个小时，然后向西撤退，把一些难民推到他们面前。11 月 15 日，数十万难民开始向卢旺达迁移，其他人则向西逃亡。当时返回的难民人数有争议，估计在 400000 人至 700000 人之间。1996 年 12 月，坦桑尼亚政府宣布，居住在那里的 55 万卢旺达难民必须尽快离开该国。他们立即开始遣返，1996 年 2 月，几乎所有在坦桑尼亚的卢旺达难民都被遣返回国。

西北地区的起义

在 1996 年年底大规模遣返难民之后，卢旺达境内的种族灭绝部

① Mémorandum des Congolaisrwandophones à qui de droit, Goma, February 2004, p. 4.
② Prunier, op. cit., p. 70.
③ Muller Ruhimbika, Les Banyamulenge (Congo-Zaire) entre deux guerres, Paris, L'Harmattan, 2001, p. 45.

队和卢旺达爱国军之间开始了重大的武装对抗。对抗主要发生在该国西北部，从1997年5月至2001年12月。它夺去了成千上万人的生命，特别是平民，也夺走了囚犯、渗透的战斗人员和爱国军士兵的生命。

叛乱集中在鲁亨盖里省和吉塞尼省，这是前政权军队大多数成员的家乡，同时也延伸到这些省的边界，在西部的基布耶省的边缘，中部的吉塔拉马省和该国中北部的基加利农村地区。

这次叛乱是由前卢旺达武装部队士兵、联攻派民兵成员和其他附属团体领导的。这项努力的范围和决心反映了卢旺达西北部的宏伟目标，这是前政权的堡垒，叛乱分子竭力控制这一堡垒。行动是在与留在扎伊尔的指挥官密切协调下进行的，即使大多数战斗人员都驻扎在卢旺达，尽管他们被称为"渗透者"。①

第一起暴力事件发生在1996年年底，就在难民返回之后。但严格地说，起义从1997年5月开始。民主力量联盟于1997年5月17日进入金沙萨之后，将30000至40000名卢旺达胡图族战斗人员从他们聚集的扎伊尔马西西边境地区转移到卢旺达西北部。② 他们在卢旺达和扎伊尔边界火山周围的森林中扎营。叛乱在1997年10月达到了持续的激烈程度，开始时得益于西北地区居民的大力支持，这些居民是在那里正式成立的地方当局动员起来的。叛乱分子倾向于谋杀图西族人、种族灭绝幸存者、1959年难民、扎伊尔难民、地方当局和拒绝合作的普通当地居民。当渗透者袭击学校和公共汽车，有选择地杀害图西族人以及拒绝承认自己身份的胡图族人时，这些杀戮的族裔特征就更加明显。另一个选择目标是监狱，以便释放被控参与种族灭绝的囚犯。

该国某些地区已成为战区数周，几乎每天都有军事交战，导致叛乱分子和卢旺达军队遭受损失。③ 起义经历了军事行动的各个阶段，

---

① 2015年11月12日在基加利与E. R. 面谈。

② African Rights, op. cit. , London, African Rights, September 2008, p. 7.

③ African Rights, op. cit. , London, African Rights, September 2008, p. 1.

反映了他们的指挥官的愿望，使他们的进攻适应实地的演变。这些行动的重点是卢旺达领土，有时在北基伍边界的另一边同时进行。第一次哈利路亚行动于 1997 年 10 月发起，主要针对图西族扎伊尔难民，特别是在屠杀穆登德期间。

穆登德难民营位于吉塞尼省穆登德基督复临会大学校园内，收容了 17000 名难民。1997 年 12 月 10 日夜间，叛乱分子对附近的穆图拉监狱发动了声东击西的攻击，并用成堆的石块堵塞通往穆登德难民营的道路。从晚上 11 时至凌晨 2 时 30 分，包括一些妇女在内的大批袭击者，用一些火器和手榴弹袭击营地，但主要是用砍刀、斧头和棍棒，不分青红皂白地杀害男子、妇女和儿童，其中一些人在帐篷里被活活烧死。联合国给出的死亡人数达 300。随着这场大屠杀的发生，叛乱分子在 1997 年年底扩大了其行动地区，在基加利—农村和吉塔拉马省边界之外发动攻击，在该国散布恐惧。

1998 年 7 月，叛乱分子主要指挥官伦纳德·恩孔迪耶中校和他的 200 名士兵在战斗中死亡，第一次哈利路亚行动以叛乱的严重削弱而告终。几个星期后，其他叛乱指挥官陷入战斗。[1] 1998 年 9 月第二次哈利路亚行动的目标是扎伊尔的戈马和卢旺达的吉塞尼，并成功地收缴了许多武器。扎伊尔的阿门行动和奥德赛行动分别于 1999 年 6 月和 2000 年 7 月进行。他们企图从边界的另一边打击爱国军的行动。2001 年 5 月和 12 月，在卢旺达进行了"神谕"（Oracle du Seigneur）行动，最终抓获了叛乱分子的指挥官和情报负责人，他们交出了 1700 名叛乱分子，标志着西北部叛乱的结束。[2]

叛乱发生在平民中，一些平民积极参与。由于许多地方当局的共谋，妇女和儿童甚至参与了战斗。叛乱分子采取了与种族灭绝期间同样的战略，将平民作为人盾，意图让平民参与将叛乱政治化，并使后

---

① 2015 年 11 月 12 日在基加利与 E. R. 面谈。

② African Rights, op. cit., London, African Rights, September 2008, p. 1; Franck Rusagara, *Resilience of a Nation: A history of the military in Rwanda*, Kigali, Fountain Publishers, 2009, p. 198.

来的法律行动复杂化。许多平民参与了混杂各类战斗人员的袭击。几次，他们聚集了几百人，扔石头，或者用锅碗瓢盆和喊叫来制造噪音。这一战略的另一个方面是战斗人员在袭击后撤退时带上平民，从而增加了在军队追击行动中平民受害者的风险。

有许多平民受害者，特别是在叛乱开始时。联合国卢旺达人权实地行动团和大赦国际经常谴责军队的暴行。然而，这些组织并没有陷入寻找战略因素的困境，这是这次叛乱的核心，即平民参与战斗局势，因此不符合"手无寸铁的平民"的定义。[1] 平民人口，往往与渗透者有家庭联系，最初被误导，认为渗透者有能力和迅速胜利的前景。当地居民开始抵抗时，叛乱分子毫不犹豫地使用暴力迫使平民继续与他们合作。这些平民成为政治—军事对抗的主要利害关系，他们发现自己处于进退两难的境地。其次，爱国军面对对抗的政治层面，扩大了其将平民与叛乱分子分开的政策，主要是通过说服。在最敏感地区，爱国军开始为平民提供重新集结和保护，并清理了附近的香蕉园，提供了掩护和食物。它还采取步骤控制国际非政府组织分发口粮的目的地，以使离开的叛乱分子和平民挨饿。这些平民由于饥饿和叛乱分子日益增加的付款要求而最终前往爱国军保护区，从而剥夺了叛乱分子的后勤支助。同时，军队从他们那里获得了宝贵的信息。当地居民与军队的合作加快了叛乱分子的失败，特别是说服最近参加叛乱的战斗人员叛逃。

紧张的社会状况

西北部以外的地区基本上没有受到普遍安全问题的折磨，但也有其他冲突根源。这些问题主要涉及由于前难民（通常称为 1959 年难民）难以重新融入社会而引起的司法、住房和土地占用问题。此外，全国各地都存在严重贫困。

---

[1] African Rights, op. cit. , p. 395.

复仇和失踪行为

种族灭绝之后，该国发生了报复行为。这些报复行为的原因之一是灭绝种族者在政府力量薄弱的情况下自由走动。[1] 这些报复行为往往涉及种族灭绝幸存者和爱国军士兵，他们消灭了被指控参与种族灭绝的人。这些罪行、谋杀和一个或一小群人的失踪一直持续到1995年年底地方行政和军事司法得到加强。

在1994年的军事行动中，爱国军的人数几乎翻了一番，几个星期内从20000人增加到35000人。[2] 到1995年，卢旺达爱国军士兵中有三分之一是幸存者。[3] 这种迅速的招募是在很少考虑甄选标准的情况下进行的，因此即使是联攻派民兵也被纳入了爱国军。[4] 这些新招募的人没有时间接受良好的训练，是那些造成了最严重纪律问题的人。此外，在战争时期严格的《卢旺达爱国军行为守则》，包括谋杀或强奸案中的死刑，在种族灭绝之后不能再使用。[5]

然而，报复行为并非仅仅因为缺乏机构控制或由嗜血的畜生实施。其中一些行为是士兵在光天化日之下犯下的，之后罪犯投降或自杀。有些人解释说，他们无法忍受杀害他们亲属的凶手逍遥法外。其他人则倾向于在他们实施复仇行动之后自杀。当时的副总统兼国防部部长卡加梅将军解释说，灭绝种族者与种族灭绝幸存者（其中一些人携带武器）的同居关系变得如此危险，最好将涉嫌参与种族灭绝的人关进监狱。"因为要么我们会通过报复性杀戮失去他们——这对我们来说是一个更大的问题——要么我们会把他们关进监狱。"[6] 逮捕罪犯和更好地在全国各地部署军事行政当局结束了

---

① Gourevitch, op. cit., p. 182.

② African Rights, op. cit., p. 264.

③ Gourevitch, op. cit., p. 177.

④ Philip Reyntjens, "Subjects of Concern: Rwanda, October 1994", Issue: A Journal of Opinion, Vol. 23, No. 2, 1995, p. 39.

⑤ Gourevitch, op. cit., p. 182.

⑥ Gourevitch, op. cit., p. 184.

这些行为。①

大规模逮捕

种族灭绝之后，许多参与者没有离开该国，这意味着大批人很快被逮捕。1995 年 5 月，中央监狱系统关押了大约 41000 名囚犯，他们被认为最有能力关押 12250 名囚犯。1995 年 12 月，有 12000 至 15000 名新的监禁。这一数字每周增加 1500 起，1995 年 9 月下降到每周 500 起。② 逮捕人数继续增加，到 1998 年已接近 12.5 万人。③ 即使在种族灭绝之前，卢旺达的司法系统也非常薄弱。在 600 名法官中，只有五分之一接受过法律培训。该制度的特点是腐败和缺乏独立性。在 1994 年 4 月以前在司法系统工作的 800 人中，只有 40 人在 1994 年 7 月以后上班。最初，司法由已成为宪兵的士兵掌握。拘留中心人口过多造成了创伤，包括数百名囚犯死于窒息和痢疾，其他人死于未经治疗的坏疽。④

在政治领域，逮捕造成了严重的紧张局势，特别是卢旺达民主运动党的特瓦吉拉蒙古总理，他谴责"逮捕和任意拘留已达到令人担忧的程度"。⑤ 1994 年 11 月，卢旺达民主运动党出版了一本小册子，提议设立专门委员会，负责编制参与种族灭绝和屠杀的嫌疑犯名单。只有省长下属的地方委员会才有权将嫌疑人交给主管法官。⑥ 1994 年 11 月，在司法部门确实不存在的情况下，卢旺达民主运动党要求从法律上解决逮捕涉嫌杀人者的问题。卢旺达民主运动党总理福斯坦·特瓦吉拉蒙古领导的政府在 1995 年 7 月认识到情况的复杂性，在一年的

---

① United Nations, *Report of the United Nations High Commissioner for Human Rights*, Geneva, UNHCR, 11 November 1994, p. 12.

② OECD, op. cit., Study IV, p. 74.

③ International Crisis Group, op. cit., p. 9.

④ International Crisis Group, op. cit., p. 9.

⑤ MDR, "Position du Parti M. D. R sur les grands problèmesactuels du Rwanda", Kigali, 6 November 1994.

⑥ MDR, "Position du Parti M. D. R sur les grands problèmesactuels du Rwanda", Kigali, 6 November 1994.

活动之后，他对一个账户进行了修整。①

国际社会，特别是卢旺达行动团，集中关注逮捕问题。"联合国际评估"所描述的卢旺达行动团特工采取的法制化方法所造成的困难，引发了卢旺达行动团和政府之间非常尖锐的紧张关系。

> 与其承担与地方官员合作的艰巨而复杂的任务，不如根据卢旺达的条件制定可接受但现实的逮捕程序，有时现场专员只是抗议某一逮捕的合法性，要求释放个人，并报告个人被拘留时侵犯人权的状况。②

1995 年期间，通过设立由军队、行政当局和检察官代表组成的审判委员会，努力改进逮捕和拘留人员的程序。这些委员会的任务是释放在最可疑的情况下被捕的人和最脆弱的人，但由于负责行动的人不愿意释放因犯，效果甚微。1996 年成立了流动的司法警察检查员小组，他们释放没有档案或档案不完整的因犯。在 1995 年至 1998 年的三年活动中，这些流动团体成功地释放了 34000 名因犯。然而，一些被释放的人被再次逮捕，另一些被释放的人则遭到那些参与种族灭绝的人杀害，这些参与者害怕被再次被捕的人指证。③

随着 1996 年 8 月 30 日关于起诉灭绝种族和屠杀的组织法通过，灭绝种族罪审判开始了。三年的时间里，有 900 人在审判中被认为是令人满意的，但与被监禁的 125000 人相比，这一数字完全微不足道。④ 调查结果表明，以这些审判的速度，绝大多数被拘留者在其有生之年几乎没有机会受到审判，这迫使当局和有关各方考虑采取替代办法。与此同时，在 1998 年 10 月 6 日举行的一次特别会议上，内阁决定释放"没有档案或档案中只有身份证明的因犯"。根据司法部的

---

① 卢旺达问题国际法庭，基加利，1995 年 7 月。
② op. cit. , Study Ⅳ, p. 82.
③ International Crisis Group, op. cit. , p. 11.
④ International Crisis Group, op. cit. , p. 12.

估计，大约 10000 人将受益于这一措施。这引起了幸存者的愤怒和沮丧，他们担心自己的安全。

大规模逮捕造成了严重的国内紧张局势和与国际社会的紧张关系。批评人士认为，至少 50% 的囚犯是无辜的，并指责政府滥用逮捕和拙劣地隐藏了司法报复政策。前 900 起灭绝种族罪审判的宣判率为 17%，这也许反映了参与犯罪的大规模性质。[1]

非法占用财产

1959 年被遣返的难民占领房屋的问题，在种族灭绝幸存者的占领程度较低的问题，在过渡时期开始时使紧张局势具体化。种族灭绝刚刚发生时，基加利市混乱不堪，几乎完全陷入废弃之中，商店和仓库遭到掠夺，以及新来者非法占用房屋。1959 年难民的大规模回返是自发的，没有准备或任何帮助。在布隆迪以及南北基伍，1959 年难民回返的强烈动机是安全问题。生活在坦桑尼亚恩加拉地区的 1959 年难民也是如此。[2] 1959 年从乌干达返回的难民主要受到当地爱国阵线结构的鼓励，以便在该国定居，该国大部分居民已被清空。一个广泛的共同动机，即使是生活在遥远的欧洲和北美的早期难民社区，也迫切需要通过返回和重新居住该国来对抗种族灭绝。

在干旱期间，来自乌干达的早期难民以及数千头牛，通过比温巴和穆塔拉省进入一个难以找到水的地区。一部分牧民在失去了许多牛后回头。来自布隆迪的人，包括一些来自边界另一边的旧难民营的人，从东南经基邦戈省和布格塞拉进入卢旺达。他们搬到农村地区，收割逃难者留下的庄稼。那些来自刚果的人大多定居在卢旺达西北部。这些不同社区的城市化成员主要集中在基加利，在较小程度上集中在二级城市周围。1994 年 10 月，已经有 40 多万人被遣返，到 1995 年年底，1959 年的大部分难民已返回该国。他们的人数估计各

---

[1] International Crisis Group, op. cit., p. 10.
[2] 1994 年的难民定居在离 1959 年恩加拉地区难民使用的难民营不远的地方。

不相同，从 60 万到 90 万人。① 1959 年遣返的难民中，大多数人返回时资源很少，不得不在新的环境中为住房和生存做出努力，尽管许多房屋仍然空着。

第二批占领房屋的人是种族灭绝幸存者。获取土地的愿望迫使杀手系统地摧毁受害者的房屋，特别是在农村地区。此外，一些幸存者没有试图返回他们的农场，生活在曾经见证或者也许参与了对他们家庭屠杀的人之中。许多人在基加利和小城市定居。当局容忍了这些占领，但提醒新占领者，这只是一种暂时的解决办法，当他们返回时，必须将财产交给其合法所有者。在最初几天的掠夺之后，一种秩序的假象终于出现了。

当一些新的难民或国内流离失所者突然返回，要求他们的财产时，问题就出现了。发生了侵权行为，遣返的人失踪或被杀害，其他人被诬告参与种族灭绝。这个问题引起了极大的争议，它的发生被认为是系统化的。难民营中的难民发言人指出，这是难民不应返回的主要原因。

由于问题的严重程度，即使所有成员都同意最终尊重财产权，政府也无法就下一步达成一致。卢旺达爱国阵线内部出现了分歧，内政部部长塞斯·桑达松加主张立即归还非法占领的房屋，他的一些同事要求也考虑到非法占领者的情况。最初的规则是，囤积的财产一旦出现，就必须归还给合法所有人，而不具体说明确切的条款。② 但解决这个问题需要时间。在最初的具体步骤中，军队于 1995 年 12 月采取了一些措施，旨在使其成员恢复秩序。士兵被告知返回他们的军营。只有少校或以上级别的军官才有权居住在城市，他们有权居住在一个单一的房子里。他们安置家庭成员的房屋必须归还。大量警卫在没有充分监督的情况下保护多个警察住所，其中一些警卫开始偷窃并在各

---

① Gérard Prunier, *The Rwanda Crisis*：*History of a Genocide*, London, C. Hurst & Co. Publishers, 1995, p. 63；Government of Rwanda, "Évolution de la population rwandaisedepuis la guerre", Kigali, 21 November 1994.

② 爱国阵线党执行委员会会议记录，1994 年 9 月 4 日。

种罪行中充当同谋。他们的人数后来减少到每个房子一个军官。[1] 非法占用房屋和土地的问题于 1997 年得到解决，当时，擅自占地者被命令立即离开他们所占用的房屋，而不采取任何形式的程序。

政治和社会危机

在灾难性的安全局势、边境战争、司法制度不起作用和生活条件非常困难的背景下，最初的权力分享试验结果被证明是失败的，并导致在种族灭绝后过渡时期（1994—1999 年）的第一阶段发生了严重的政治和社会危机。

第一波政治倒戈

民族团结政府普遍缺乏凝聚力。某些部长被怀疑与国外反对派接触，并通过向捐助者和外国使馆传递机密信息破坏政府活动。此外，一些政党，特别是卢旺达民主运动党，被指控保护参与种族灭绝的人，任命他们担任重要职务，如各部的代表或顾问。[2] 1995 年最后几个月，爱国阵线部长塞思·桑达松加和西方新闻界经常提到胡图温和派辞职的其他政治人物。同样辞职的还有福斯坦·特瓦吉拉蒙古总理、阿方斯·恩库比托司法部部长，甚至还有基加利的采购人员弗朗索瓦·桑祖韦拉。

在这一首批选择流亡的高级官员、外交官、军官、记者和民间社会重要人士浪潮中，有一些种族灭绝幸存者。政治分歧对其中一些人起到了重要作用。一些与卢旺达民主运动党关系密切的人士，如前总理图瓦吉拉蒙古，曾在国外谴责权力集中在爱国阵线手中、侵犯人权和恐吓。[3]

---

① *Le Tribun du Peuple*, Special No. , 20, Kigali, December 1995 to 10 January 1996, p. 11.

② *Le Tribun du peuple*, op. cit. , Kigali, pp. 6 – 7.

③ Philip Reyntjens, "Ten Years on: From Genocide to Dictatorship", *African Affairs*, No. 103, 2004, p. 180.

爱国阵线部长塞斯·森达松加也是如此。① 他们两人和其他胡图族部长在 1995 年 8 月底因治安部门的活动发生危机而被解职，他们指控他们杀害胡图族并大规模监禁胡图族。几个月后，这些人中的大多数离开该国，成为反对派。

这些部长的倒戈反映了按照《阿鲁沙协定》的规定，本着扩大权力分享的精神形成的民族团结政府的失败。该国所面临的危机的程度和复杂性必须与政治领导人的矛盾取向所造成的困难相适应。

但政治以外的其他因素也激发了一些流亡者，即对国家未来、不稳定和当时恶劣生活条件的悲观。许多叛逃、缺乏政府凝聚力以及上述安全局势催生了不稳定、紧张和永久危机的气氛。对因其经历而受到创伤的种族灭绝幸存者来说，这些因素发挥了更重要的作用。有些人试图尽可能地远离本国，试图抹去他们的坏记忆。另一些人则试图使他们的家庭安全和彻底地远离政治暴力。② 此外，还必须指出，当时卢旺达难民在西方国家获得签证和政治庇护很容易。

与此同时，专业人员、青年毕业生、失业者以及前 1959 年和 1973 年的难民则朝相反的方向前进，离开了他们生活的较繁荣的西非或非洲国家，如南非或西非，返回并参与重建进程。

爱国阵线党干部反抗

在种族灭绝之后立即出现的混乱（人们讽刺地称为 kubohoza③）期间，身体和社会生存的挑战以及各种危机几乎是日常生活中的问题。某种政治和社会秩序开始建立，一个个精英出现，他们沉迷于快速积累的做法震惊了公众舆论。这种社会分化造成的怨恨和嫉妒，以及它有时造成的腐败和掠夺，造成了一场危机，使爱国阵线从内部动摇，从而产生了深刻和持久的后果。

1997 年以后，在直接针对该党的政治道德和意识形态取向的具

---

① Prunier, op. cit. , pp. 44 – 46.
② 从笔者与相关个人的讨论中。
③ 在基尼亚卢旺达语中，kubohoza 一词的意思是"解放"或"解放"，并被讽刺地使用。

体问题上的分歧开始在被认为接近爱国阵线的出版物中被表达。虽然权力分享制度和政府联盟中的其他政党也受到批评，但首选的目标是爱国阵线。

正如在基尼亚卢旺达语的独立报纸上经常出现的那样，这种语气是耸人听闻的，甚至是恶毒的。1997年7月，《自由》杂志发表了一篇题为"为什么爱国阵线革命失败了？"的文章，这确实激发了人们的兴趣。[①] 它谴责了普遍的腐败、裙带关系和"已经成为一种治理方法的傲慢"。它解释说，政党之间的权力分享制度已经被政府联盟的各个部分的阿卡祖集团所接管，他们致力于肆无忌惮的裙带关系和腐败。[②] 提到爱国阵线的革命野心到底在哪里，这篇文章解释说爱国阵线也被阿卡祖集团所转移，该集团使用了禁止政党正常运作的禁令，以避免将其活动归咎于党员。文章指出了权力分享系统中问题的根源。

> 一切都是在爱国阵线要求卢旺达民主运动党、社会民主党、自由党、基督教民主党和其他小党派主席分享权力时开始的。这些领导人所做的是授予他们的朋友以部长、副部长、大使、省长、村长和其他职位选择，而不考虑他们的资格。这些提名实际上是为了使他们摆脱贫困。这被称为"把某人从装甲掩体中解救出来"（装甲掩体指的是难民署给难民的蓝色小帐篷）。

这篇文章解释说，当爱国阵线领导人被问到为什么会出现这种混乱时，他们回答说，没有足够的时间在政治伙伴中进行选择，他们必须尊重阿鲁沙协定才能赢得外国人的信任。根据自由解放联盟的说法，爱国阵线已经成为一个政治"模糊色彩的运动"。爱国阵线核心

---

① *L'Ère de Liberté*，No. 34，pp. 5 – 8.

② "utuzu"一词是"akazu"（阿卡祖）的复数，意思是"小茅屋"。这个词在哈比亚里马纳政权时期被广泛使用，用来指定总统周围的小型社会和政治团体，主要是为了谴责裙带关系。

的小集团，它的阿卡祖，利用总统和副总统来做它想做的任何事情，没有它的批准就什么也做不了。这篇文章说，基加利市的爱国阵线领导人正在建造越来越多的高楼和巨大的别墅。此外，这些领导人通过家庭关系相互联系。此外，这些新贵的财富往往增加了穆塔拉地区的大型农场。报纸提出了这些人如何在短短三年内成功地积累了这么多财富的问题。

> 政治分析人士说，爱国阵线革命者已经放弃了没收胜利的反动派；我们担心，如果这种情况继续下去，混乱将蔓延到全国各地，还没有屈服于贪婪的其他卢旺达人的低级军官将奋起捍卫他们的权利。这种可能性只会给我们带来不幸。①

当时的其他报纸倾向于向同一方向倾斜，包括政府报纸卢旺达国家广播通讯社和《新方法》，有时甚至是军队的杂志《英加博》。1997 年 8 月出版的《人民论坛报》报纸上发表了一篇题为《爱国阵线已放弃信念》的文章，引起了人们的注意。在那篇文章中，作者与当时的爱国阵线关系密切，接受了对自由联盟关于"爱国阵线革命失败的原因"的质疑。他回答说，根据他的说法，这场革命失败了，因为"一旦我们掌权，我们就模仿我们昨天斗争得来的统治方法"。作者谴责挪用、腐败、裙带关系和宫廷态度，认为这是困扰卢旺达社会的苦难。他扪心自问，他和他的战友们是否只是为了取代哈比亚里马纳和他的追随者。②

> 如何才能为了公共安全而将这些新掠夺性的党政要员的成员关起来？这是所有诚实和爱国的卢旺达人现在都在问自己的问题。认为我们的斗争是由善政和经济发展推动的人数并没有停止

---

① L'Ère de Liberté, No. 34, pp. 5–8.

② *Le Tribun du Peuple*, No. 97, Kigali, August 1997.

减少。一个新的黑手党（假装不受任何怀疑）对这个国家进行了传统的剥削。让我问这个黑手党成员这个问题：你知道大多数人都很失望吗？你能想象，在你奢侈的生活和大多数人日常生活中难以形容的痛苦之间，差距并没有停止而且每天都在扩大吗？①

在下一期，该报报道了1997年8月底在美国密歇根州的爱国阵线成员举行的一次会议。会议记录谴责"财富的积累、缺乏问责制、傲慢、任人唯亲、政治庇护和知识分子破产是爱国阵线的核心"。②下一版的《人民论坛报》也提到了这一点，"有些人甚至说，腐败、盗窃、挪用公款、贪婪、裙带关系和偏袒就像哈比亚里马纳统治时期一样存在"。③

1997年10月，卢旺达爱国阵线附近的另一名记者在其出版的《乌库里报》上写道："卢旺达爱国阵线是统治还是仅仅是自己的影子？它是否已经被一个阿卡祖集团接管了？"尽管取得了积极的成就，"它已经不复存在了"。④军方出版的杂志《英加博》也加入了进来。1997年10月，在分析新的行政职位竞争条例时，其谴责了"政党及其领导人的贪婪，他们在不考虑资格的情况下发布了诱人的职位"。⑤在这些指控中，最有争议的是属于一个新的阿卡祖，这表明这些被告的行为与哈比亚里马纳总统政权成员的行为是相似的。

这种对腐败耸人听闻的谴责不仅仅来自合作出版论战小册子的记者或团体。这也是爱国阵线众多党员干部的普遍感受和结论。⑥这些激进分子对党的领导人施加了强大的压力，但最常见的是通过谣言、批评和社会场合中表达的诽谤间接施加压力——而不是通过党的体制框架。批评的恶毒导致了卢旺达爱国阵线领导人不能再忽视的内部

---

① *Le Tribun du Peuple*，No. 97，Kigali，August 1997.
② *Le Tribun du Peuple*，No. 98，Kigali，September 1997.
③ *Le Tribun du Peuple*，No. 99，Kigali，October 1997.
④ *Ukuri*，October 1997.
⑤ *Ingabo*，October 1997.
⑥ 见本书第六章。

危机。

　　毫无疑问，当时出现了严重的公共道德、腐败和裙带关系问题，但人们没有忘记在种族灭绝和战争结束后，与动乱以及国家和社会完全崩溃有关的掠夺和掠夺行为。但到 1995 年年底，这些掠夺性做法已大幅减少，某种常态已开始增长。不可否认的是，深层次和广泛的贫困状况以及新的精英阶层与其他人口之间的差距迅速扩大的状况没有得到真正的改善。随着人道主义紧急情况的结束，紧急援助的资金流动开始减少，从 1998 年起造成真正的衰退。表5.1 中的数据表明，当时这个国家很穷，比乌干达和坦桑尼亚穷得多。腐败程度也是如此。正如这一数字所反映的那样，卢旺达存在的腐败确实很严重。

表 5.1　　腐败控制的百分比和人均国内总产值（美元定值）

	指标[a]	1996 年	1998 年	2000 年	2014 年
卢旺达	腐败控制[a] 国内生产总值[b]	20 226	25 287	30 216	76 695
布隆迪	腐败控制 国内生产总值	4 137	6 137	9 128	9 286
乌干达	腐败控制 国内生产总值	28 287	18 294	21 260	12 714
坦桑尼亚	腐败控制 国内生产总值	15 214	15 297	14 308	22 955
肯尼亚	腐败控制 国内生产总值	15 428	12 476	14 409	16 1358

　　注：a. 腐败控制；b. 人均国内生产总值。

　　资料来源：世界银行《世界治理指标》（2015 年）和《世界发展指标》（2015 年）。

　　该国正处于过渡时期，爱国阵线的社会基础正在经历分层过程。对爱国阵线领导人提出的恶意控诉显然也是由于某些政党干部对被排除在种族灭绝后这副牌的重新分配之外感到失望。其中许多官员的社会文化特征与其党内同志相似，他们曾被授予高级政府职位，而其他人则生活在非常困难的条件下，没有任何明显的改善前景。

但是，爱国阵线干部的反抗并不是简单的嫉妒。在种族灭绝结束三年之后，在恢复该国大部分地区的安全和迅速恢复政府结构方面取得了进展之后，一种失败的感觉开始在受过教育的人口中，特别是在爱国阵线成员中蔓延。普遍存在的腐败、政府内部的不和以及极端贫困使人们怀疑在现有的政治条件下局势实际改善的可能性。卢旺达爱国阵线以一个国家改革项目的名义，为卢旺达难民的返回和改革所做的斗争和牺牲辩护。同时严厉谴责哈比亚里马纳政权的手段，包括其腐败和裙带关系，特别是通过1992年开始在全国各地广播的穆哈布拉电台广播，南部一些地区除外。这种谴责伴随着同样的转变承诺。卢旺达爱国阵线的一些高级和初级干部以及好战分子对这种做法投入更多，他们似乎不想放弃这种做法。

第六章　变革

公众对爱国阵线干部不满的表达，在该运动中造成了一场危机，迫使它开始了一个雄心勃勃的改革进程。面对日益严重的社会和政治叛乱、经济停滞和种族紧张局势，爱国阵线领导人试图使国家走上转型之路。

最初，爱国阵线领导人试图进行体制改革，通过选举党的领导人进行彻底的革新。但党的干部和武装分子对此并不满意。他们要求并获得了一个更激进的过程，快速改变爱国阵线和政府的政治结构，以未来的总统保罗·卡加梅为中心。部分是由于党员施加的压力，该运动的新领导人进行了广泛的改革，开创了一个新的卢旺达。

爱国阵线领导人对内部改革的尝试

爱国阵线领导层并没有等到公众对其做法提出挑战后，才寻求改革该党的运作。从 1994 年年底开始，由于政党动员活动冻结，国家执行委员会和政治事务局这两个机构通过了这方面的决议。①

自 1993 年最近一次党代会选举以来，卢旺达爱国阵线的最高理事机构国家执行委员会的组成没有被修改。该党主席亚历克西斯·卡尼亚伦圭是哈比亚里马纳总统的前部长，1980 年逃离卢旺达，1988

---

① 根据过渡时期的宪法，各宗派活动受到限制，爱国阵线成为卢旺达唯一合法存在的政党。

年被弗雷德·鲁维热马亲自招募。第一任副总统是帕特里克·马津帕卡，他是卢旺达国家统一联盟和卢旺达爱国阵线的创始成员，在乌干达长大。第二任副总统是丹尼斯·波利西，他来自布隆迪，秘书长是西奥基恩·卢达辛瓦，他也在乌干达长大。其他一些委员填补了国家执行委员会的职位。如果国家执行委员会是该运动的执行机构，那么政治局就是它的议事机构，它做出政策决定，汇集来自世界各地按国家分类的党的各个分支（称为地区）的代表。选举国家选举委员会和各委员会成员的是政治局。在种族灭绝之后，政治事务局围绕该国的前成员进行了非正式改组。

　　1994 年 11 月，副总统兼国防部长卡加梅将军向国家执行委员会发出了关于陆军司令部通过的军事结婚仪式的指示。在象征性层面上，这些强有力的指示与当时放荡的社会动态形成了对比，但帮助建立了卡加梅将军的苦行僧声誉。来自国外的前难民，特别是爱国阵线的军事人员，开始大量结婚，以弥补战争中失去的时间和政治动员，因为在战争中婚姻被认为不是优先事项。战争年代之前的不稳定和贫困也使其中一些人无法结婚。这些婚姻中有几种会导致花费过多（相对于当时的条件）和大量的筹款活动。这些仪式越来越奢侈，导致强大的军官对商人负债累累。这种情况造成了一种程度过高的社会开支，而较温和的官员无法模仿。陆军总司令部禁止为其军队筹款，并决定由该机构组织请求者的婚礼。还禁止在军事婚礼上饮酒；这种做法也影响到平民。①

　　种族灭绝后第一次试图改组卢旺达爱国阵线和建立问责机制是在 1995 年 9 月，当时成立了一个改组后的政治局。这个新的政治局几乎完全由爱国阵线在国家机构工作的成员组成，从部长到国有公司的官员，如银行和保险公司，包括大使和前专员。在 1995 年 9 月 23 日的会议上，政治事务局面对几位政党领导人的虐待行为，要求在今后两个月内制定一项领导行为守则，并迅速成立一个包括共和国总统和

---

　　①　卢旺达爱国阵线，1994 年 11 月 7 日政治局会议记录。

副总统在内的纪律委员会。政治事务局命令该党检查团返回，并呼吁政府按照《阿鲁沙协定》的规定设立民族团结与和解委员会。政治局本次会议的最后一项决议重申，"共和国总统在党和政府的支持下，对制定和确保实施实现根本变革所需的方案负有重大责任"。[①] 该次会议还决定设立附属于国家经济委员会新的专门委员会，以支持其活动。

因此，1996 年 1 月设立了 13 个委员会，其中包括一个在过渡时期制定政党方案的委员会、一个纪律委员会、一个政治委员会以及司法、经济和教育委员会等部门委员会和该运动的监察局，后者将起草一份领导行为守则。[②]

1997 年 3 月，国家执行委员会收到了四个委员会的第一次报告，其中包括过渡时期爱国阵线行动计划草案和领导行为守则草案。国家选举委员会还获悉，关于设立审计长和税务局主席团的建议已提交政府机构，部长理事会不久将审查这些建议。[③]

1997 年 4 月 23 日的政治局会议呼吁根除"仍然困扰卢旺达的罪恶"，特别是基于种族、地区、性别、政党、宗教或讲英语和讲法语的卢旺达人之间的社会分裂。[④]

土地和财产所有权问题

爱国阵线领导人集中精力解决由于财产冲突引起的分歧问题。1997 年 6 月 18 日国家执行委员会全体会议在比齐蒙古总统和卡加梅副总统在场的情况下专门讨论了城市和农村的财产问题。会议首先审查了问题的性质。它回顾说，该党和政府曾多次要求将房屋、土地和其他货物归还给业主，但由于各种困难，这一要求没有得到执行。大

---

① 卢旺达爱国阵线，1995 年 9 月 23 日卢旺达爱国阵线政治局会议决议。
② 卢旺达爱国阵线，1997 年 3 月全国执行委员会会议记录。
③ 卢旺达爱国阵线，1997 年 3 月全国执行委员会会议记录。
④ 卢旺达爱国阵线，1997 年 4 月 23 日会议记录。语言问题涉及英语使用者与法语使用者之间紧张的社会关系。

会发现，自1994年7月以来返回该国的一些种族灭绝难民能够收回他们的货物，但其他人尚未成功。一些业主出于对其安全的担心，不敢要求他们以前的财产，因为其他试图这样做的人受到了恐吓。其中一些人被迫住在农村，放弃了他们的城市家园。其他人没有要求他们的财产，不敢返回他们居住的地方，因为他们在那里犯下了与种族灭绝有关的罪行。①

盗窃财产的人并非总是出于必要而行动；有些人为出租财产，或为不属于他们的房屋相互争斗。一些擅自占地者被迫离开并破坏了这些房屋。接管房屋涉及腐败和盗窃行为。"有些人，特别是我们运动的一些成员，与司法系统、银行和各部的工作人员结盟，欺诈性地拍卖和收购房屋。腐败与阴谋结合在一起，是黑手党。"②

通过与哈比亚里马纳政权期间滥用拍卖个人财产的做法相比较，会议强调了这种做法对该运动造成损害，因为它们剥夺了政党领导人的全部道德权威。③

这次会议还讨论了一个事实，即有些人无法找到住房，非法占用房屋，需要国家的帮助。这一问题包括种族灭绝中的寡妇和孤儿；维持寡妇和孤儿的士兵；赤贫家庭以及自己是孤儿的年轻士兵。会议呼吁迅速通过一项援助灭绝种族幸存者的法律，以便尽快帮助这些弱势群体。在该次会议上通过的决议中，有命令要求省长和其他主管当局迅速将房屋归还给其真正的主人，而不进行任何诉讼。将提高对非法占用者的认识，预计地方当局将加快为建设地块分配土地。会议还决定，国家选举委员会应认真考虑腐败问题、该运动一些官员的应受谴责的行动和行为，并对他们实施严厉制裁。这些事实显示了该运动和政府的不良形象，而且持续时间越长，就越难以扭转局势。"我们，各位部长、代表、高级官员和该运动的成员，应该树立良好榜样，结

---

① 卢旺达爱国阵线，1997年6月18日全国执行委员会会议记录。
② 卢旺达爱国阵线，1997年6月18日全国执行委员会会议记录。
③ 卢旺达爱国阵线，1997年6月18日全国执行委员会会议记录。

束影响全国的局势。"①

国家经济委员会 1997 年 6 月 21 日会议的重点是农村地区和正在建立村庄的地区的土地所有权问题。在其中一些地区，特别是在基邦戈周围，土地冲突造成了 1959 年和 1994 年难民中的一波谋杀事件。比齐蒙古总统首先回顾了比温巴、基邦戈和穆塔拉省长向他描述的情况。其中最敏感的问题是关于 1959 年难民的问题，这些难民开始占有他们以前的土地，而这些人又于 1994 年在国外寻求庇护，后来又返回要求。这个问题变得更加复杂，因为 1959 年的一名难民原来来自另一个地区，当时他说他的土地已被没收，他占领了另一名 1959 年难民的前土地，这块土地属于 1994 年返回的一名难民。在这些案件中，有三人在同一块土地上争吵。②

会议指出，存在着种族灭绝幸存者（有时是儿童）的问题，他们拥有属于许多被屠杀亲属的大片土地，而在一些社区，人们为一小块土地进行斗争。没收死者亲属的一部分土地是有问题的，因为这似乎支持灭绝种族者所追求的目标，他们的犯罪动机是夺取受害者的土地。③ 政府采取的村庄创建政策有许多缺点，缺乏充分的法律依据。为了应对紧急情况，在没有事先规划或同时采取支助服务和基本基础设施措施的情况下，匆忙做出了决定。④

经过密切研究，这次会议召集了最高国家官员，重申了根据情况和国家拥有卢旺达土地的事实，村庄化政策的强制性。它被命令根据每一方的需要重新分配土地。⑤

改组爱国阵线和改进其管理政策的努力正在进行，而众所周知，爱国阵线的一些高级文职和军事领导人表现出掠夺性行为。在政治局和国家执行委员会会议上辩论的这些旨在进行内部改革的初步努力只笼统地

① 卢旺达爱国阵线，1997 年 6 月 18 日全国执行委员会会议记录。
② 卢旺达爱国阵线，1997 年 6 月 21 日全国执行委员会会议记录。
③ 卢旺达爱国阵线，1997 年 6 月 21 日全国执行委员会会议记录。
④ 卢旺达爱国阵线，1997 年 6 月 21 日全国执行委员会会议记录。
⑤ 卢旺达爱国阵线，1997 年 6 月 21 日全国执行委员会会议记录。

提到这种行为及其实施者。随后将进行更彻底的自我批评和自我评价的尝试，这种尝试力求在为今后的变革做准备的同时保持共识。

引发制度变迁的自我批评

为了纠正党内局势，结束该国所经历的混乱，爱国阵线领导人决定密切审查该运动的活动。1996 年 6 月 5 日，国家执行委员会专门召开了一次会议评估该运动，评估其领导人和政党理事机构，特别是国家执行委员会和政治局的行为。与会者详细列举了该党成员和领导人的恶行以及该党的体制弱点。在个人行为层面上，提出了以下问题：粗心大意、傲慢和蔑视、敲诈勒索、腐败、盗窃、谋杀、忽视幸存者、按族裔划分的党派、派别和裙带关系等问题。

关于个人对党的行为，与会者指出了一些存在的问题，例如，在会议期间保持沉默，随后在会外发表批评意见，在运动会议上缺席，在政府机构工作的官员相互回避等。在体制问题层面，所提出的问题包括国家选举委员会和政治事务局运作不善、缺乏一个使其成员问责可行的论坛、没有相应行动的甜言蜜语、效率低下、运动官员缺乏后续行动、缺乏协调、政府领导人抢夺权力、缺乏问责机制，以及最后，运动缺乏政治明确性。①

与会者指出，会议期间讨论了不足之处，但只是泛泛而谈，没有将任何责任归咎于应对这些不足之处负责的人。会上提出的一些问题表明了某种程度的无助。"谁表现不好？如果犯了错误，必须做什么？需要发生什么才能使国家执行委员会运作？成员应该对谁负责？是运动的程序，还是国家执行委员会的程序？有人说得很好：我们将如何将它们付诸实践？"②

在辩论后提出了个人责任和领导的问题，与会者提出的解决办法主要是体制办法。有人要求制定书面规则，提供控制和重组当事人的

---

① 卢旺达爱国阵线，1997 年 5 月 5 日政治局会议记录。
② 卢旺达爱国阵线，1997 年 5 月 5 日政治局会议记录。

结构，澄清每个人的责任，对犯了错误的人进行法庭起诉。"关于盗窃公共资金的问题，必须成立一个委员会来审查这个问题……如果人们是种族派别，如果他们腐败，那是因为他们没有政治化。因此，解决办法是将领导人政治化，动员所有卢旺达人。"

执行这些决议需要后续行动、监督，要求人们对自己的行动负责；它需要一个遵循明确政治路线的坚实组织。① 会议的主要结论是支持党的体制建设，使党真正成为"政府的发动机"，推动国家向前发展。②

1996 年 8 月底举行的下一次国家执行委员会会议，回顾了该运动的主要企愿：实现卢旺达人思维和行动方式的根本改变，并发展该国。显然，这意味着主要通过动员战略来打击族裔党派和贫困。从根本上讲，这将通过三项战略来实现：（1）建立民族团结与和解委员会；（2）通过称为工作队的爱国阵线官员小组，开展非正式的政治动员进程，包括在各部和其他国家实体开展这一进程，以便绕过各政党对群众动员活动的阻截；（3）加强国家执行委员会。最后一项战略除其他外，要求建立一个官僚问责制度；在政府中担任负责职务的运动成员必须向该党提出他们领导的机构的详细行动计划。该党随后核实了其执行情况。还要求为政府成员，特别是担任领导职务的人员建立严格的问责制度。最后，成立了一个特别委员会来监督该运动负有重大责任的成员，并向纪律委员会报告。关于民族宗派主义，国家执行委员会的另一个主要关切之一，有一项建议是建立一个全国青年服务机构来动员青年，并早日成立团结与和解委员会。③

在 1997 年 2 月 8 日的政治局会议上，政治委员会提出了一个十一点计划草案，扩大了爱国阵线最初的八点计划。④ 在启动自我评价

---

① 卢旺达爱国阵线，1997 年 5 月 5 日政治局会议记录。
② 卢旺达爱国阵线，1997 年 5 月 5 日政治局会议记录。
③ 卢旺达爱国阵线，1996 年 8 月 27 日全国执行委员会会议记录。
④ 这十一点分别为团结、和解、安全、建立卢旺达人民所需求的民主、打击腐败、行政及体制改革以提高效率、发展经济、找到难民问题的最终解决方案、改善当地居民的生活水平、转变与国际社会的合作关系、改革教育体制。卢旺达爱国阵线，1997 年 2 月 8 日政治局会议。

进程的第一次会议之后 11 个月，1997 年 5 月向政治局提交了关于这一专题的两次会议的总结报告，引起了激烈的讨论。该文件回应了在报告的会议上表达的批评，特别是几位政党领导人的"腐败、贪婪和裙带关系"。① 这份广泛的报告还回顾了该党自种族灭绝结束以来在各个部门取得的成就，特别是在治理问题上，并提到了建立国家招标委员会、卢旺达税务局和总审计长办公室的建议。

被恢复的政治局被认为过于官僚化，没有充分反映该运动成员的多样性。该报告建议开放该党，让来自该国许多地区的普通民众参加，他们的社会专业背景各不相同。作为对该报告的回应，政治局成员再次讨论了该报告中提到的党缺乏"社会项目"的问题，并要求采取具体步骤来陈述愿景。人们记得，这一愿景已经在爱国阵线最初的政治计划中提出。仅仅更新它就足够了，使它更好地适应运动和国家所处的新形势。

批评者认为，报告中审查所取得成果的部分没有区分爱国阵线和政府活动。另一些人则问卢旺达爱国阵线是否仍然存在。参加辩论的人呼吁对党的改革和党的领导进行更深入的审查，以恢复原来的目标。

> 人们希望听到和看到爱国阵线教会他们什么，看到他们得到了什么承诺；他们希望看到在政府中代表他们的人以反映爱国阵线真正价值的方式行事，成为这些价值的典范。……在人们谈论的腐败问题上，一位与会者称，尽管有纪律委员会，但仍需要进行评价和审计，以查明有问题的人并加以解决。另一位与会者说：我们谈到集体责任，但没有表明个人责任②

在回答这些问题时，领导人回顾了爱国阵线运作的政治框架，其

---

① 卢旺达爱国阵线，1997 年 5 月 5 日全国执行委员会会议记录。
② 卢旺达爱国阵线，1997 年 5 月 5 日全国执行委员会会议记录。

中包括一个民族团结政府。该运动必须利用政府的结构，动员卢旺达人参与其方案。爱国阵线必须成为政府的智囊团。卢旺达爱国阵线希望的转变必须与其他政治力量一起进行。关于腐败问题，领导层强调，最好的战略是建立负责追捕和惩罚犯罪方的治理机构。①

正如我们所看到的，鉴于一些文职和军事官员，包括爱国阵线成员普遍存在腐败和虐待行为，政党领导人决定采取行动。他们首先试图通过体制改革来纠正这种情况，但鉴于党员普遍表示强烈不满，爱国阵线领导人决定通过改变领导层来清理房屋。

政治澄清的两个步骤

政治上的澄清是通过两次重要会议进行的，一次是 1998 年 2 月举行的，另一次是 1998 年 12 月在基加利设在吉库吉罗附近的同一地点举行的。

第一次吉库吉罗会议

1998 年 2 月 14 日和 15 日，举行了一次特别协商会议，作为卢旺达爱国阵线公约，通常称为吉库吉罗 I。② 这次会议主要取得了三个成果。③ 第一个成果是决定通过上述工作队的工作扩大卢旺达爱国阵线的队伍，因为政治动员活动正式暂停，工作队设法在政府机构内谨慎地进行政治动员。面临的挑战是使卢旺达爱国阵线适应新的国家环境，摆脱流亡状态。目标是吸引大批新成员加入该党，即该党流亡期间无法接触的成员。这第一个目标旨在与所有卢旺达人分享并动员他们围绕爱国阵线的变革思想。

---

① 卢旺达爱国阵线，1997 年 5 月 5 日全国执行委员会会议记录。
② 这是各地区、各机构成员代表所组成的国会及政治局召开的一次联合会议。最近一次联合会议是卢旺达爱国阵线为适应新形势，于 1993 年 12 月在其占领区召开的国会。
③ 卢旺达爱国阵线总秘书处，1998 年 2 月 16 日至 6 月 19 日爱国阵线—英科坦尼运动报告。

　　会议的第二个成果是决定组织一次全国协商会议,以便彻底讨论卢旺达转型的战略,这将通过即将举行的乌鲁格维罗村讨论来进行。

　　为了"确保这些决议的正确执行",协商大会选举了一个新的国家执行委员会和一个新的政治局。副总统兼国防部部长卡加梅将军当选为该党主席,巴斯德·比齐蒙古总统当选为爱国阵线副主席,夏尔·穆里甘德当选为秘书长。除了国家选举委员会指导委员会的这三名成员,还有七名委员,其中包括四名新成员:唐纳德·卡贝鲁卡、埃米利·卡伊蒂西、穆扬扬加尼齐·比科罗和伯纳代特·坎扎伊尔以及党的斯大林主义者蒂托·鲁塔雷马拉、普罗泰·穆索尼和丹尼斯·波利西。其他长期担任部长职务的政党领导人没有被重新任命为委员,从而引起卢旺达爱国阵线国家领导层的戒备变化,产生了重大影响。新成立了一个由93名成员组成的居住在卢旺达的政治事务局。①

　　选择卡加梅将军担任党的主席,他是国家选举委员会内部改革进程的主要倡导者,发出了一个强有力的变革信号。② 但是,这次政党领导的更新是在基科基罗协商会议期间没有进行任何真正的辩论。因此,许多希望得到更坦率的政治解释的爱国阵线成员感到不满。在十个月后为下一次大型会议汇编的不满和建议清单上,被征询意见的第二次吉库吉罗会议党员在提到第一次吉库吉罗会议时,对"缺乏有关该运动理事机构变化的信息,特别是关于那些被投票离职的人可能失败的信息"表示遗憾。③

　　然而,选举新的爱国阵线管理小组并未长期化解批评。几个月后爆发了更强烈的批评。在1998年12月的特刊上,《人民论坛报》刊登了一篇回顾过去一年的政治观点,题为"卢旺达生活在危险的时代"。

---

　　① 卢旺达爱国阵线总秘书处,1998年2月16日至6月19日爱国阵线—英科坦尼运动报告。

　　② 2015年6月27日在基加利对 G. M. 的采访,2016年4月18日对 M. G. 的采访。

　　③ Rwandan Patriotic Front, DVD No. 104,"Meeting of the extended Political Bureau, Kicukiro Ⅱ", RPF.

你吞掉了国家的财产，就像雇佣军准备返回他们来自的地方，彼此战斗，以运送最大的废料。你已经为小偷建立了训练中心。你创造了一个集团"阿卡祖"。阿卡祖通常意味着偏袒你身边的人，为自己夺取国家的财产，并为所欲为。这是由政治权力周围的人做的。这就是我们在这个政权下所看到的，因此阿卡祖是存在的。①

提交人赞同 1998 年年底关于是否存在阿卡祖的辩论。

人们开始逃离该国，图西族人和胡图族人一样多。他们逃离困扰卢旺达的社会不公；其他逃离贫困的人说，当他们到达国外时，他们正在逃避国家迫害。那些要离开的人的队伍继续壮大。黑手党感染了国家：它在某些政治家和高级军事官员中暗示自己，它是由商人介绍的，他们是与当权者合作盗用国家财产的专家。这些全能的人是无懈可击的，他们构成了阿卡祖的支柱。②

在谈到爱国阵线领导层变动的问题时，人民法庭还写道："自 8 个月前成立以来，某些党员坚持认为，这一新的执行委员会并没有什么变化。③"与爱国阵线关系密切的《乌库里报》在一篇题为"爱国阵线不仅没有能力领导国家，而且正处于无法管理自己的过程中"的文章中，强烈批评了该运动。这篇文章认为，事实上爱国阵线从来没有领导过政府。爱国阵线一直保持沉默，名义上只存在于基米胡鲁社区（位于基加利市）附近，在那里它什么也没有做。对《乌库里报》来说，卢旺达爱国阵线领导层变革的唯一目标是安抚人民，以便更容易地维持现状。在选举期间被搁置的"纪念"继续像以前一样在政

---

① Editorial in Le Tribun du Peuple in its December 1998 special Issue.

② Editorial in Le Tribun du Peuple in its December 1998 special Issue.

③ "Changes within the RPF in 1998", *Le Tribun du Peuple*, in its special Issue of December 1998.

党委员会工作。社论提到新党主席保罗·卡加梅，抱怨说，如果他不像其他人那样退位，他应该非常关心军队，并敦促他切实做到这一点，并承担起他的责任，因为他已经接受领导党。①

该党的新任秘书长查尔斯·穆林根德发表了一份长篇的答复。乌库里社论，阐述了该党自种族灭绝结束以来的成就。

领导人意识到党的内部合法性危机已经达到了一个关键的阀口，决定通过组织一次大型会议来消除脓肿，召集大多数党的官员，在会议期间，一切都会摆在桌面上。

第二次吉库吉罗会议

1998 年 12 月 26 日和 27 日举行了扩大后的政治局第二次会议。②为了弄清事情的真相，党的秘书长组织了由工作队领导的事先协商，其间收集了党员的想法、批评和愿望。会议聚集了 563 人，主要是流亡期间来自前爱国阵线地区的政党官员。本次调研结果，呼应党员批评，在会议开始时宣读。在开幕会议上，该党秘书长还要求拥有政府职位的政党官员只能简短地发言，以便让普通党员有机会发言。

会议讨论了经济、难民回返、财产所有权和司法等问题，同时也提出了政治问题，如与爱国阵线的政治伙伴在执政联盟中的合作以及与国际社会的关系。

讨论始于对司法系统运作情况的审查。在某一时间，有人提到了诬告和滥用监禁以夺取被指控犯有种族灭绝罪的人的财产的问题。公平地说，辩论迅速摆脱了对部门的束缚，扩展到不公正、滥用权力和腐败案件。会议热烈地讨论了阿卡祖的问题，在一些党员嗤之以鼻之后，该党秘书长夏尔·穆里甘德就此问题发表了正面讲话，详细阐述了媒体对爱国阵线领导人的各种指控。在这样做时，他强调了某些裙带关系指控中的矛盾及其缺乏依据。

① Casimir Kayumba, "Editorial" in *Ukuri*, Vol. 2, No. 82, Ukwakira, 1998.
② 本次会议信息来自：第 103—107 号数字视盘、"吉库吉罗二次政治局扩大会议"、爱国阵线秘书处档案。

一些普通的政党官员也对属于阿卡祖的指控做出反应，指出在开始时，爱国阵线成员是在家庭框架内或在同一学校就读的学生中通过的。因此，很自然地，这些早期的支持者彼此非常接近，共同担任领导职务。一位发言者要求不要简单地掩盖这一问题，因为这一问题正在党基的各个牢房中被广泛提出。讨论结束时将主题从阿卡祖改为运动内部的其他治理问题。发言者强调了现有的不适感，并要求揭露裙带关系和腐败的指控，特别是在有影响力的党员突然迅速致富的情况下。提到了几位著名的政府官员。

一位发言人，一位自称为爱国阵线士兵遗孀及其子女的发言人，观察了每个群体是如何背对对方的。对她来说，关于腐败的争吵涉及富人，他们互相羡慕。她警告他们，如果什么都不做，复员的武装青年和他们的朋友在强盗上校和船长的指挥下，谁拒绝分享，将不会继续不活动，而他们的家人在贫困中受苦，生活在污点下。不管是秘书长对那些直接挑战、表达和捍卫自己的知名党员或某些官员的某些指控采取软措施，这两个组织对在会议室发表的相当温和的声明的反应都要小得多，而对在该运动官员中流传并出现在报纸上的指控的反应则要大得多。

该党的秘书长和某些发声官员也指责党的干部出席恶意流言。基加利的一位前市长经常在报纸上发表讲话，他说，党的干部因不公正和无休止的侮辱而深深地伤害了她。她觉得自己唯一的错误可能是获得了银行贷款来建房子，这是她很难偿还的贷款。

党主席卡加梅将军在第一天结束讲话与先前发言的官员相比，持相反的观点，他没有试图掩盖腐败问题，而是指出了腐败的复杂性。他指责一些党的干部对这个问题的矛盾态度，并将他们的批评归咎于嫉妒，而不是原则性的谴责。考虑到阿卡祖的概念，他选择强调某些不公正的不可接受的性质，例如诬告参与种族灭绝，以获取被告的财产，宣布许多人因参与这种阴谋，甚至为他们的财产谋杀了人而入狱。然而，他指出，这些做法正在消失。他想知道卢旺达爱国阵线实际上是否与前一个腐败政权进行过斗争，还是只是采取同样的行动。

如果是这样的话，他就准备把自己与之分开。他指出，对腐败的指控往往只涉及有限的资产；对他来说，这表明了该国正在与之斗争的贫困的严重程度。

他解释说，他的反腐败战略包括三个阶段：建立问责和透明度机构，提高对腐败的认识，从党员开始实行严厉的制裁。他补充说，该党需要推动正在筹备的地方选举，以便当地居民能够选择自己的领导人。尽管他认识到在目前情况下组织这样一个企业所面临的挑战，但他指出，该党绝不能将这些情况作为一种自我保护的战略，以逃避选民的判断。

针对报纸直接质疑他对阿卡祖采取的行动不够果断，他解释说，有些案件在政治上很敏感，显然是指政府中的伙伴党派成员，为了国家稳定，为了以后大力打击腐败，有时不得不推迟行动。关于卢旺达爱国阵线的腐败成员问题，他说，该国缺乏人力资源，某些被指控腐败的人也为该国提供了宝贵的服务，而有时他们的潜在替代者并不是真正干净或更诚实。他在演讲结束时强烈驳斥了关于他是阿卡祖的一部分的指控，否认他支持或容忍这种说法。他积极地申明，他不接受阿卡祖，相反，他将大力反对它。

会议的第二天继续在轻松的气氛中介绍部门问题。爱国阵线主席保罗·卡加梅在为期两天的会议上致闭幕词，对党员干部进行了考察，坚持自己的责任。

> 我想问你一个问题：如果你有机会参与政治运动，你相信它吗？你喜欢吗？……如果你愿意的话，你可以改变或者重新改造它，但你必须觉得它是你的，你有义务去尊重它……有责任去爱与支持它、建立甚至以建设性的方式批评它。你有没有见过哪些不为自己的组织感到骄傲，没有看到自己也身处其中的人？照你喜欢的方式改变它，但最终你必须认同它。如果问题是它的领导人，改变他们，直到你可以说这些领导人代表你。对于爱国阵线党干部来说，领导成了罪犯！接近他们，并要求他们进行会计核

算。这些领导者不可能是一个永恒的问题：纠正他们，教育他们，或改变他们，但最后，如果你有领导人，你必须认同他们，就像他们必须认同你一样，对我来说，这是我们组织内的主要问题。我要求你的第二件事是要有一个明确的思想路线。①

政治局扩大会议的最后决议特别谴责腐败、任人唯亲、裙带关系、贪污、傲慢、滥用权力和恐吓。再次提出了通常的体制和技术官僚解决办法。然而，几天后，报纸文章总结了对第二次吉库吉罗会议的判断，这也在其他出版物中得到了表达。它注意到了这种"真相倾泻而来，后果难以预料"。②

反腐败运动

第二次会议的影响不会很长。1999 年 2 月 10 日进行了内阁改组，最初是针对爱国阵线的部长。在五名被解职的部长中，有四名来自爱国阵线。其他受丑闻影响的主要政治家也被解雇了。③ 这些政治家首先为爱国阵线内部的政治改组付出代价。卢旺达爱国阵线内许多其他政党的其他政治领导人也将紧随其后。然而，对爱国阵线某些有影响力的早期成员来说，这种政治制裁是暂时的；许多人后悔，并迅速被分配到其他职位，这些职位虽然是高级的，但没有像以前那样产生影响。

自 1998 年年底以来，爱国阵线各政党的部长因各种原因开始辞职。④

---

① DVD No. 107, "Political Bureau Meeting Kicukiro Ⅱ".

② Le Baromètre, No. 8, January 15 – 31 1999.

③ 腐败当权者中，部长约瑟夫·卡雷梅拉、雅克·比霍扎加拉、阿罗伊夏·英姆巴离职，西奥基恩·卢达辛瓦大使被召回基加利，杰拉德·加希马是司法部真强人，替换为该部秘书长。因此，爱国阵线受重组影响最大：2 月 10 日离任的五位部长中，四位都是爱国阵线成员。Philip Reyntjens, "Evolution du Rwanda et du Burundi, 1998 – 1999", in L'Afrique des Grands Lacs. Annuaire 1998 – 1999, p. 3.

④ 例如，1999 年 1 月 2 日，司法部部长福斯汀·恩特齐里亚约辞职以重返其研究。有报道称，他因要保护种族大屠杀中的某些人而受到媒体的攻击。见 1997 年 8 月 25 日至 31 日 ImyahoNshya（卢旺达国家广播通讯社）第 1196 号。

这种趋势一直持续到1999年下半年。1999年7月9日至11日在穆林迪举行的爱国阵线大会确认了早先的内部进程，并决定深化反腐败斗争。为此，设立了一个国家执行委员会特设委员会，以补充纪律委员会。在与该委员会职责有关的国家执行委员会讨论中，党主席卡加梅将军向爱国阵线议员提出了一项要求：国民议会加强对政府活动的监督，并充分利用其特权。①

1999年10月初，社会事务部部长恩塔基鲁丁卡·夏尔（社会民主党）和总统事务部部长阿纳斯塔斯·嘎萨那（民主运动党）在议会调查委员会认定他们犯有腐败罪之后，成为一项责难动议的受害者。财政部部长马克·鲁格内拉几乎没有受到指责。1999年12月，负责农业事务的国务秘书洛里安·恩吉拉邦齐（卢旺达民主运动党）辞职，承认挪用资金。与此同时，卢旺达爱国阵线的两名部长正在接受调查：负责管理融合部的总统部长帕特里克·马兹姆哈卡和教育部部长穆迪迪·伊曼纽尔。2000年1月6日，国民议会议长约瑟夫·塞巴伦齐（自由党）提出辞职。② 他是与爱国阵线领导人就如何指导议会控制政府活动发生冲突的受害者。

2000年2月17日，第二个议会腐败问题调查委员会开始工作，调查总理皮埃尔·塞莱斯廷·里维格玛。国家选举委员会讨论了这一新的调查，并决定总理及其整个政府应辞职，因为议会进行了大量调查。他们都应该被不受腐败影响的人所取代。③ 2000年2月28日，皮埃尔·塞莱斯廷·里维格玛总理宣布他和他的政府辞职。

国民议会表现出的积极行动和对部长们提出的责难动议，开始使比齐蒙古总统和爱国阵线内其他国家执行委员会成员之间的关系紧张。在皮埃尔·塞莱斯廷·里维格玛总理辞职后成立了一个新政府——这一过程历时三个星期——引发了党内的危机，重点是比齐蒙古总统。阻止成立新政府是基于比齐蒙古总统希望将帕特里克·马津

---

① 卢旺达爱国阵线，2000年3月8日政治局会议报告。
② Reyntjens, op. cit., p. 3.
③ 卢旺达爱国阵线，2000年3月8日政治局会议报告。

哈卡改名为政府，尽管他是议会调查的对象。比齐蒙古总统还抱怨爱国阵线领导人缺乏尊重和孤立。他在爱国阵线领导层中的一个主要支持来源是卡永巴·尼亚姆瓦萨将军，对他的异议从那时起就存在。①

2000 年 3 月 24 日的政治局会议审查了这场危机的原因，并追踪了爱国阵线领导人和比齐蒙古总统之间冲突的历史，从穆林迪大会正式将打击腐败作为优先事项之后议会控制政府的行动开始。政治局把他的孤立归因于他的个性和不合作的工作方法。② 比齐蒙古总统反对由议会倡议起草的关于议会控制行政部门的法律草案。1996 年 1 月 25 日，他将法案草案发回最高法院，对法案的合宪性提出疑问。1996 年 10 月 24 日，共和国总统重申了他对法律的保留，他认为这会引起行政部门和立法部门之间的冲突。根据当时的立法，如果共和国总统在十多天后没有签署国民议会提交给他的法案，其总统可以代替他签署法案，从而颁布法案。当时的国民议会主席朱维纳·恩库西不敢签署该法案，他的继任者约瑟夫·塞巴伦齐也不敢签署。在他的办公桌抽屉里坐了两年多后，比齐蒙古总统终于，但只是半心半意地，签署了法案使之成为法律。③

2000 年 3 月 20 日，一个新政府成立，民主党议员贝尔纳·马库扎担任总理。在新部长宣誓就职仪式上，比齐蒙古总统表示反对议会的调查，指责他们的选择性、无视法律以及散布混乱的可能性。三天后，即 2000 年 3 月 23 日，比齐蒙古总统写信给大会主席，宣布因个人原因辞职，同一天，他辞去卢旺达爱国阵线的职务。第二天，在议会的一次特别会议上，他被指控犯有税务欺诈、非法没收属于马萨卡居民的土地以及出于害怕自己受到质疑而反对反腐败运动。④ 副总统卡加梅在过渡期间掌权。2000 年 4 月 17 日，在政府和国民议会联合

---

① 2003 年 7 月 9 日，卡永巴·尼亚姆瓦萨接受法国国际广播电台索尼娅·罗莱的采访（"我愿提供充足的证据"）。

② 卢旺达爱国阵线，2000 年 8 月 18 日政治局会议报告。

③ Le Tribun du Peuple, special Issue, Kigali, 1996.

④ Reyntjens, op. cit., p. 6.

会议上，卡加梅从军队辞职后，以 81 票对 5 票当选共和国总统。

1999 年 7 月 19 日，修订宪法的法律将过渡期延长了四年，至 2003 年 7 月。至少部分是由上述公开辩论引起的，第二阶段过渡之始出现了新一轮政治倒戈。在离开该国的人中，有几位种族灭绝幸存者的领导人、在这些反腐败行动中首当其冲的商界领袖以及爱国军的军人。1999 年 2 月部长改组后，对牵涉腐败政客的行政制裁继续进行，甚至加剧。采取了新一轮的制裁，这次是更严厉的惩罚，包括解雇，甚至法律诉讼。

报纸非常关注削弱银行业的大规模腐败和银行欺诈。大多数私人银行偿付能力危机的风险迅速增加，要求卢旺达国民银行进行干预。1998 年，该国的五家商业银行受到政府委托的一家国际公司的审计。对其 1994 年后活动的审计发现，在四家银行中有三家银行存在可疑的做法和灾难性的情况：BANCOR、BCR 和 BCDI（卢旺达三家银行）。所有商业银行的不良贷款比例从 1993 年的 10% 增加到 1997 年年底的 20%，到 1999 年年中增加到 60%。即使是最基本的信贷规则也往往得不到遵守。银行担保被高估、没有提供、过期或根本不存在。贷款是在没有签名的情况下发放的，其他贷款的金额超过银行资本的 25%，给一个借款人，或者给一个由几个合伙人经营的项目。股东收到贷款，从未偿还，一些银行不能保持其分类账的正确性。[①]

银行的不良贷款和普遍的资本不足带来了金融体系破产的风险。虽然面对世界银行和国际货币基金组织（货币基金组织）的压力，也即困难的商业银行不能用公共资金来拯救，但同时政府也抓住这一机会，消除了政治困难的根源。它赞成通过外国利益进入这些银行的资本进行重组。通过提高最低资本化要求和提高管理标准，卢旺达国民银行迫使三家有困难的商业银行将控制权让给外国银行。

在一个特设部长级委员会的支持下，法国国家银行采取步骤，积

---

① 国际货币基金组织，"卢旺达：近期经济发展"，国际货币基金组织 2000 年 1 月第 4 号报告。

极收回欠银行的债务，监督偿还日期的调整，没收财产，并在报纸上公布债务人名单及其姓名和欠款。[1] 该国部分政治和军事精英出现在这些名单的首位。纠正银行做法和通过外国管理的商业银行有助于改变商业文化，灌输更严格的态度。这样还有助于平息政府官员的贪婪，并通过剥夺他们轻松的金钱来减少炫耀。银行部门的专业化和新的微型信贷机构进入市场使获得信贷的机会民主化成为可能。

几年后，针对高级官员的反腐败运动恢复了。2004 年 12 月，能源和基础设施国务秘书萨姆·恩库西因利益冲突和滥用职权而辞职。[2]《早报》杂志在 2004 年 1 月初发表的一篇文章是根据世界银行关于一些官员不偿还地方银行债务的文件发表的。两个月前任命的最高法院副院长杰拉德·加希马的名字出现在债务最多和还款最差的人中。[3]两周后，他几乎同时辞职，他的兄弟和商业伙伴，总统办公室主任西奥基恩·卢达辛瓦请假。[4]

2005 年，爱国阵线领导人的第一次法律诉讼开创了打击腐败的新阶段。基加利市长提奥尼斯特·穆提达西亚卡（爱国阵线）、农业部长帕特里克·哈巴门希（独立）、总统前参谋长西奥基恩·卢达辛瓦（爱国阵线）和大使雅克·比霍扎加拉（爱国阵线）和帕斯卡·恩戈加（爱国阵线）因在授予合同方面欺诈而被起诉。[5] 在法律诉讼开始和辞职继续的时候，乌干达报纸开始散布关于卢旺达政变的谣

---

① 国际货币基金组织，"卢旺达：近期经济发展"，国际货币基金组织 2000 年 1 月第 4 号报告。

② （原文中缺）

③ Filip Reyntjens, " La ' transition ' politique au Rwanda ", *L'Afrique des Grands Lacs. Annuaire* 2003 – 2004, p. 6.

④ 维基解密，美国驻基加利大使馆，（ID 05 基加利 27），"卡加梅批评本国官员容许不端行为、缺乏责任感"，2005 年 1 月 10 日。"今年早些时候，卢旺达政府允许 *Umuseso*（《早报》）杂志发布对前总检察官，同时担任最高法院副院长杰拉德·加希马涉嫌财务违规的指控。几周后，加希马便辞去职务，其兄弟，即前驻美大使西奥基恩·卢达辛瓦也突然宣布离职，不再担任卡加梅总统办公厅主任"。维基解密，美国驻基加利大使馆 http：//wikileaks. org/cable/2005/01/05KIGALI27. html。

⑤ Filip Reyntjens, " Évolution du Rwanda et du Burundi, 2004 – 2005 " *L'Afrique des Grands Lacs. Annuaire* 2003 – 2005, p. 5.

言，这反映了潜在敌对的严重性。①

反腐败斗争的这一阶段是 1998 年开始的政治进程的结果，该进程深刻地改变了卢旺达治理的性质。这一过程也标志着卢旺达爱国阵线内部以及该国其他政治阶层权力关系的转变，其特点是卡加梅总统周围的权力集中。

然而，爱国阵线领导人改革党和政府内部治理的努力只是改革议程的一个方面。该运动领导人认为，寻求更公平的治理和带来超出其内在价值的政治影响是寻求解决该国面临的结构性问题的前提。改革的第二阶段包括与其他政治和社会力量一起，准备一个旨在解决这些根本问题的方案平台。

为此，爱国阵线组织了一个论坛来起草一个平台和一个共同的方法，通常被称为"乌鲁格维罗村讨论"，从中产生了支持国家重建进程的愿景和主要政治发展方向。②

乌鲁格鲁村协商

卢旺达爱国阵线特别协商会议（吉库吉罗一次会议）于 1998 年 2 月 14、15 日召开，提出组织政治协商，为国家的基本问题找出结构性解决方案。会议认为，政治协商是卢旺达爱国阵线成为"为国家带来真正变化"这一战略的三要素之一。③ 卢旺达爱国阵线总秘书处称，爱国阵线政党合作伙伴之间的协商是政府的"最低政治纲领"，为结束过渡期而做准备。④

---

① "Nothing strange about Colonel Patrick Karegeya's arrest（General Kabarebe）", *The New York Times*, 13 May 2005.

② Republic of Rwanda, Office of the President, "Rapport de la réunion de concertation qui s'est tenue à laprésidence de la république from May 1998 to March 1999." The term "Urugwiro Village" refers to the complex presidential administration. The remarks that follow are from this report.

③ 1998 年 2 月 16 日至 6 月 19 日卢旺达爱国阵线总秘书处，总秘书处活动报告。改革战略的第一要素是成立工作组，招聘非正式新成员，第三要素是选举新的全国执行委员会。

④ 1998 年 2 月 16 日至 6 月 19 日卢旺达爱国阵线总秘书处，总秘书处活动报告。改革战略的第一要素是成立工作组，招聘非正式新成员，第三要素是选举新的全国执行委员会。

　　乌鲁格鲁村协商会议开始前，召开了全国执行委员会、卢旺达爱国阵线部长及国会议员预备会议。卢旺达爱国阵线运动领袖、高级干部卡加梅称，此次协商可以"解决国家的基本问题，带来变革"。①卡加梅说，党内关于国家团结、民主、安全、经济以及公平等议题持续已久，他赞赏协商的结果。但是，会议中，必须禁止把自己的意愿强加到他人身上。其他人应加入协商中，为协商建言献策，以避免任何不必要的对抗。此外，卡加梅还强调，卢旺达爱国阵线的基本作用在于指导协商。因此，党内干部需提前做好准备，参与这一任务中，达成共识。保罗·卡加梅提到，以公平为例，卢旺达爱国阵线成员对公平的理解并未达成共识。"种族屠杀问题非常复杂。我们必须着眼于国家的未来，避免成为情绪、情感、技术问题的奴隶，敢于牺牲，才能处理好这一问题。"②

　　为达成一致意见，预备会探讨了乌鲁格鲁村协商会议将要探讨的众多议题。大家一致认为，就国家历史决定民族团结这一议题来说，专业历史学家及职业政治家们应参与进来。应开放思维，虚心解决这一问题。为了重建国家，大家不应审判或争辩孰是孰非，而应寻求真理。对于政治制度，选择团结而非分裂的参与式民主制度。会议提议将此制度尽快用于地方选举中。③

　　乌鲁格鲁村协商会议从 1998 年 5 月持续到 1999 年 3 月，除个别特殊情况外，会议每周日都会举行。会议由来自所有获批政党的 164 名代表组成。代表们分别来自政府机构、部门、议会、军队、宪兵队、司法部门、银行及国立大学。会议还对一些为卢旺达过去及近期发展都起了非常重要的作用人士，分别做了单独邀请。其中，有米歇尔·卡伊胡拉、皮埃尔·蒙加里尔、让·金索斯托姆·朗旺瓦三名从殖民时期末开始担任国家行政首长的著名人物代表，也有比如 1963—1964 年吉孔戈罗省大屠杀主要组织者、前帕梅胡图党行政长

---

① 卢旺达爱国阵线，卢旺达爱国阵线在 1998 年 6 月 25 日乌鲁格鲁村协商会上的报告。
② 卢旺达爱国阵线，卢旺达爱国阵线在 1998 年 6 月 25 日乌鲁格鲁村协商会上的报告。
③ 卢旺达爱国阵线，卢旺达爱国阵线在 1998 年 6 月 25 日乌鲁格鲁村协商会上的报告。

官安德烈·恩克拉穆加巴，甚至还有阿洛伊斯·恩塞卡利耶上校，他在哈比亚里马纳政权时非常有影响力，后因种族大屠杀离开哈比亚里马纳政权。①

大众可间接获知部分会议信息，主要是关于国家团结的信息。会议主要基于20世纪50年代末60年代初一些重要人物的证词，回顾卢旺达历史，讨论国家团结的问题。周日，卢旺达《问知》广播电台（Kubaza Bitera Kumenya）对过去历史见证者的采访，有调查记者的参与，同时也有官方讨论。为满足众多忠实听众的需求，广播有时会持续四小时以上。许多观察家已明显感觉到即将要发生重要的事情。1998年12月，《人民论坛报》本着谨慎的态度提出以下问题，即召开乌鲁格鲁村协商会议是否可以让"比齐穆恩古与卡加梅放开胸怀，让卢旺达自己解决自己的问题"。②

协商会涉及五个议题：国家团结、民主、公平、经济及安全。

民族团结

这一议题在会议始末都进行过详细讨论。会议回顾了自殖民时期开始，卢旺达历史上的几次冲突，尤其是1994年的种族大屠杀。审视了大屠杀后，为调和民族矛盾所做的努力、民族团结政府的形成、难民的归来、政府机构所有人员因素的介入、对报复行为的镇压、为提高地方居民民族团结意识而召开的会议。虽然做了以上努力，卢旺达人现在生活在一起，在各种活动中也能和平共处，但因疑心导致的分化仍然在分裂着胡图族与图西族。会议讨论了以下问题：历史上卢旺达人之间是否有过团结？如果有，这种团结何时、如何分崩瓦解的？为重建团结，有什么是必须要做的？会议围绕前殖民地时期、殖民地时期以及独立后这三个历史阶段展开。

经初步讨论，形成了一个由专业历史学家、政界公众人物组成的

---

① Lemarchand, Rwanda and Burundi..., p. 226.

② *Le Tribun du Peuple*, *Special issue*, December 1998, "Inama zo mu rugwirozizamaraiki ko akananiyeinkonainkongorozidashunaho".

委员会，委员会提交了一份关于以上三个历史时期的报告。报告认为，殖民地以前，即使存在单一民族的观念，但获得社会认同的主要依据是多民族而非单一民族。基于此，会议认为在沦为殖民地以前，卢旺达人是团结在一起的。包括胡图族、图西族及特瓦族在内的所有民族都属同一宗族，各族之间有强烈的认同感，并高度团结。卢旺达人团结的第二个依据是，大家共享同一文化，使用相同的语言，拥有相同的传统及宗教仪式。此外，三个民族处在同一政权之下，对卢旺达有同样强烈的国家认同感。在卢旺达北部，虽然80%的地方首长都是胡图族人，但最重要的行政管理都有两个领导，一般是胡图族人处理土地使用问题，图西族人处理放牧问题。军队也是由三个民族的成员共同组成。

报告强调，传统上卢旺达所有民族中，富人与穷人间也存在着社会冲突，但没人觉得自己不是卢旺达人。真正的分裂是由殖民者造成的，殖民者试图分裂卢旺达，使图西族人觉得自己是优等民族，而胡图族人是劣等民族。殖民地政府把之前所有的胡图族公众人物都清除出去，使图西族人垄断了地方权力。报告指出，图西族首领、副首领们与殖民地政府的合作，从被赋予的特权中获取利益。报告强调，殖民地政府强迫胡图族及图西族人进行各种各样的劳动，对两个民族之间的关系产生了极其恶劣的影响。这些强制性劳动是由图西族首领、副首领们管理的，因此仇恨的矛头直接指向图西族。

报告认为，最早开始争取独立的是那些在殖民地时期做管理者的图西族人，其最初目的只是想要夺取权力。图西族从未说过一旦争取到独立，就会把胡图族人融入教育及权利体系。因此，胡图族人不信任图西族国王、首领及副首领们，是可以理解的。帕梅胡图民主共和运动党为其政治目的，利用传统贵族与殖民政府间的冲突，在卢旺达人民中间散播仇恨。他们扭曲国家历史，并声称，图西族统治胡图族长达400年，所有图西族人应为殖民地强制劳力及其他虐待行为负责。

在帕梅胡图民主共和运动党的大力支持下，卢旺达历经种族大屠杀、烧毁图西族人财产运动、流亡部分图西族人后，最终取得了独立。1959—1962 年事件后，该党在种族歧视的基础上管理国家，卢旺达人并没有团结在一起。逃离卢旺达的图西族人，对帕梅胡图民主共和运动党编造借口，说要屠杀仍然留在卢旺达的图西族人，试图通过武力重返卢旺达。虽然帕梅胡图民主共和运动党宣称要维护胡图族人的利益，但很快各地就开始歧视、排挤胡图族人，最终导致 1973 年该党的倒台。议会已通过委员会的报告，但报告还需要进一步的精确编辑。

1988 年 5 月 23 日协商会第二次讨论会上，共和民主运动党向议会提交了一份文件，名为"共和民主运动党在解决破坏卢旺达问题上的贡献"。协商会官方报告表明，第一次会议经过长时间的讨论，已达成一些共识，而对共识的每一点，共和民主运动党几乎都反对。共和民主运动党所提交的文件称，在殖民地以前，卢旺达从未有过团结，胡图族一直被图西族所压迫，且整个殖民时期都存在这种压迫。德国及比利时殖民者、国际联盟、联合国、天主教破坏了卢旺达的团结，对于这一认识，共和民主运动党并不接受，他们认为是卢旺达君主制破坏了国家的团结。

共和民主运动党否认已有的观点，认为殖民政府及天主教对独立前胡图政党的成立没有起任何作用。并称，1959 年所发生的事件实际上是一场革命，弘扬了民主共和的观念，得到众多卢旺达人的支持。此外，在这场革命中，胡图族与图西族相互残杀。对共和民主运动党来说，帕梅胡图党起初是一支正义的力量，但 1964 年卢旺达成为政党国家后，该党开始变质。

共和民主运动党提交的文件称，1973 年发生的暴力事件是胡图族与图西族之间的冲突。该党承认，总统哈比亚里马纳发展全国革命运动，使卢旺达成为扼杀民众声音、无视难民问题的政党国家。1990 年卢旺达爱国阵线选择使用暴力时，共和民主运动党与之相反，选择了政治斗争。文件指出，20 世纪 90 年代民主化进程中出现的政党都没有政治纲领。许多人都知道共和民主运动党，了解该党历史，也愿跟随新的共和民主运动党。于是，新共和民主运动党成员决定重振该党。据协商会官方报告对共和民主运动党所提交文件的总结，共和民主运动党坚持认为，种族大屠杀后，所有胡图族人都被认为是刽子手，这导致了国家北部地区的叛乱。

对于国内目前分裂的状态，共和民主运动党提交的文件称，鲁古加（中部及南部）、鲁基加及布什鲁（北部）这三个由来已久的自然区，在第一共和国与第二共和国期间存在地区对立，现在应把当时统治者图西族人的新区，即东部地区的穆塔拉也纳入进来。该党认为，在众多分裂卢旺达的因素中，存在这样的事实：卢旺达人曾流放到不同的国家，当他们重返卢旺达就业时，说英语的会歧视说法语的。1994 年返回卢旺达的逃亡者，虽然他们都有入职资格，但仍然无法找到工作，共和民主运动党对此表示强烈谴责。

这份报告引起激烈的讨论。共和民主运动党的所有论据都受到严厉的批判。批评者坚信，共和民主运动党的文件表明，该党依然怀有帕梅胡图民主共和运动党的意识形态。他们认为，共和民主运动党相信卢旺达只属于胡图族人，胡图族没有理由与其他卢旺达人共同管理国家。针对这些充满敌意的批判，共和民主运动党领导人报告该党政治局其所提交文件引起的批评。此后，该党修订并重新提交了一份文件，内容与大会意见一致。

两次讨论各持续数周，协商会达成多项决议。一些决议确认了多项原则，提供了伦理上的建议。一些决议呼吁实际行动，包括以下主要内容：

——成立政治学校，培养优秀的管理者；

——起草领导人行为准则；

——尽快成立《阿鲁沙协定》所提出的统一与和解委员会；

——建立民主制度，处理国家现存问题，不必照搬其他常规做法；

——建立惩处机制，对阻碍国家团结、公平及鼓动歧视的行为进行惩处；

——更换国家象征性符号，包括国歌、国旗以及国玺；

——发展国家经济，使卢旺达人有足够的谋生手段，以防止冲突，加强国家团结；

——成立非宗教政府，所有宗教必须能促进国家团结；

——对政党的性质与职能进行监督，确保政府不会分裂国家。

民主

会议主办方在介绍这一主题时说到，在卢旺达，人们对民主的概念存在误解。殖民时期末，殖民者开始散播以下观念："多数胡图族人"受图西族人的压迫，胡图族人必须解放自己。这导致了杀戮、破坏及种种不公。当地居民及知识分子都把这些看成对民主的追求。

讨论这一议题时，会议决定，对于普遍接受的民主原则，尽管实施过程中会遇到挑战，但应无条件尊重。民主应成为一种能为卢旺达问题提供解决办法的有机过程，不应只是昙花一现。会议强调，在非洲，政党依靠诸如种族、地域以及宗教这样的认同标准。西方国家并非如此，西方国家的政党依靠有关经济管理及人民福祉的政策理念。卢旺达的政党没有致力于实现人们的愿望，解决国家的日常问题。

为实现人们的愿望，建立符合国家需求的民主制度，会议决定成立"参与式民主制度"，允许人们参与决策制定。这将通过选举实现，从地方最小行政单位（10 户）开始，其次是基层组织，最后到各行业部门。各政党都不会参与到选举中。① 会议还决定起草领导人行为准则，成立宪法委员会。

公平

会议从两个方面讨论公平问题：与种族大屠杀相关的刑事审判及司法部门整体上的职能。人们发现，对种族大屠杀罪行进行惩罚的

---

① 政治过渡持续到 2003 年 9 月，其间未组织过任何选举，应在这一背景下认识这项提议的新颖性。

1996 号法案颁布后，只进行了不到 1000 场的审判，有 135000 人因种族大屠杀罪行入狱，但这只是潜在罪犯中的一小部分，大部分罪犯仍然逍遥法外。根据指控的严重程度，1996 号法案对罪犯进行了分类，制定了允许量刑减让的有罪答辩程序。有人建议成立传统盖卡卡法庭，这样地方居民可以为自己伸张正义。采取成立盖卡卡法庭的建议，有望实现以下目标：惩罚卢旺达罪犯、与历史上有罪不罚的现象做斗争、通过参与式司法使卢旺达人民之间和谐相处。

这引发了激烈的讨论，有人质疑：受教育程度低下的人们对可能的腐败没有抵抗能力，他们是否能公平地审判如此严重的罪行；还有人认为盖卡卡司法审判会导致灭绝种族罪一般化。会议对上述及其他反对意见进行了讨论，最后放弃采取盖卡卡司法审判的建议。要求专家委员会对宪法草案进行细致的讨论，经采纳后向会议进行提交。

至于司法部门整体上的职能，讨论大部分围绕司法部门的腐败展开。对其他司法职能失调行为也进行了审查，包括不公平不公正的问题。关于公平的议题，达成了以下最重要的决议：

——建立公布官员及法官财产的机制，每年进行更新；

——任命监察员和政府监察长；

——加强对法院的检查制度，制裁不称职、腐败的法官；

——成立法官及律师专业协会；

——成立委员会，对司法部门进行广泛改革。

经济

在《卢旺达 2020 年经济愿景》这份文件中，财政及经济规划部部长唐纳德·卡贝鲁卡详尽描述了国家过去、现在的经济状况以及未来的经济愿景。[①] 根据描述，种族大屠杀后，卢旺达国内生产总值强劲增长，达到了 1994 年前国内生产总值的 94%。1998 年的通货膨胀只有 4%，卢旺达货币保持相对稳定。另外，92% 的政府投资预算依

---

① 基尼亚卢旺达语原标题为："Ingambaz' ubukungubw'u Rwanda Kugeza mu waka w' 2020"。

靠国际援助及 25% 的经营预算；存在大量的弱势群体，100 万适龄青年未接受教育及培训；卢旺达出口 7000 万美元，进口 3.5 亿美元，出口逆差严重失衡；制造业面临严重困难。

经济治理方面，90% 的人口对卢旺达经济的贡献只占小部分。不遵守法律的行为在商业中极为常见。在公共部门，有人侵占政府资源。种族大屠杀后，公民不再相信政府，不再相互信任，甚至不再相信努力会有回报。人们对未来缺乏信心，经济活动只剩投机了。

卡贝鲁卡部长强调了制约国家经济发展的结构因素，如大多数经济贸易依靠自给农业、自然资源缺乏、国家处内陆位置、缺乏熟练劳动力、被扶养人占比很大且 50% 左右都在 15 岁以下、中产阶级几乎没有、国内市场不大。

会议关于经济问题的讨论主要集中在发电问题上——即基伍湖的甲烷开发项目。就有关国家战略挑战问题通过了决议，如治理、农业转型、新技术开发、伦理道德标准建设、人力资源培训、政府在支持私营部门企业的作用、经济依赖与国际援助等问题。会议还强调，必须通过区域一体化政策，寻求更方便、更经济的出海通道，减少地处内陆的影响。此外，会议呼吁起草一份经济转型计划，对现阶段至 2020 年间国家的发展进行指导。

安全

陆军参谋长卡奥巴·尼亚马萨准将与国家警察部队参谋长马塞尔·加辛齐准将共同提出了安全问题。卡奥巴将军说，卢旺达以前发生的事情，让人们生活在恐惧之中。人们担心种族大屠杀还会发生，人们之间没有信任，也不信任政府。北方叛乱分子唯一目的就是杀人，他们的宣传又加剧了人们的恐惧情绪。

卡奥巴将军说，一段时间内，人们相信图西族人能带来民族团结的政府，但有人却散播谣言，说图西族人会寻求报复，灭绝胡图族人。有些领导人散布有害思想，使人们失去信心，引起混乱。部长、其他官员纷纷逃离到国外。住房政策的不明确引发财产冲突，人们生活在一起，彼此却不认识，但没人打算改善这种邻里关系，以增强人们之间的信任。

边境难民营居住着前卢旺达武装军、联攻派成员以及被杀戮洗脑的普通人。这些难民营中渗透着"民主革命思想（穆贡加政策）"，对国家构成了威胁。拆除营地后，这些渗透者于1996年年底、1997年年初重新集结到一起发动袭击，平民相互残杀，基础设施遭到破坏。

军队处理闹事作乱者，通过因甘多再训营（ingando）对卢旺达人进行再教育。要求他们更多地参与到生产活动中，提高生活水平。生产劳动使人的思想从杀戮中解脱出来，通过合作，各群体之间更加了解彼此，更好地进行相处。

卡奥巴将军最后提到了刚果战争。他说，该国政权对实行及想要继续实行种族大屠杀的力量提供支持，如果卢旺达对此不作回应，那么在刚果发生的战争必然会在卢旺达上演。对刚果的行为进行干预，就有可能改善国家安全状况，使种粮农民继续从事生产劳动，大幅减少外部粮食援助。

加辛齐将军谈到，国家警察和军队在重建安全方面的合作是通过司法警察的工作完成的。他说，国际组织谴责杀戮，有平民被渗透者杀死，有平民死于战斗，还有一些平民自身就是渗透者。安全部队采取攻势后，死难人数大大减少。

总之，对于国家转型问题，乌鲁格鲁村协商会议指出两个最重要的方向：所有政策都应致力于加强民族团结这个终极目标，所有政策都必须把公民置于政治和发展战略的中心。为此采取了双重战略：经济发展为根本，行政管理非政治化以限制政党活动。协商会议还进行了一些重要的国家规划，决定着国家未来的发展方向：2003宪法、盖卡卡、2020愿景、权力下放、发展基本方针等。①

最后，尤其是在地方治理方面，卢旺达爱国阵线表现出较强的

---

① 卢旺达税务局、国家办事处及审计署办事处等政府行政机构之前属于卢旺达爱国阵线，这些机构除外。

"进步"性。集中表现在基于政治竞争，抛弃更为自由的方式，追求参与式民主。

乌鲁格鲁村协商会议支持思想独立及寻求本土解决方案，会议不过于在乎外界的想法，只要认为能为国家当时所面临的具体挑战提供最佳解决方案的，都会被采纳。

第三部分
新国家的崛起

第七章　建设新共和国

过渡期计划于1999年7月结束，但政治家们一致认为，该国当时尚不具备成立永久性机构的条件，因此又将过渡期延长了四年。这四年间，正在进行的政治变革得以巩固。此外，乌鲁格鲁村协商会议通过的决议开始执行，推动一系列体制改革，颁布新宪法，使国家认同发生深刻改变。新宪法及政治架构与前革命政权的核心理念完全不同，对任何民族认同的政治表达都进行具体定罪。此外，废除共和民主运动的做法引起国际人权组织的强烈抗议，以捍卫言论和结社自由。

军队，和解进程的支柱

卢旺达国防军先于其他机构，于1994年年底开始改革，同时领导了其之前对手的军事行动与整编。卢旺达国防军把前武装部队及前民兵武装编入部队，同时在卢旺达及扎伊尔，这些新兵对先前政党的忠诚依然让人心怀不满。然而，1994年4月至7月改革运动开始前，前卢旺达武装军及前民兵武装成员就已经开始加入卢旺达国防军中了。1995年1月，包括81名军官在内的1011名前卢旺达武装军整编到卢旺达国防军，有些是刚从扎伊尔返回来的，这在整编过程中影响最为显著。如上所述，四名军官还被任命担任高级指挥职务。

1998年，西北部发生叛乱期间，1200名前卢旺达武装军被编入国防军，其中部分是叛乱者。在卢旺达北部，三四百名士兵部署在其家乡的地方社区。这些新兵对当地居民与国防军之间建立信任发挥了重要作用。因此，1995 年至 2004 年，有 23000 多名前卢旺达武装军及前民兵武装士兵都编入国民军中。[①]

经过筛选，部分士兵进入政治及公民教育营接受了一段时间的教育，即因甘多再训营，教育他们何为民族团结，何为爱国主义。军队再训营还教育他们新卢旺达军队的理念思想及基于传统的战士价值观。卢旺达经典的理想战士是"强壮、自豪、爱国、忠诚、自律、道德、勇敢、受人尊敬、技术娴熟的绅士"[②] 经过训练，新兵被派往现有的各个部队，仍保持原有军衔。

参与卢旺达在刚果的两次战争（1996—1997 年及 1998—2003年），是整编过程中非常重要的一环。"在即将发生的刚果战争中，新整编的卢旺达国防军会更为团结，同志间的关系得以加强，共同的经历会消除蔓延在社会中的敌意。"[③]

种族大屠杀后不久，政府就试图减少士兵人数，一方面由于预算限制，另一方面是长久以来，卢旺达爱国军作为民兵拿起武器，一旦国家"解放"，许多兵士想要离开部队，也不再需要那么多士兵。而重组军队，整编前卢旺达武装军及前民兵武装成员，迫切需要遣散部分士兵。种族大屠杀期间，数千名新兵虽未经过什么训练，但都被编入军队，后都离开了军队。

1997 年 1 月，复员与重返社会委员会成立。尽管严重依赖于国际援助，政府却坚持自行管理委员会的工作架构及实施。复员与重返社会方案分两个阶段执行。第一阶段为 1997 年 9 月至 2001 年 2 月，18690 名卢旺达爱国军复员，约 15000 名前卢旺达武装军编入卢旺达爱国军。2002 年 5 月，军队改名为卢旺达国防军。在第二阶段

---

① 2005 年 1 月 25 日，卢旺达共和国国防部。

② Interview with General Franck Rusagara in Robin Camben, "Military culture and conflict resolution: A casestudy of the Rwanda Defense Force", thesis, Ottawa, Carlton University, p. 98.

③ Franck Rusagara, "Unconventional Challenges and Non-traditional Roles for Armed Forces: The Case for Rwanda", *PRISM*, Special Feature, Vol. 3, No. 1, December 2011, p. 116.

（2001—2008 年），包括童兵在内的 4 万名卢旺达国防军及前参战人员（前卢旺达武装军及前民兵）复员。[1] 截至 2015 年年初，共 7 万名士兵及民兵复员，其中 80% 被接纳并重新融入社区中。

方案的第二阶段得到国际社会的大力支持，建成了含有三个要素的帮扶模式。第一，普通士兵，无论男女，复员时都可得到一笔款项。还成立了服务处，帮助前儿童兵、女兵和残疾人等弱势复员士兵重新适应生活。此外，还向复员士兵的家属提供帮助。第二，向复员士兵提供职业培训，帮助其建立小型投资项目，成立生产者协会。第三，对于遇到困难的，即便早已复员，也会在其居住地附近组织讲习班，帮助他们找到解决问题的办法。复员士兵先在因甘多训练营接受一段时间的培训，旨在增强其国家认同感及领导能力。面对内外战争，政府充分扩大复员过程所带来的影响。利用国际援助，实施一种战略，使复员士兵成为促进社区稳定的因素。对比分区域解武、复员与安置方案，可以看出，卢旺达方案最初就是以人为中心的，且强调质量。[2] 虽然在创收方面做得并不尽如人意，但复员进程是成功的。复员人员很快融入生活中，没有造成任何重大的社会或安全问题。他们经常与当地官员合作，维护地区安全。尽管如此，还必须努力，充分利用对复员人员的改造，改善国家经济现实及普遍的贫困问题。[3]

军人待遇

种族大屠杀后，由于未支付士兵费用、多处军营对士兵的管理不当等，一些士兵出现了抢劫、勒索、受雇参与非法行为等犯罪行为。

---

[1] 卢旺达复员与重返社会委员会 2015 年 7 月报告。

[2] Martin Edmonds, Greg Mills and Terence McNamee, "Disarmament, Demobilization, and Reintegrationand Local Ownership in the Great Lakes: The Experience of Rwanda, Burundi, and the Democratic Republic of Congo", *African Security*, published on line, 2009, Vol. 2, No. 1, pp. 29–58.

[3] Philip Verwimp and Marijke Verpoorten, "What are all the soldiers going to do?: demobilization, reintegration and employment in Rwanda", *Conflict, Security and Development*, April 2004, Vol. 4, No. 1, p. 3957.

1995 年 12 月，下令所有士兵返回军营，并于 1996 年开始给士兵发工资，这些举措减少了以上犯罪行为。但工资水平不高，军队灰心丧气。尤其是前卢旺达爱国阵线士兵，他们与家人一起流亡回国，在该国没有任何物质基础。

为改善这一状况，军方于 1997 年 8 月成立了名为"塞加马信贷储蓄社"的小额金融合作社。每位士兵的工资都发到其账户中，其中10% 会自动扣除作为合作社的资金。这项强制性储蓄的利息为 7%，只有士兵离开军队时才可提取。合作社将这笔资金投入商业银行或其他项目中，利用投资所得回报，向其成员提供远低于商业银行的低息贷款，且在担保方面有一定的灵活性。大家所贷款项主要用于房屋建设。

2011 年，塞加马获得商业银行执照，将其服务范围扩大到卢旺达监狱工作人员以及国家警察中。2016 年，塞加马资本达到 2.53 亿美元，年利润 799 万美元，较上年增长 25%。其贷款回收率为 98%。当时，合作社有 7.2 万名成员，148 名雇员。[1]

这家信贷储蓄银行不仅在项目上帮助士兵，使其增加收入或遗产，还给士兵提供财务咨询，提升其创业潜力。塞加马贷款让许多士兵都能建得起房屋。

医疗保险、军队医疗保险为国防军士兵及其家人提供优质医疗保健服务。心系包括前武装兵及来自不同社会背景的新兵在内的国防军的幸福，士兵对军队更为忠诚，增强了军队集体荣誉感。[2]

专业化发展

2002 年 10 月，卢旺达政府宣布改组军队，之前重视轻步兵的远征，转到国土防御上来。本次改组，旨在告别传统，使军队专业化。

---

[1]　Zigama 信贷储蓄社，2017 年 3 月。

[2]　Benjamin Chemouni，"Paying your soldiers and building the state in postgenocide Rwanda"，*Politics andSpires*，Blog，8 October 2014（http：//politicsinspires.org/paying-soldiers-building-state-postgenocide-rwanda/）．

军队的新命名也体现了这种愿望。此外，2000 年 3 月保罗·卡加梅任总统后，大多数士兵退休离开政治生活。

大多数时候，是通过加强与东非、西非、南非、比利时、中国、以色列及美国的一些外国军队之间的训练，使军队专业化。国际人道法及人权成为训练军官的基本部分。

维和行动

2004 年 8 月，卢旺达率先响应非洲联盟的呼吁，紧急向达尔富尔部署军队，以防止发生种族大屠杀。约 150 名卢旺达国防兵抵达苏丹，执行他们的第一次维和任务。卢旺达承担维和任务，使人想起在种族大屠杀期间，国际社会对卢旺达的遗弃。通常情况下，卢旺达现在都会响应非洲联盟的呼吁，参与维和任务或联合国的其他任务，这表现出卢旺达的泛非团结精神。卢旺达因此获得了国际声望，也使其军队更为专业化。此外，参加国际任务也是卢旺达外汇的重要来源。2012—2013 年，卢旺达在以上国际任务中花费 7800 万美元，其中一部分使用本国货币，联合国给予卢旺达 9800 万美元的补偿金。

部署军队时，卢旺达国防军不是被动地参与维和任务，而是坚决保护当地居民。受到攻击时，他们会毫不犹豫地进行战斗。国防军遵守纪律，很快与当地居民建立联系，受到他们的认可，也经常使自己对于潜在的袭击了如指掌。

卢旺达部队表现优秀，联合国及非洲联盟给卢旺达的任务也越来越重要，包括指挥任务。在 2009 年至 2013 年达尔富尔及 2013 年至 2014 年的马里任务中，卢旺达就担任指挥任务。卢旺达已成为联合国、非洲联盟及美国维和行动的战略伙伴。

国家警察

《阿鲁沙协定》谈判后，国防军组建了一支警察部队，准备加入国家宪兵队。1994 年夏，采取了进一步措施，以扩大爱国军的管辖

区域。1994 年 11 月，第一支宪兵特遣队获批成立。1995 年 1 月，前
宪兵队成员加入该部队，组成新的国家宪兵队，由前卢旺达武装军军
官迪奥格拉蒂亚斯·恩迪布瓦米上校指挥。

　　1994 年 12 月，卢旺达 140 个社区部署了新的社区警察。卢旺达
存在许多安全问题，有些与种族大屠杀有关，有些与犯罪有关，迫切
需要警务人员。市长们往往会把警察当作自己的个人护卫，与大屠杀
之前的警察相比，新的社区警察不再受命于市长。政府迫切希望成立
地方警察部队，改善当地居民与安全部门之间的关系。然而，有些参
与过种族大屠杀人员身份还未确认，方法欠缺，招募困难，限制了地
方警察队伍的发展。虽然计划为每个社区部署至少 10 名警察，但实
际上从未超过 4 名。除依靠内政部部署军队及社区警察的宪兵外，还
有司法部的警察检查员。[①]

　　1997 年至 1998 年西北反暴动的激烈战斗中，部分宪兵被派去参
加进攻行动，同时军队再次接任警察工作。此次战争后，卢旺达安全
部门受到国际社会的批评，政府对此感到恼怒，试图重组公安部队。
政府终止了联卢人权行动，决定设立国家人权委员会，并于 2000 年 6
月设立独立警察部门，即国家警察。

　　新国家警察重视专业化发展，为与当地居民建立更为密切的联
系，及时调整工作方向，注重采取预防性措施。此外，还提升了广播
等传统媒体的沟通能力，在社交媒体上发布政治海报等。同时，成立
了儿童及家庭保护部门，以打击对妇女及儿童的暴力行为。2009 年，
成立一站式援助中心，收集暴力受害者的医疗护理、心理咨询信息及
法医证据。

　　1998 年，西北地区发生暴动，卢旺达西北部成立地方自卫队，
以支持当地警察的工作。这些自卫队由地方青年组成，自愿为社区提
供无偿服务。他们接受了武器使用培训，受当地政府监督。1999 年，

---

　　① Republic of Rwanda, National Police, "Policing a Rapidly Transforming postgenocide So-
ciety：MakingRwanda Feel Safe, Involved and Reassured", Kigali, August 2014.

全国范围内都开始成立自卫队。然而，由于自卫队滥用职权，政府开始没收其武器。[①] 2009 年 10 月 29 日召开的参议院会议，强烈批评了地方自卫队因滥用职权而几乎失去当地民众的信任。2013 年 7 月，政府打破了长期以来地方安保无偿服务的传统，成立新的地区行政安保机构，为安保人员发放薪资。[②]

在许多脆弱的国家，安保机构往往会阻碍和平的进展，但在种族大屠杀后的卢旺达，改革后的安保机构对国家稳定起到了非常重要的作用。

制度改革

分权政策

依据乌鲁格鲁村协商会议意见，政府开始成立国家常设政治机构，首先对地方行政机构进行改革。

2000 年 5 月，地方行政机构改革开始变得急迫起来，似乎是要摆脱安保部门，把权力移交给当选代表以管理当地民众。[③] 新分权政策旨在促进"团结、统一及公平发展"，避免其成为"分裂国家及不公平发展"的工具。[④] 此外，之前的领导机制下，市长权力很大，被指控利用权力动员人们参与种族大屠杀。因此，在地方事务管理方面，新政策意欲改变之前的领导机制，建立集体领导机制。该政策规定任何政党不得参与地方选举，避免各政党充当任何中间角色，使当地居民可以直接与国家对话。[⑤]

[①] Human Rights Watch，"Rwanda：The search for security and human rights abuses"，April 2000.

[②] 卢旺达共和国，2013 年 5 月 10 日第 26/2013 号法律，成立地区行政安保机构，明确其职责、组织和职能。

[③] 副总统卡加梅在爱国阵线吉库吉罗二次会议闭幕式上，表达了使地方政府合法化的愿望。

[④] Republic of Rwanda，Ministry of Local Government and Social Affairs，*National Decentralization Policy*，May 2001.

[⑤] 卢旺达共和国，1998 年 5 月至 1999 年 3 月在共和国总统办公室所举行会议的报告，详细报告，第 44 页。

　　最终，地方行政机构新的基本单位虽在数量上由之前的 154 个公社减少到 106 个，但与之前并无太大区别。依然保留着四级机构，基层组织为最低行政单位，之前第三、四级分别为公社、郡县。新行政机构四级机构从下到上依次为基层组织、区、县、省，以及基加利。

　　新机构最大的变化在于其内部组织及运作。与之前相同，基层组织由本地区成年人组成。不同的是，之前行政人员官僚化严重，许多职务至少由 10 人负责，且没有报酬。区级增设了两个新组织：妇女组织及青年组织，其代表会逐步增加，最后进入国会。县政府取代之前的公社，为当地居民提供基本服务。

　　2001 年 3 月，举行了地区市长及基加利市长的间接选举。市长及其执行委员会的选举团由普选产生的县议员组成。县级机构层面，8000 名候选人参选 2700 个职位。减少执行委员会及市长的更换频率；80% 的前官员都通过了选举。在一些观察家看来，不允许各政党插手选举、选举的间接性、选举委员认定许多候选人无效，这些事实都会阻碍选举，他们批评选举过程被高度控制。爱国阵线通过全国选举委员会，在极大程度上影响了当选官员的预选，受到批评家的谴责。① 然而，新政府机构及其大量的工作人员，使得公民可更多地参与地方公共事务，最明显的就是妇女的参与。最初的地方选举，在全国范围内开启了鼓励妇女广泛参与的进程。② 更通俗一些说，最初的地方选举减少了安保部门的参与程度，加强了国家与公民之间的联系。允许不同文化背景的公民参与选举，扩大了政府的社会基础。

　　关于实际权力下放的问题，2004 年一项研究表明，该政策并未产生预期效果。一方面，处于所有部门之上的中央机构虽将任务下放，但仍保留了决定权与主动权。另一方面，地方机构缺乏履行新职

---

① International Crisis Group (ICG), *Consensual Democracy in Postgenocide Rwanda：Evaluating the March 2001 District Elections.* ICG Africa Report No. 34, Nairobi and Brussels, October 2001.

② 国会代表共80名，其中妇女24名，占代表总数的30%，分别由妇女组织和地方各级行政机关的代表选举产生。其他妇女也可以通过政党普选产生，政党选举名单必须包括相当比例的妇女在内。

责的技能，无法真正维护法律赋予自己的特权。① 2006 年，地方行政制度再次经历重要转变。

宪法改革

1999 年 12 月，体现国会政治结构的法律和宪法委员会成立。铁托·鲁塔雷马拉曾为卢旺达爱国阵线思想意识方面的重要人物，被任命为总统。委员会没有邀请专家起草宪法草案，只是表面上采取了一种收集民众意见的参与式方法。实际中采取了两种方法。宪法委员会经多次研究及出国考察，最终出了一本小册子发放给民众，介绍宪法的主要模式。

此后，委员会向公众发放了一份多项选择问卷调查，从政府性质到公民权利，涵盖了宪法的主要方面，收回约 50000 份问卷。后组织召开 590 次公开会议咨询民众意见，每次会议有 200 至 2000 人参加。会议上，委员会成员依会议指南向参会者提问。② 根据会议报告，起草了宪法草案初稿，先提交咨询代表查看，后提交国会及政府。③

各政党在未来宪法中的职能是争议最多的问题之一。在许多协商会上，与会者表示保留意见，有时会公开反对多党制。他们指责各政党分裂民众，煽动民众参与种族大屠杀。④ 激进分子质疑与会者保留意见的真实性，他们认为之所以这样，很可能是民众受到宪法委员会的诱导。⑤

讨论各党在国家职能上的作用时，人们自然会想起他们五年前所作所为，对宪法委员会及当地居民两个层面的工作都会产生不利影响。

协商会期间，委员会提出了一套折中方案，即虽然授权实行政治多

---

① Republic of Rwanda, Ministry of Local Government, Community Development and Social Affairs, Rwanda Five-Year Decentralization Implementation Program, Kigali, March 2004.

② International Crisis Group, "End of the Transition in Rwanda: A Necessary Political Liberation", ICG Africa, Report No. 23, 13 November 2002.

③ Republic of Rwanda, "Evolution des activités de la Commission Juridique et Constitutionnelle", CJC, October 2001.

④ 作者在布塔雷省和基布耶省的观察。

⑤ International Crisis Group, op. cit., p. 7. 例如，宣传及意识提升手册提到当地居民对政党的疑虑。

元化，但会把各党活动限制在首都范围内，至多扩大至各省较大的城市。最终采取了第二种解决方案，通过组织法管理各党及政治家，在最低一层的政府机构中禁止所有党派活动。① 当宪法初稿提交总统府征求意见时，卡加梅总统支持在立法和总统选举中进行无记名全民直接投票。部分宪法委员会成员支持宪法初稿提出的总统间接选举，卡加梅总统对此表示反对。② 2003 年 5 月 25 日，宪法草案进行全民公决。民众对此缺乏热情，89% 的民众参与公决，其中 93% 的人支持草案。

《宪法》确立了多党分权的政治制度，按比例选出内阁成员，在国会中代表其政党。同时，任何政党，无论在国会中的代表人数如何，都不得占据内阁 50% 以上的职位。国会主席及共和国总统须来自不同的政党。80 名国会代表中，53 名按国家规定的比例选出。包括 24 名妇女在内的其他代表，则由代表特定群体的选举机构选举产生。宪法禁止基于种族、族裔、部落、宗族、地区、性别、宗教及任何其他歧视标准等同一性标准成立的政党加入。此外，参议院及众议院 30% 的议员必须是妇女。

依据《宪法》，2000 年设立了全国政治组织协商论坛，组织各党间的协商。该论坛拥有监督政党活动及政治家行为的重要权力。论坛依政治组织法而设立，该法虽未明确规定所有官方认可的政党都必须参加，但解释了当时为什么要求政党参加。国际观察人士，尤其是共和民主运动党强烈谴责该论坛的成立，将其视为控制爱国阵线的政治工具。③ 2001 号法律防止、镇压和惩罚歧视行为和宗派主义，2008 年通过的《惩治灭绝种族罪法》，在卢旺达政治结构中也都发挥了重

---

① 这项规定不属于《宪法》条款，而是 2003 年 6 月 27 日有关政治组织和政治家的本法第 16/2003 号第 3 条的规定。2007 年 5 月，本法修正案取消了这一限制。2007 年 5 月 4 日政治组织和政治家基本法第 19/2007 号。
② 2002 年 7 月 2 日卡加梅总统新闻发布会。
③ 也许有必要指出，无论是否存在于宪法中，世界范围内政党协商论坛都是协商民主制度的典型方式。例如，比利时和荷兰也有类似的会议组织，虽然非正式，但当两国用民主和协商一致的政治制度解决其结构性政治分歧时，这种会议组织就会发挥强大的作用。Arend Lijphart, Democracy in Plural Societies: A comparative exploration, New Haven, Yale University Press, 1977, pp. 31–33.

要作用。

根据乌鲁格鲁村协商会的决议，宪法制定者希望给卢旺达建立精英合作的共识性民主，而非"对抗性民主"。分权政策基于同样的思想，更为直接地反映了"参与式民主"的理念。

统一团结的胡萝卜加大棒政策

国家安全方面进入了暂时的平静期，政府采取了一些措施，以促进社会统一团结。这些措施旨在减少各群体之间的私下对抗，加强互信。但是，不应以豁免灭绝种族罪来换取团结，这与乌鲁格鲁村协商会中盖卡卡审判的中间道路不谋而合。

要求人们对其参与种族灭绝的行为负责，即使是做做样子，也必然会对社会凝聚力构成严峻挑战。为了寻找解决方案，国家统一与和解委员会加强了宣传活动，甚至在该国最偏远地区组织社区集会。但是，结果表明这些努力并不够。对种族灭绝中幸存者的暴力行为，以及伴随盖卡卡审判的反图西偏执现象的抬头，结果只能是加强对种族仇恨行为的镇压。

国家统一与和解委员会

根据《阿鲁沙协定》，1999 年 3 月成立国家统一与和解委员会，这也是乌鲁格鲁村协商会议通过的。自成立之日起，该委员会就被认为是卢旺达最出色的机构。其第一任秘书长是爱国阵线高级干部阿洛西亚·奈姆巴，以善于动员人民著称。委员会的主要活动之一是模仿军队营地，为重返社会方案建立团结营。这些营地是在对卢旺达历史进行分析的基础上建立的，旨在让学生及其他各类人员接受公民教育。委员会还促进学校及社区建立和谐社团，把种族大屠杀的幸存者及参与者或其家庭成员聚集起来。

2000 年 10 月，委员会组织了第一次全国对话，南非总统塔博·姆贝基出席参加。本次论坛期间，邀请当地居民及流亡海外的卢旺达人，通过电话向出席会议的政府成员及其他官员随意提问。对于反映政府促进和解的政治意愿的活动，委员会都进行了大力宣传。

盖卡卡法庭

盖卡卡审判于 2002 年 6 月正式开始，2009 年年底结束。2001 年到 2005 年，开始筹备提高地方居民认识，并为将来审判的性质提供信息。审判之前，先在地方层面收集有关种族大屠杀事件的信息。收集到的信息包括：谁被杀、被谁杀、如何被杀。基于这些信息确定被报告名单，对被告者行为进行定性。

盖卡卡法庭成立六个月后，数周内释放了数万名犯有种族灭绝罪的囚犯，在社会上产生了重大影响。2003 年 1 月 1 日，总统下令要求立即释放参与种族大屠杀的特殊嫌疑人。该命令要求释放生病或因身体原因无法接受审判的嫌疑人、种族大屠杀时未成年的嫌疑人以及在监狱服刑时间可能超过其犯罪类型应服刑期限的嫌疑人。[1] 不到 6 个月，超过 25000 嫌疑人重返家园。此后不久，获释者中又有 5500 人因隐瞒所犯其他罪行再次被捕。[2] 2004 年至 2007 年，近 60000 名囚犯获释，其中许多人主动供认罪行，以换取较轻的处罚。[3]

盖卡卡法庭草拟被告名单时，这些大规模释放导致了山区广泛的紧张局势。全国各地都发生了针对种族大屠杀幸存者、法官及控方证人的骚扰及谋杀案件。除了那些已释放的涉嫌参与种族大屠杀的人参与了这些袭击，有些从未被逮捕过的人也参与其中。[4] 2003 年，一议会调查委员会确认了数百起针对种族大屠杀幸存者的暴力骚扰案件，

---

[1]　Republic of Rwanda, Office of the General Prosecutor, "Instruction concernantl' execution du communique presidentiel of 1 January 2003 venant de la Presidence de la Republique qui concerne la liberation provisoire de prisonniers de differentes categories", 9 January 2003, p. 25.

[2]　盖卡卡法庭的核心之一是不减少刑罚的程序供认。

[3]　Arthur Aslimwe, "Rwanda releases 8, 000 genocide prisoners", Reuters, 19 February 2009.

[4]　African Rights and REDRESS, "Survivors and Postgenocide Justice in Rwanda", Kigali: African Rights and London: REDRESS, November 2008.

包括以袭击、殴打的形式进行人身攻击、破坏收成、屠杀牲畜、向房屋扔石块、侮辱、向他人吐口水。① 4 月，官方纪念种族大屠杀的一个月内，这些侵犯行为愈演愈烈。对种族大屠杀幸存者及控方证人的暗杀，图 7.1 显示的仅是冰山一角。对幸存者及目击证人暗杀的同时，盖卡卡法庭的对抗能力也在不断增强。

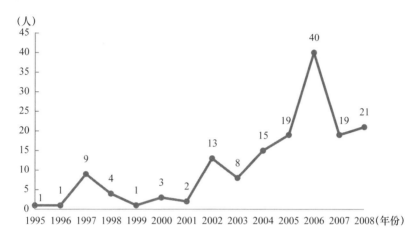

图 7.1 1995—2008 年种族大屠杀幸存者及控方证人被谋杀数量

资料来源：2008 年国家反种族大屠杀委员会上，国家司法警察办公室的报告："卢旺达 1995—2015 年国家司法警察办公室"，2016 年。

2007 年后，或因大部分盖卡卡初审逐步完成，或因其镇压暴力行为的作用，或两者兼而有之，总之，针对种族大屠杀幸存者及指控人的暴力袭击大大减少。

反对"分裂主义"及种族灭绝思想的运动

2003 年至 2008 年间，三个议会委员会均对"促进分裂"和"种

---

① Republic of Rwanda, Chamber of Deputies, "Report of the ad hoc Parliamentary Commission created on 20 January 2004 by Parliament, Chamber of Deputies, in charge of examining the killings carried out in Gikongoro province, the ideology of genocide and those who spread it throughout Rwanda", 30 June 2004.

族灭绝思想"问题进行了调查。随后开展了一些政治运动，以提高人们对这些问题的认识。①

即将举行重要选举之际，共和民主运动党的是是非非在报纸上铺天盖地，党内发生分裂，于是在 2002 年 12 月成立了第一个委员会。共和民主运动党像 1993 年那样再次分裂为极端派和温和派，理想民主党副主席阿巴斯·穆卡玛在国会上对此表示关切。理想民主党主要由穆斯林人构成，其促成了第一个委员会的成立。议会委员会负责调查共和民主运动党内分裂性质及"该党在卢旺达历史上所有分裂事件中所起的作用"。

委员会在 2003 年 4 月提交的报告中，指出了共和民主运动党不可调和的内部矛盾及总体上该党无法抛弃其"宗派主义"根本思想的事实，建议解散该党。在过渡期即将结束、大选即将来临之际宣布这一决定，引起了一些批评人士的愤怒。卢旺达爱国阵线在选举前的操作遭到人权观察的谴责。② 对于议会委员会的报告，国际危机组织基本同意，并指出："过去及现在，共和民主运动党在前帕梅胡图党强硬路线原则及提倡更具包容性政策之间意见不一。"③

2003 年 5 月底，根据委员会的调查，国会提出解散共和民主运动党，内阁采纳了这一建议，下令解散该党。卢旺达促进和保护人权联盟是近乎共和民主运动党极端派的人权组织，委员会报告还建议取缔

① Republic of Rwanda, Chamber of Deputies, "Rapport de la Commission Parlementaire de contrôle mise enplace on 27 December 2002 pour enquêter sur les problèmes du MDR", 14 April 2003; Republic of Rwanda, Chamber of Deputies, "Rapport de la Commission Parlementaire ad hoc créée on 20 January 2004 by Parliament, Chambre des Députés, chargéed'examiner les tueriesperpétrées dans la province de Gikongoro, l'idéologie dugénocide et ceux qui la propagentpartout in Rwanda", 30 June 2004; Republic of Rwanda, Chamber of Deputies, Speciale Commission on the ideology of genocide in schools, December 2007. There was a fourth commission ofinquiry, from the Senate, which didn't have the same political impact: Republic of Rwanda, the Senate, "GenocideIdeology and Strategies for Its Eradication", 2006.

② The work of Jean-Pierre Chretien, Jean-FrangoisDuparquier, Marcel Kabanda and Joseph Ngarambe, *Rwanda: les medias du genocide*, Paris, Karthala, 1995. 文中指出，1993—1994 年间种族大屠杀意识形态根源来自帕梅胡图民主共和运动党在 20 世纪 60 年代的宣传。

③ International Crisis Group, "End of Transition in Rwanda", 13 November 2002, p. 10.

包括此联盟在内的搞宗派主义的民间社会组织。①

2003 年 11 月至 12 月，吉孔戈罗省 4 名种族大屠杀幸存者遇害。2004 年 1 月 20 日，在紧张的气氛中，成立了第二个议会调查委员会。这几起谋杀事件使得谴责迫害行为的幸存者纷纷逃亡。他们声称自己是种族大屠杀嫌疑犯迫害运动的受害者，那些嫌疑犯想要阻止他们在盖卡卡审判中作证。②

2004 年 6 月，委员会提交了一份包含一千多页附件的报告，记录了 2003 年至 2004 年年初约 12 名幸存者被谋杀的事件，以及全国四分之三的地区所发生的数百起针对种族大屠杀幸存者的骚扰和暴力案件。委员会认为，之所以会发生这些暴力行为，是由于全国一半的省份中依然存在种族大屠杀意识形态。委员会所说的种族大屠杀意识形态是广义的概念，谴责包括教会及宗教领袖在内的各种民间社会组织从事支持胡图族宗派主义的活动，谴责他们的宗派主义思想。"种族大屠杀意识形态"这一广义的概念，广泛使用于卢旺达政治及社会生活中，一定程度上是源于此报告，源于试图根除种族大屠杀的运动。虽然针对种族大屠杀幸存者的袭击事件采取了反击行动，但袭击仍在继续加剧。

学校种族大屠杀意识形态特别委员会

2007 年 7 月 2 日，一名议员使国会注意到，东部省加特西博县穆胡拉学校（Muhura）中存在种族大屠杀意识形态。该议员说，在这所中学里，种族大屠杀中幸存的儿童受到骚扰，学校中散发的各种小册子也都在恐吓他们。同学们在大屠杀受害学生的床上大便，撕毁他们的衣服、课本。此后，议员代表团访问该校，核实发生的事情。因

①　Interview with the MDR Political Bureau of the Kabanda faction with the participation of Mr. Rutihunza, eminence grise of LIPRODHOR, Kay Zeric Smith, et. al. , "Rwanda Democracy and Governance Assessment", prepared by Managements Systems International for the USAID Office for Democracy and Governance, Washington, D. C. , November 2002, p. 27.

②　IRIN, "Rwanda: Genocide survivors flee province over killings", 12 January 2004.

所收集资料的重要性，国会设立了特别委员会，对卢旺达所有学校中的同类问题进行调查。①

特别委员会对全国 31 所中学和 1 所小学进行了调查。根据委员会的报告，这些学校中共有 26 所存在多民族共居一地情况，"为了更好地了解这一现象"，选择了另外 6 所不存在此类问题的学校进行调查。② 调查了约 18000 名教育相关人士及 159 名地区安全委员会成员。在学校里，委员会对学生进行了匿名访谈及问卷调查。③

最后提交的报告中，委员会说："在调查的 26 所被报存在种族大屠杀意识形态的学校中，58% 的学校存在这种思想。"其中有 10 所学校最为严重，85% 到 97% 的学生都有这种思想。调查问题普遍涉及受访者的看法及他们是否认为自己的学校存在种族大屠杀意识形态。报告中并未提到调查是依据对"种族大屠杀意识形态"怎样的定义来进行的。④

证明存在种族大屠杀意识形态时，委员会用到了一些学校中广泛存在的宣传小册子。有些册子中明确写道要杀掉图西族人："图西族人是蛇，我们受够了，我们要杀了他们""祈祷吧，即使不能用大刀砍死你们，我们也会毒死你们，你们会痛苦地死去""你们在浪费时间，我们会再次征服你们，我们要做的就是杀死你们。提醒你们一下"。委员会还提到，小册子撰写者"警告图西族儿童，由于图西族 1994 年对胡图族人所做的事情"，发誓要"杀死他们，灭掉他们的傲慢自大"。委员会成员甚至在收回的问卷中还发现杀死图西族人的号召语："所有图西族人都去死吧""杀了种族大屠杀幸存学生协会中所有的学生，⑤ 砍了协调员詹维尔的头""交学费，不然灭了你们"。⑥

---

① 卢旺达共和国众议院，学校种族大屠杀意识形态特别委员会，2007 年 12 月。
② 卢旺达共和国众议院，学校种族大屠杀意识形态特别委员会，2007 年 12 月。
③ 卢旺达共和国众议院，学校种族大屠杀意识形态特别委员会，2007 年 12 月。
④ 卢旺达共和国众议院，学校种族大屠杀意识形态特别委员会，2007 年 12 月。
⑤ AERG 是种族大屠杀学生幸存者协会。
⑥ 种族大屠杀幸存者援助基金为大屠杀中幸存的孩童支付学费。

不过，关于种族大屠杀意识形态的其他事实，委员会则不太清楚。例如，一个孩子对另一个孩子说"我要揍你"。纪念种族大屠杀时，往往会揭开幸存者心中的伤痛，有个学生却说："光天化日之下，他们变得极度恐慌，我们旁观就行。"其他事实显得更没有伤害力，如"你们也认为之前学校的管理者不是人吗"。委员会还提到了图西族学生的反面言论，认为这些言论带有宗派主义，但未涉及种族大屠杀意识形态。

然而，委员会的调查并不是单方面的。他们发现，在被告知存在种族大屠杀意识形态的三所学校中，进行问卷调查时，几乎没有得到回应。委员会着重强调了情况有所改善的学校的情况。他们还收集到对 637 所中学所做的其他行政调查报告，这些报告表明，13% 的学校可能存在种族大屠杀意识形态。此外，调查还涉及其他相关问题，例如了解学生是如何接受那些态度或行为的。根据孩子们的反应，委员会认为家庭是传播种族大屠杀意识形态的主要来源。

委员会提出了一系列建议，最突出的就是呼吁尽快实施反对种族大屠杀意识形态的法律。

反宗派主义及种族大屠杀意识形态法

2001 号反对宗派主义及 2008 号反对种族大屠杀意识形态的法律，引发了 2003 年及 2010 年总统选举前的政治及公民辩论。

2001 年 12 月，通过了最初的反歧视法，包括"镇压歧视罪及宗派主义做法"。其主要条款规定："无论口头上还是书面上，只要是可能引起当地居民冲突或争论的分裂行为，就都是宗派主义做法的犯罪行为。"① 政府官员及前官员、政党成员、非政府组织以及所有正规私营部门的工作人员，如果罪名成立，最高可判处 5 年徒刑，剥夺公民权利。

---

① 卢旺达共和国，2001 年 12 月 18 日第 47/2001 号法律第 3 条，制止歧视罪和宗派主义做法。

2003 年 9 月，卢旺达通过了一项法律，"将种族大屠杀罪、危害人类罪及战争罪定为刑事犯罪"。① 这项法律照搬了国际公约，得到一致同意。

2008 年 7 月，通过了《反种族大屠杀意识形态法》。② 三项"反歧视"法中有许多相互重复的条款。2008 号法律存在许多具体问题，缺乏逻辑上的连贯性，把难以明确界定为是否是种族大屠杀意识形态的行为都归为可惩罚的违法行为。

除法律文本外，还有法律适用背景。虽然种族大屠杀意识形态相关法律 2008 年 9 月才开始生效，但在司法部 2007—2008 年活动情况报告中，就列举了数百起"与种族大屠杀意识形态有关"的案件。③ 卢旺达法院、法官和检察官一致认为，2008 号法律会引起困惑。盖卡卡法庭的敏感背景、新法律条款及 2008 年和 2009 年为提高认识而发起的政治运动，导致对种族大屠杀意识形态相关行为的指控及逮捕的轻视，引起了广泛的社会焦虑。④ 法官们查遍已有的法律文本，找出与正在处理案件最相关的内容，迅速否认指控，在该问题的处理上似乎很讲时效。各种调查研究记录显示，无罪释放、被放弃或驳回案件的概率非常高。一项研究表明，2009 年因"种族大屠杀意识形态相关"违法行为而受审的 794 名嫌疑人中，在首次听证会上就有 260 人无罪释放，这占到了案件的三分之一。⑤

2013 年 10 月，政府对 2008 号法律进行了修订，对文本进行了相当大的改进，通过了关于"种族大屠杀罪及其他相关违法行为"的新法律。⑥ 对"种族灭绝意识形态"罪行的定义，不包含对该罪的否

---

① 卢旺达共和国，2003 年 9 月 6 日第 33/2003 号法律，制止种族大屠杀罪、危害人类罪和战争罪。

② 卢旺达共和国，2008 年 7 月 23 日第 18/2008 号法律，制止种族大屠杀意识形态罪。

③ Republic of Rwanda, Ministry of Justice, "Genocide Ideology Law Report", 22 September 2010, p. 9.

④ Republic of Rwanda, Ministry of Justice, "A Legal analysis of Rwanda's 2008 ideology of genocide law and its application", November 2009.

⑤ Republic of Rwanda, Ministry of Justice, op. cit., p. 8.

⑥ 卢旺达共和国，2013 年 9 月 11 日第 84/2013 号法律，种族大屠杀罪及其他相关违法行为。

定、辩解及轻视等相关违法行为。修订后的法律结构上更加完善，也更为明确：所审理的违法行为必须是在公共场合有意为之。新法律把量刑与刑法联系起来。

2008 号反对种族大屠杀意识形态的法律，其中多项重要条款在反歧视法中已经存在。为证明 2008 号法律的合理性，立法者认为有必要采取更多行动，制止对幸存者的暴力行为。他们还认为，有必要开展一些社会工程，使人们不再相信宗派主义暴力文化在社会上仍然猖獗。

2010 年 4 月底，种族大屠杀纪念月结束后，警方在 5 月初的报告中说到，多年来首次出现了未对种族大屠杀幸存者进行迫害的情况，种族敌对行为不断减少也在之后得到证实。①

2003 年和 2010 年总统选举

比较 2003 年和 2010 年的总统选举，可对新宪法及立法改革的政治影响作出评估。种族大屠杀后的第一次总统选举，是该国政治过渡颇具争议过程的结果。七年后的第二次选举，显示出公众对政府在发展问题上所采取行动的评价以及盖卡卡法庭的影响，这是那个时期最重要的社会及政治事件。

2003 年 8 月总统选举

截至 2003 年年中，卢旺达政治紧张局势加剧。卢旺达新宪法及其起草方式受到国际社会一重要成员的批评，尤其是起草过程被认为限制了自由。宪法通过后，在总统和立法机构选举前夕，伴随着历史上著名的共和民主运动党及一些倡导种族分裂的地方非政府组织的解散，爱国阵线支持者的政治运动也结束了。

---

① Moses Gahigi, "Threats to Survivors Diminishing-Police", *The New Times*, 3 May 2010; Republic of Rwanda, National Commission for the Fight against Genocide, "Etat de l'ideologie du genocide au Rwanda: 1995 – 2015", 2016.

　　2003 年 8 月 25 日，卢旺达举行了自 1962 年独立以来的首次多党总统选举，选举气氛紧张。主要候选人有即将离任的总统、爱国阵线的保罗·卡加梅及不久前流亡比利时的前总理福斯坦·特瓦吉拉蒙古。瓦吉拉蒙古所属的共和民主运动党三个月前被解散，因此他是一名独立参选人。第三位候选人让－恩波穆塞内·纳因齐拉也是独立参选人，但没有重要听众。

　　选举活动第七天，全国选举委员会拿到瓦吉拉蒙古竞选的宣传册，指责其煽动分裂。宣传册称，如果候选人当选，他将遵循基于"一切形式歧视"的政策。在向记者开放的公开会议上，面对选举委员会的质疑，福斯坦·特瓦吉拉蒙古说存在"打字错误"。[1] 这一事件被广泛报道，在全国范围内引起紧张恐惧情绪。瓦吉拉蒙古的竞选活动事故不断，其许多支持者被捕。布隆迪胡图极端主义组织解放党的成员参与了瓦吉拉蒙古在南部省份的竞选活动，这一消息很快传播开来。[2] 选举前夕，瓦吉拉蒙古竞选活动的 12 名省级协调员被警方指控蓄意组织暴力活动，遭到逮捕。[3] 保罗·卡加梅以 95% 的选票赢得选举，福斯坦·特瓦吉拉蒙古、让－恩波穆塞内·纳因齐拉分别获得 3.62%、1.33% 的选票，参与率为 96%。

　　观察团监督总统选举，其中欧盟及欧洲议员小组是最重要的成员。非盟随阿曼尼论坛（大湖和平议会论坛）一起出席，该论坛由本地区议员、南非议员及民间社会成员、布隆迪议员及美国国际开发署签约私人技术小组组成。

　　观察团来自不同的地方，其报告也因其地缘位置而分为两类。在

---

　　① Panapress，Kigali，14 August 2003. 卢旺达共和国总统候选人福斯坦·瓦吉拉蒙古本周四在全国选举委员会召开的会议上，回答了委员会要求解释其竞选手册中宣称要推行种族隔离政策的内容，他对此表示遗憾，并将其归咎于"打字错误"，PANA 新闻社报道。（www.panapress.com/Twagiramungu-confronte-avec-ses-ecrits-juges—divisionnistes—13-698081-17-lang2-index.html）

　　② 统一与和解委员会在一份未发表的报告中，用基尼亚卢旺达语记录了这一信息。Unity and Reconciliation Commission，"Rapport sur la campagneélectorale et les électionsprésidentielles"，Kigali，September 2003.

　　③ 法新社，基加利，2003 年 8 月 24 日。

非洲代表团看来，卢旺达饱受内战蹂躏，朝政治生活正常化的方向迈出了第一步；而欧洲代表团看到的则是反对党候选人之间的不公平竞争，反对党候选人软弱，受到强大执政政党的压制。

欧盟代表团的报告谴责选举中没有真正的反对党，总统及立法选举活动"充满恐吓、审问、拘捕的氛围"。代表团批评在巩固选举结果过程中存在违规行为，缺乏透明度。此外，还谴责针对瓦吉拉蒙古阵营支持分裂的指控，但并未对该阵营行为是否合法发表看法。①

非盟代表团说，选举委员会的专业素质、选民的纪律性、安全部队或政党代表未胁迫任何人，这些给他们留下了深刻印象。但是，代表团强烈反对选举过程中的许多限制因素，称"投票处特别是在计票过程中没有反对派代表参加，有损选举的透明度"。此外，代表团还批评了投票组织工作的不足，强调必须有完全不受任何影响的投票站。②

南非和布隆迪代表团都毫无保留地给予了正面评价。③ 阿曼尼论坛代表团由布隆迪、肯尼亚、卢旺达、坦桑尼亚、乌干达和赞比亚的议员组成，确定了媒体和反对党在未提供任何细节的情况下发现漏洞。论坛代表说，"很明显，卢旺达人投票赞成和解、民主发展和持久和平。因此，卢旺达人认可卡加梅总统的合法性"。④

比利时外交部部长路易斯·米歇尔打破了欧洲与非洲的对立，在2003年10月2日立法选举几天后宣布："我发现，对于选举的公平性，许多人结论下得极为迅速。我不相信所有发表意见的人都熟悉这些选举的确切背景和利害关系。"⑤

即使是最为挑剔的组织，对卡加梅总统选举胜利的合理性也没有

---

① European Union Electoral Observation Mission, *Rapport final*, Rwanda: *Électionsprésidentielles 25 août 2003. Kigali*, 2003, p. 4.

② 非洲联盟，非洲联盟观察员/监察组对2003年8月25日在卢旺达举行的总统选举的声明。

③ 2003年卢旺达总统选举南非观察团，Media Release, Kigali, August 2003。

④ Amani（阿曼尼）论坛，新闻稿：2003年卢旺达总统选举，基加利，2003年8月26日。

⑤ Agence France Presse, *Rwanda-elections: la Belgique desavoue les observateurs de VUE*, AFP News Bulletin, Kigali, 9 October 2003.

提出疑问。①

2010 年总统选举

投票前几个月发生了多起事件，8 月的选举在紧张的政治背景和媒体环境下举行。

2010 年 1 月 16 日，卢旺达民主力量联合组织——反对党领袖维托瓦尔·因加比尔，在其助手约瑟夫·恩塔万根迪的陪同下，高调返回卢旺达。② 因加比尔结束其 16 年的流亡生涯，返回卢旺达准备参加总统竞选。返回当日，她先去了基加利市的吉索齐种族大屠杀纪念馆，并发表了煽动性言论。离开时，她在向新闻界发表的声明中指出，对图西族人的种族大屠杀无异于对胡图族人的报复性杀戮，并承诺帮助那些因种族大屠杀而被捕的人。③

种族大屠杀期间，约瑟夫·恩塔万根迪在东部省一社区担任学校校长时，下令杀害学生。2007 年，该社区盖卡卡法庭宣判，判处约瑟夫·恩塔万根迪监禁 19 年。2010 年 2 月，约瑟夫·恩塔万根迪被捕，在缺席审判的情况下，被判处 19 年监禁。最初他申辩道，杀害学生事件发生时，他在瑞典，之后去了肯尼亚。一个月后，他供认曾亲自下令杀害 8 人。④ 至于维托瓦尔·因加比尔，被指控宣扬种族大屠杀意识形态和与恐怖组织合作，最初于 2010 年 4 月被捕，其自称要参选的总统选举也因此结束。⑤

---

① Human Rights Watch, *World Report 2004*, New York, January 2005, p. 150.

② 包括难民和民主重返卢旺达组织在内的几个政党组成了民主力量联合组织。这一组织于 1995 年 4 月在布卡武成立，取代种族大屠杀分子的"流亡政府"，在国际上树立好的形象。维托瓦尔·因加比尔于 2000 年成为该组织主席。ServilienSebasoni, "Republican Rally for Democracy in Rwanda", *The New-Times*, 3 October 2007.

③ YouTube, "Madam Ingabire Victoire Umuhoza at Gisozi, 16 January 2010" (https://www.youtube.com/watch? v = CD2f8Vu – YY4).

④ Rwanda News Agency, "Drama In FDU-Inkingi's Ntawangundi appeal case", Kigali, 16 April 2010.

⑤ 2012 年 10 月，维托瓦尔·因加比尔因危害国家安全和淡化种族大屠杀罪被判处 8 年监禁。审判中存在违规行为，但荷兰当局在其荷兰住所查获的文件证明她企图创建一个武装团体，以及其未来叛乱组织图手稿。Mehdi Ba, "Rwanda: l'aventureambigue de Victoire Ingabire", *Jeune Afrique*, 25 October 2015.

2010年，有政客和记者因不同原因被捕。记者让–莱昂纳尔·鲁甘贝吉与刚成立的民主党绿党副主席安德烈·卡瓦·鲁维塞瑞卡被暗杀。有两人因谋杀记者被捕判刑。其中一人供认，他是受一家人要求而暗杀记者的。种族大屠杀期间，因该记者的报道，这家人一些成员被杀害。[1] 谋杀绿党副主席的凶手未找到。前陆军参谋长卡奥巴·尼亚马萨将军叛逃，在国外与卢旺达爱国阵线中持异议者共同成立了反对党：卢旺达国民大会。几个月后，尼亚马萨在南非受到两次暗杀。他指责是卡加梅总统下令进行了这些暗杀行动，还正式宣布，在此之前，他策划了一场卢旺达武装起义，要把总统卡加梅赶下台。[2]

总统选举竞选活动开始的前几周，国际媒体和人权组织纷纷批评卢旺达。有四名候选人参加竞选：即将离任的爱国阵线主席保罗·卡加梅总统、代表社会民主党的众议院副主席让–达马瑟纳·恩塔武库利亚约、前自由党商务部长普罗斯珀·希吉罗、正竞选进步共识党的参议员阿尔维拉·穆卡巴兰巴。社会民主党和自由党是爱国阵线在政府中可靠的合作伙伴。总统保罗·卡加梅即将卸任，卢旺达其他六个获批准的政党支持其具有候选资格。

反对爱国阵线的三个政党发起各种竞选活动，结果各不相同，但社会民主党和自由党有时非常活跃。[3] 保罗·卡加梅的竞选活动开始时并不很激烈，爱国阵线不久为其举行集会，热情高涨，吸引了大量民众。发言人强调了所取得的社会经济进步及其对人们生活的影响，以表达对候选人卡加梅的支持。《新时代》对竞选活动中最令人印象深刻的集会进行了报道，这场集会吸引了北部吉坤毕区15万民众参加。自上月总统竞选活动开始以来，吉坤毕区大型集会是规模最大的一次。显然，受到大批选民投票的鼓舞，卡加梅在集会上发表演讲，在选举结果出来之前，先问问卢旺达人需要什么，对反对者及那些一

---

① Human Rights Watch, "Rwanda：Silencing Dissent Ahead of Elections", 2 August 2010.

② "Nyamwasa Breaks Silence：I planned to overthrow Kagame", *City Press*, 29 July 2012.

③ Commonwealth Secretariat, Rwanda Presidential Elections 9 August 2010, *Report of the Commonwealth Observer Group*, p. 17.

直发表虚假报道的人提出了挑战。①

　　对支持这位即将离任的总统所发起的大型示威活动的真实性，在场记者及观察员几乎没人质疑。有人发现存在一些施压的情况；一般来说，地方官员向当地民众施压，要求他们参加卡加梅的集会。但单凭施压，无法解释集会的规模为何如此之大，民众的热情为何如此之高。

　　通过选举前六个月进行的一次民意调查，可以了解到人们对即将卸任总统竞选集会的参与情况。除个别例外，卡加梅在举行集会的地区，都受到不同程度的欢迎。基于基尼亚卢旺达语进行的一项政府内部民调，可以看出民众对卡加梅总统第一任期（2003—2010 年）所取得进步的看法，引起人们的关注。民调结果可以帮助准确地预测出人们对即将离任总统这次选举集会的参与程度。吉坤毕当地生活条件不断改善，作为满意度最高的地区，在全国 30 个地区中脱颖而出。

　　吉坤毕仍然是卢旺达最为贫穷的地区之一，但在被问及消除贫穷运动在本地区是否取得进展时，39% 的吉坤毕居民说"进展很大"，55% 的人回答"满意"，这看起来很矛盾。② 对于"进展很大"这样的回答，吉坤毕的比率最高，北方省为 25%（也为全国最高），全国平均为 19%。政府为吉坤毕地区的发展做出了很大的努力。自 2003 年总统竞选以来，对民众作出的几乎所有基础设施方面的承诺都已兑现。此外，在一些偏远地区，2003 年总统竞选期间作出了一些重要承诺，但兑现结果并不尽如人意，人们对卡加梅候选人的满意度及其集会的参与度也比较低。在加肯克地区，只有 13% 的人认为脱贫攻坚工作取得了重大进展，满意率在北部省和全国范围内均为最低。③

---

① "Kagame's Gicumbi rally attracts monumental crowd of over 150,000", *The New Times*, Kigali, 3 August 2010.

② 卢旺达国家统计局第四次家庭生活状况综合调查（2013—2014 年）显示，吉坤毕是该国第二贫困地区。

③ 同样的问题，吉坤毕 55% 回答为"略微"，加肯克为 78%，北方省为 70%，全国平均为 67%。Alfred Ndahiro and Anasthase Shyaka, "Survey of Rwandans' Perceptions of Government Achievements in the Last Seven Years (2003–2010)", Kigali, June 2010.

上个总统任期就承诺要建立一家地区医院，建设两条输电线路，修一条路和一条公车线路，到 2010 年 5 月却还没有兑现。① 这一地区参加总统卡加梅集会的比其他任何地方都要少许多。

选举前，国际媒体的报道极端负面，与此形成鲜明对比的是，大批民众参加了即将离任总统的选举集会。相比 2003 年的总统选举，这次大家的支持反映出当地民众与卡加梅总统之间的关系发生了变化。两次选举之间时隔七年，看来，卡加梅总统在国内政治上取得了真正的胜利。

保罗·卡加梅以 93% 的选票赢得了选举。最大的联邦选举观察团，在其报告中未提到任何暴力事件。报告认为，选举是和平举行的，候选人享有行动与集会自由。但专家组注意到，地区一级的统计结果缺乏透明度。考虑到该国的历史及 1994 年的悲剧，联邦集团的报告说，需进一步处理政治参与和媒体自由问题，以推进卢旺达的民主进程。②

① Republic of Rwanda, Office of the President, "Summary table of the status of promises to the people made by the president and other leaders", March 2010.

② Commonwealth Secretariat, *Report of the Commonwealth Observer Group*, *Rwanda Presidential Elections 9 August* 2010, pp. 31 – 32.

第八章　社会经济转型之路

经过两个阶段的改革及系统、持续的努力，卢旺达政府腐败减少，反腐败工作取得显著成效。第一阶段，即本书前一章所描述的阶段，对政治人物、高级官员及商界，卡加梅政府遵循问责制、尊重法治的原则。第二阶段，即本章的主要内容，行政部门做出了巨大的努力，给问责制打下更为坚实的制度基础。实际上，由于对国家机器的行政支配，这两个阶段部分任务相同。

善治制度化

种族大屠杀及内战后，新一届领导沿用上一届的行政机构，这些机构运作了好几年。1998年开始破旧立新，建立新的机构。现有的组织源于讲法语的非洲行政传统，效果不尽如人意。在行政部门，税收与收费部门过于依赖财政部。决策者在行政管理机构内部引入"制衡"机制，使这些经济管理机构更为强大、自主。

其中，第一个机构——国家招标委员会——于1997年11月仓促成立，以打击在授予公共合同方面的各种职权滥用行为。由于所有重要公共合同只有该机构有权授予，几年后，其运行碰到瓶颈，给行政部门的运作造成许多延误。欺诈者利用这种情况，使用单一来源合同的紧急程序，多次逃避责任。

2007年4月，通过了一项关于授予公共合同的新法律。2008年2月，卢旺达公共采购局取代国家招标委员会。该局下放了授予公共合同的权力，并设立了一个独立的实体机构，可以对该局的决定提起上诉。卢旺达公共采购局根据《援助实效问题巴黎宣言》及《阿克拉行动议程》进行了调整。这样，不仅捐助方会支持卢旺达的公共合同授予制度，而且为直接预算援助的发放提供了便利。

为加强征收税费，1997年11月成立了卢旺达税务局，该局设有反腐部门。同样，该局需要行动迅速，整肃已失控的做法，停止政界人士、高级军官和权势商人在进口货物方面的种种特权。1998年6月，审计长办公室成立，对国家各部委及所有公司进行审计。首先采取的行动之一，便是将6000名虚构的公务员从政府的工资单上除名，另外6000名因不具备相应资格被开除。几年来，行政人员提交的会计凭证越来越完整，审计长的报告质量得到提高。然而最近，2014年，在审计长的工作中发现，多个公共机构的行政及财务惯例出现恶化现象。①

2011年4月，议会公共账目委员会成立，除负责其他事务外，还负责纠正审计长给议会提交报告后缺乏后续行动的问题。该委员会与政府机构政治及行政首长举行了公开听证会，向行政和司法部门施加压力，要求他们面对管理不善的情况，积极行动起来。

为打击腐败及不公现象，2004年成立了监察员办公室，负责收集高级政府官员的年度财产申报，监督公共机构负责人行为守则法律的适用情况。公民可通过该机构，对行政部门的不公正行为进行追诉。监察员办公室还设有专门的反腐部门。首任监察员铁托·鲁塔雷马拉对其职责范围进行了积极的解释说明，最终被赋予了更大的权力以执行任务：司法警察权、检察官权、执达官权、征用权、行政处罚权。对于普通上诉法院、商事法院、军事法院看似不公正的判决，监察官可进行复审，并向最高法院上诉。在全能型政府的卢旺达，监察员办公室成立之初，其制度创新在想要对行政机关行使追索权的普通民众中颇受欢迎。最初民众有大量的诉求，后稍有减少，但要求干预

---

① *The New Times*，"Ombudsman should seek bigger fish to fry"，editorial，11 April 2014.

的请求却逐年增加，要在合理的时间范围内作出回应，对监察员的服务提出了挑战。

2006 年 9 月通过了《组织预算法》。该法将行政部门的特权与立法部门的特权明显区分开来，确定了公共支出管理系统中参与者的权力、作用及职责。2007 年，政府开始对公共支出及财务进行评估。这项工作对授支出、支出合理性、税收征收、合同授予及政府财产管理过程进行了审查。此后，政府通过了一项中期行动计划，对其管理系统的设置进行审查，对公共事务主要管理机构也进行了诸多调整。这些改进措施增强了捐助方对国家公共管理体系的信心，有可能大幅增加直接预算援助的比例。

2001 年 5 月，国家考试委员会成立，对公立及私立中小学依国家规划建立的考试制度进行管理。哈比亚里马纳政权时期，考试体系混乱，提高考试公平性的呼声日益增强，引起了广泛的社会影响。有传闻说，自全面改革考试制度以来，普通家庭及农村地区的孩子获得了出国留学最佳奖学金。2009 年 1 月，成立了性别问题观察站，负责推动处理按性别分类的数据。设立这些机构，是为了确保在提供公共服务方面的公平性，但在一定程度上，它们也不免受到权力腐败的影响。

2009 年，有一系列新的起诉是针对职位较高的官员进行的。卢旺达国家统计局局长、中央公共投资及对外财政局局长、3 名部委常务秘书、12 名监狱长和种族大屠杀幸存者援助基金的官员因腐败或贪污被捕。[1] 2009 年以来，对重大腐败行为责任人的起诉数量有所减少，这似乎表明，上一轮的起诉起到了警诫作用，但也使得官员们腐败方式更为谨慎、更为复杂。

再现政治干预

尽管行政机构在国家治理中的效力不断提高，但在许多情况下，

---

[1]　Albert-Baudoin Twizeyimana，"Rwanda：punistous les corrompus，même haut placés"，Syfia Grand Lacs，19 February 2009.

对于政治敏感的情况很难处理，需要最高行政部门的干预。2008 年发生的一件事给人们留下了深刻的印象：卡加梅总统亲自领导完成了卢旺达一些最有权势的人物在东部省的土地重新分配问题。

1994 年返回卢旺达后，一些高级政治及军事领导从公共领域获得大量土地特许权，还从民间党组织处购买获得其他土地。当时，大牧群所有者可用 50 头奶牛合法换取 25 公顷的土地，可拥有多达 100 公顷的土地。在卢旺达，这是相当大的土地面积。[①] 有些公众人物与家族成员一起，有时占有达数百公顷的土地。

19 世纪 20 年代末重新分配土地时，没有处理这些特权。但附近居民没有足够的土地饲养牲畜、种植作物，这导致了两者之间的紧张关系。一些牧场进行扩张，损害了实力较弱的邻居的利益，媒体经常报道双方之间的紧张关系。

2006 年，卡加梅总统指示国土、环境、林业、水利及矿业部部长调查并解决该问题。迫于压力，该部长未采取任何行动。后成立警察委员会，负责调查该问题，并提出解决办法。[②] 此后，针对这个问题，部队上还成立了委员会。

2007 年，对于大地主与邻居间的冲突事件，当地媒体报道得越来越多。一些有势力的地主依靠当地官员驱逐邻居，扩大土地。在 2007 年 4 月 20 日的新闻发布会上，记者们向总统提出该问题。回答提问时，卡加梅总统意识到了问题的严重性，提到有些部长甚至也参与其中。2007 年 6 月，总统下令合并警察委员会及部队委员会，任命弗雷德·伊宾拉将军（本人便是当地大地主）担任委员会主席。委员会确立了将大地主的土地限制到 25 公顷的原则。之前，大地主的父母每人有权拥有 10 公顷的土地。这些大片的土地可授予大型牲畜所有者，使其可继续进行商业性开发。

---

① John Bruce, "Drawing a line under the crisis: Reconciling returnees land access and security in post-conflict Rwanda", Humanitarian Policy Group, June 2007, p.32.

② Dan Ngabonziza, "Has Kagame's policy against land grabbers paid off?" Kigali Today Press, 5 February 2015.

　　该问题依然没有实质性进展。2008 年 1 月，卡加梅总统对东部省进行了为期四天的访问，亲自监督土地重新分配问题。首批重新分配的三块土地属于参议员约瑟夫·卡雷梅拉博士、总统府参谋长弗兰克·穆甘巴奇将军和卢旺达驻印度大使卡奥巴·尼亚马萨将军。① 这些土地立即分配给了新的受益人。随后几天，在总统的见证下，地方行政部长普罗泰斯·穆索尼、退役将军萨姆·卡卡、两位现役将军和委员会主席伊宾拉将军分配了他们的土地。② 在这四天中，大部分重新分配的土地都超过 300 公顷。此后，在加特西博、卡永扎和尼亚加塔雷等地重新分配了 30000 多公顷的土地。③

高效治理机构

　　腐败控制指数存有卢旺达最早的腐败数据，该指数显示了卢旺达在腐败控制问题上的进展情况（表 8.1）。1996 年，撒哈拉以南非洲地区的腐败控制数据显示，卢旺达、布隆迪、刚果民主共和国、冈比亚及塞拉利昂处于最底层。2006 年，透明国际清廉指数开始提供有关卢旺达的数据，证实了这一变化。2006 年，卢旺达的清廉指数在世界排名 121 位，2017 年升至 48 位，在非洲排名第四。④

表 8.1　　　　　　　腐败控制指数（百分比 0—100）　　　　（单位:%）

年份	1996	1998	2000	2002	2004	2005	2006	2007	2009	2010	2011	2013	2014	2015	2016
	20	25	30	38	39	27	51	58	62	21	69	72	76	75	74

　　资料来源：世界治理指数（2017）。

---

① Felly Kimenyi and Godfrey Ntagungira, "Use land properly-Kagame", *The New Times*, 22 January 2008.

② Felly Kimenyi, "Kagame warns fake land beneficiaries", *The New Times*, 25 January 2008 and Felly Kimenyi, "Share resources, Kagame tells Rwandans", *The New Times*, 24 January 2008.

③ *The New Times*, "Kagame returned over 30, 000 hectares to the needy of Eastern Province to escape poverty", 7 February 2015.

④ Transparency International, "Corruption Perception Index", 2017.

尽管如此，不正之风依然存在，且随时间的推移略有变化。审计长的年度报告中对这些情况进行了记录，详细说明了每年因贪污、浪费及管理不善而使公共财政损失达数百万美元。报告显示，2008 年以来，公共财政的损失金额有所下降，但从 2013 年开始再次出现强劲反弹。

21 世纪初反腐运动中，取消了部长及县长在资金分配中的签字权。大规模腐败现象虽未消失，但已大大减少，剩下的便是行政机关中层干部的腐败问题。

社会上，特别是在年轻群体中，拒绝腐败的现象似乎正在减少。每隔五年的两次世界价值观调查提供的信息证实了这一点。2007 年，在回答接受腐败是否合理这一问题时，48% 的受访者回答"永不接受"，所有年龄段的受访者给出此答案的比例都最高。2012 年，只有 29% 的人回答"永不接受"。这次的调查中，回答"永不接受"的，在 29 岁以下的青年群体中占 27%，在 30—49 岁的人群中占 28%，在 50 岁以上的人群中占 35%。①

为打击不断加剧的腐败现象，开始了新一轮的政治动员。2015 年 4 月，国家反腐败咨询委员会将从事治理领域工作的国家机构负责人召集在一起，召开了一次特别会议。2015 年 7 月，对于新形式的腐败问题，参议院组织了一次全国协商会议，谴责此种现象。两次会议都呼吁各个治理领域加强协调。②

2016 年 3 月，在第十三次全国领导务虚会上，高级政府官员聚到一起，对打击公职人员挪用公款缺乏法律措施的问题进行了讨论。针对这一现实，卡加梅总统要求，如果起诉困难，则要充分利用行政法规。③ 2017 年 1 月，500 多名地方政府官员因不称职或腐败问题被迫辞职，部分是源于以上指令。④ 一个月后，政府批准开除 198 名警察，

---

① World Values Survey, "Rwanda Waves 5 and 6", 2007 and 2012.

② Daniel S. Ntwali, "Corruption on the rise in Rwanda", *Africa Reporter*, 22 April 2015; Republic of Rwanda, the Senate, "The Senate of Rwanda hosts a national consultation."

③ 2016 年 3 月 12 日至 14 日在国家领导人务虚会上进行的讨论。

④ Daniel Sabiiti, "561 Local Leaders 'Forced to Resign'", Kigali Today Press, 16 January 2017.

其中包括多名高级官员，基本上都是因为腐败问题。[1]

自 1998 年开展反腐运动以来，卢旺达在治理方面取得很大进展，由非洲腐败最严重的国家之一，变为如今腐败最少的国家。腐败现象的减少有助于社会稳定，使国家有限的资源得到优化。卢旺达地处内陆，市场规模小、生产力低下，对经济发展造成了严重的阻碍。鉴于此，对各部门数据的比较表明，治理方面的进展是卢旺达的主要比较优势，也是其近期经济发展的基础。[2]

技术层面，善治制度化不断发展。现继续依赖政治权力，追求善治。政治领导层要求廉洁奉公，面对这些压力，行政部门都认真执行。这些机构缘起于变革之中，这种政治渊源可解释以上情况。此外，廉洁奉公可以提高这些机构的自主权，但这种规范在该国重要的政府部门似乎尚未深入人心。

经济改革

在种族灭绝后的最初几年里，政府在恢复国家社会经济结构各方面的同时，行政当局采取了经济自由化政策，并致力于改革公共服务。出于理论信念和捐助者的影响，政府决定在重建过程中给予私营部门更多机会。政府从哈比亚里马纳政权继承下来的主要经济控制机制很快就被废除了。全面取消价格管理制度，实行浮动汇率制度。进口税降低，咖啡行业完全开放，允许在生产的各方面进行竞争。减少咖啡和茶销售中的外币保留，然后又废除。允许国际竞争导致了工业部门的总体收缩，并且使种族灭绝时期遗留下来的进口替代产业急剧减少。完善税费征管工作，重点抓好占税基 80% 的 150 个最大纳税主体。

政府企业的私有化进程开始于 1997 年。十年内，政府出售了 75

---

[1] *The New Times*, "Police explains the dismissal of 200 officers", 6 February 2017.

[2] 在世界经济论坛报告 "Global Competitiveness Report（2014—2015）"中，关于卢旺达竞争力的四个支柱，卢旺达在机构方面排名第 17 位，在基础设施方面排名第 97 位，在宏观经济环境方面排名第 92 位，在健康方面和小学教育方面排名第 88 位。

家公共企业，还清算了另外 7 家企业，其中包括卢旺达航空（国家航空公司）。私有化标志着政府几乎完全退出工业领域，同时重新参与战略服务项目，例如 1997 年与跨国移动电信公司建立移动电话服务，2003 年建设五星级酒店，即洲际酒店。

2000 年，卢旺达开始征收增值税，降低税收。在银行部门进行其他重要改革，建立起第一批经济管理机构（如上所述）。

种族灭绝后的政府将公务员制度改革作为优先事项，以提高效率和调动官员的积极性为目标。为此，除教师外，政府减少公务员人数，为其提供培训并增加薪水。1999 年，从政府的工资单上删除了6000 名被伪造的虚假员工，并另外解雇了 6000 名员工。那些留下来的员工平均加薪 40%。尽管与东非共同体国家相比，这些新官员的教育水平和质量相对较低，但事实证明，他们工作勤奋高效，在执行复杂政策方面似乎比在构思政策方面更具创造力。[1]

2000 年，这个种族灭绝后的经济体的国内生产总值规模首次达到 1990 年的水平[2]。从 2000 年开始，卢旺达有资格获得重债穷国的减免和债务取消，相当于其公共债务总额的 71%。债务免除从 2006年 1 月生效。[3] 这使政府能够以优惠利率获得贷款，并真正重启发展战略。作为补偿，政府同意实施减贫战略文件。

主要社会经济发展战略

国家的真正发展阶段始于 2000 年 7 月卡加梅总统提出的"2020愿景"战略。这份文件是乌鲁维罗村讨论和改进后的成果，旨在实现社会经济转型。它由专家起草，然后广泛征求公众意见。"2020 愿景"成为国家总体发展轨迹的战略框架，其他中期战略被视为实施

---

① 2014 年 4 月，在巴黎政治学院与保罗·科利尔讨论。

② World Bank, *World Development Indicators*（WDI），2016.

③ African Development Bank, "Rwanda-HIPC Approval Document-Decision Point under the Enhanced Framework", January 2001; and IMF, "Rwanda Country Report", No. 06/245, July 2006.

阶段。

"2020愿景"旨在使卢旺达到2020年成为中等收入国家，并将其以自给农业为基础的经济转变为知识型经济。国家设定了以下目标：居民人均年收入为900美元（2000年为220美元），贫困率为30%（2000年为60%），平均预期寿命为55岁（2000年为49岁）。战略支柱包括加强善政和政府能力，开发人力资源、私营部门、基础设施、服务业、商业性农业，以及促进区域一体化。"2020愿景"的概念化基于一些假设，其中之一是，即使是一个现代化且生产效率更高的农业部门也不能充当推动国家社会经济转型的增长动力。另一个假设是，自然障碍阻碍了工业化的发展，主要因为卢旺达是内陆国，运输费用昂贵。"2020愿景"确定了国家的比较优势，并将战略重点放在这些优势上①。"2020愿景"的基本思想是跨越传统领域，例如农业乃至工业，将其雄心集中在由新技术加强的服务领域。

2012年5月，在"经济增长和减贫战略2"的框架下，"2020愿景"的一些目标发生变化，其中包括人均国民生产总值提高到2020年的1240美元。为此，国家必须达到11.5%的年均增长率。此外，在"经济增长和减贫战略2"下，轻工业化在国家发展中所起的作用得到加强。②

"2020愿景"具有重要的社会反响。人们接受了这一理念，icy-erekezo（基尼亚卢旺达语，指"愿景"，常以娱乐的形式出现）一词纳入日常用语，例如在公共汽车的后面和小商店的店面上得以广泛使用。21世纪初，基加利市开展美化运动，加强了人们对新开端的印象。后来，基加利总体规划确定了城市区域，使城市商业中心的高楼林立。一些二线城市也经历了类似但较为适度的演变。

对于那些不理解投资和努力美化资本的选择，而不是将投资的资源用于其他紧迫的优先事项的合作者，卡加梅总统解释说，保持清

---

① Republic of Rwanda, "Vision 2020", Kigali, 2000.

② Republic of Rwanda, "Economic Development and Poverty Reduction Strategy 2013 – 2018, Shaping Our Development", May 2013, p. 2.

洁、秩序和组织是价值和自尊的基础，在此基础上才有可能创造财富①。这些在清洁和组织方面的努力后来不仅在其他城市中心得到推广，而且在行政和社会基础设施方面也得到推广，例如地方行政大楼、监狱、警察局、学校、医院和卫生中心。

自 2000 年以来，政府先后通过三份经济策略文件：2002 年的"减贫战略文件"、2008 年的"经济发展与减贫战略 1"和 2013 年的"经济发展与减贫战略 2"。② 2007 年，千年发展目标正式加入这一政策框架。2002 年，"减贫战略文件"提出一项较为笼统的战略，涵盖六大领域，分别为农业发展、人类发展（教育、卫生和其他社会政策）、基础设施、管理方法、私营部门的发展以及改善政府机构建设（按优先顺序排列）。这是对现有主要发展领域的全面振兴，没有任何真正的重点。

2006 年"减贫战略文件"到期时，尽管取得了一些进展，但结果令人失望。妇女在政治代表权方面取得相当大的进步，女性在议会成员中占 49%，是当时世界上最高的。国家也经历了重大的体制调整。此外，5% 的经济增长率虽然不低，但与前五年（平均增长率为 7.7%）相比，增速有所放缓。生活在贫困中的卢旺达人口比例确实有所下降，但幅度不大，从 2001 年的 60.4% 下降到 2006 年的 56.9%。贫困人口的绝对数量实际上有所增加，从 482 万人增加到 538 万人；原本已很严重的不平等现象也在加剧。基尼系数从 0.49 上升到 0.51。③

与农村和赤贫阶层相比，较富裕的城市阶层获得了经济增长的好处。然而，人口快速增长却侵蚀了经济增长的好处。2007 年 7 月发表的"国家人类发展报告"对第二次家庭生活状况调查中收集的 2001—2006 年发展数据进行了分析，在报告公布后引起了广

---

① Patricia Crisafulli and Andrea Redmond, Rwanda, Inc. : *How a Devastated Nation Became an Economic Model for the Developing World*, New York, Palgrave Macmillan, 2012, p. 95.

② Republic of Rwanda, Ministry of Finance and Economic Planning, "Poverty Reduction Strategy Paper", June 2002.

③ United Nations Development Programme (UNDP), "National Human Development Report, Rwanda 2007", July 2007.

泛反响。① 报告解释说，严重的不平等减缓了经济增长和消除贫困的步伐。该报告揭露了农业部门的弱势，并断言目前暂时仅靠经济增长不能解决贫困问题，还需要做出大量的社会努力。

决策者希望转变国家经济、不再将生计农业作为主要活动，不愿扶持农业部门。在 2000—2011 年期间，农业部仅获得 5% 的国家预算，比非洲农业发展综合计划承诺的数额少了一半。从 2000 年到 2006 年，农业部门收缩了 4%。在此期间，国家遭受了严重饥荒，被迫大量进口香蕉、大米、豆类和其他食品。② 2005 年，79% 的人口以农业为生，农业部门的生产总值占国家国民生产总值的 38%。③ 自那以后，特别是在 2013 年实施"经济发展与减贫战略 2"之后，已制定更加平衡的发展战略，从而大大增加了对农业的投入。

考虑到"经济发展与减贫战略 2"和"2020 愿景"即将到期，2016 年 12 月，政府通过一项名为"远景 2050"的新经济战略文件，该文件将引导国家在 2035 年之前达到中上收入水平，在 2050 年达到高收入水平。这一过度扩张战略将通过长达七年的国家转型战略来实施。

2006 年：农村发展的转折点

政府的反应是积极的，推出了两个主要的补充项目：一个是农业发展项目，另一个是地方发展和社会保障项目。2006 年下半年，严重的粮食短缺也促使政府集中力量振兴农业。在此期间，成千上万的人因饥饿而逃离布格塞拉地区（距离基加利约 50 千米）。2007 年 7

---

① United Nations Development Programme（UNDP），"National Human Development Report, Rwanda 2007"，July 2007；Republic of Rwanda，National Institute of Statistics of Rwanda，"Integrated Household Living Conditions Survey（2006）."

② The New Partnership for Africa's Development（NEPAD），"Drivers of Success for CAADP. Rwanda Case Study"，November 2013，pp. 12 – 13. 但是，没有具体说明 CAADP（非洲农业发展综合方案）所要求的 10% 的农业专项预算是如何计算的。

③ National Institute of Statistics Rwanda，"Integrated Household Living Conditions Survey（EICV 2，2006）"World Bank，"World Development Indicators"，2016.

月，卡加梅总统领导的内阁特别会议将农业列为政府的当务之急。①

优先考虑农业，促使政府在 2007 年启动了"农作物集约化计划"。该计划呼吁政府对农业部门进行重大干预。"农作物集约化计划"的第一项内容是分配一揽子技术，包括化肥、高产种子和提供收成管理服务。第二项内容是合并使用属于不同人的土地，并对其进行联合和协调开发。该计划还要求根据生态条件对作物进行区域化种植，旨在创造规模经济并使干预措施的成本合理化。通过使用各种保护土壤的技术的土壤和水管理方案，加强了"农作物集约化计划"。

由于耕地面积扩大和生产力提高，农业的这种发展使大幅度提高粮食产量成为可能，进而加强了粮食安全。2000 年至 2015 年，农作物营养不良的发生率下降了一半，但仍高达31%。② 政府对农业的重新关注未能成功转变农业生产结构，大多数作物仍远未达到其潜在的最佳产量。只有三分之一的农场参加了"农作物集约化计划"，不到一半的农场一种或另一种形式的肥料。"农作物集约化计划"要求的后勤投入分配工作不稳定，给农民造成严重损失，只有一小部分农产品进入市场。③

"农作物集约化计划"要求政府对农民的生产进行干预，使他们在分配投入方面依赖政府服务。该计划所要求的单一栽培破坏了先前各种农作物品种提供的相对安全体系。此外，农业部门及其私人服务提供者有时甚至无法履行承诺。尽管存在这些不利因素，农业生产在严重退化的情况下仍有很大改善。自 20 世纪 80 年代中期以来，人口压力增长和开发过度造成土地支离破碎，使卢旺达自给自足的农民处境严峻，需要政府大力干预才能使他们生存下去。

"2020 愿景乌穆仁格计划"于 2008 年启动，是一项地方发展和社会保护计划，旨在加强贫困农民的生产能力。该计划包括多个部

① 2016 年 1 月 14 日在基加利接受 B. K. 的采访。
② World Bank, "World Development Indicators", 2016.
③ Republic of Rwanda, National Institute of Statistics of Rwanda, "Integrated Household Living Conditions Survey（EICV 4, 2013 – 2014）".

分。基于人口所表达的基础设施需求，第一部分涉及劳动密集型公共工程项目（具体包括建设防侵蚀梯田、道路、教室、灌溉工程、电气化、桥梁和保健中心），这些项目可以为当地提供就业机会。第二部分包括为生产项目贷款，第三部分则包括向最弱势群体直接转账。该计划通过修建道路和桥梁，开放通往偏远地区的通道，产生了明显的效果。由于与需求相比财产有限，"2020 愿景乌穆仁格计划"主要集中在公共工程上，较少集中在贷款等方面。截至 2014 年，该计划已惠及全国一半以上的 60 万人，预计 2018 年将覆盖到全国。该计划使参与者的生活条件得到真正改善，尽管它似乎仅使那些最有能力充分利用它的人受益。[1]

2005 年人口健康调查显示，45% 的五岁以下儿童患有中度慢性营养不良，19% 患有严重营养不良。2006 年 4 月，政府启动吉林卡计划，向最贫困的家庭分发牲畜，以帮助改善这种状况。食用牛奶将改善最脆弱儿童的营养水平，牛粪可以用作肥料。吉林卡计划的灵感来自传统文化的一个核心原则——赠送一头牛。其原则是，每一头母牛的受赠人必须将第一头小牛送给有需要的人或家庭，并一直延续下去。该计划主要依赖政府支持，也得到了国际援助，此外，企业、私人团体、重要的来访者和散居海外的团体也做出了贡献。2016 年，超过 24.5 万户家庭通过吉林卡计划获得一头奶牛[2]。十年间牛奶产量增长了五倍。事实证明，这项举措有效防治了营养不良和施肥，对最贫困人口的收入产生了显著影响。[3]

农村发展的制度载体

地方发展建立在多种机构和组织机制的基础上，其效果倍增。最

① Vincent Gahaman and Andrew Kettlewell, "Evaluating Graduation: Insights from the Vision 2020 UmurengeProgramme in Rwanda", *Institute of Development Studies Bulletin*, Vol. 46, Issue 2, March 2015, pp. 48 – 63.

② Republic of Rwanda, Ministry of Agriculture, 2017.

③ Anna Petherick, "Rwanda's One Cow per Poor Family Program Turns Ten Years Old", in *SPLASH! milk science update*, June 2016.

重要的是，2006 年改革后的地方行政当局。2001 年，地方行政部门着重于对当地居民进行政治动员。在 2006 年，地方行政部门力图提高提供服务的效率，使行政服务更加便利。这些服务的供应点由地区改为行政级别较低的部门，并扩大部门的规模。在乌姆杜古杜（一个更接近人口的村庄）增加了一个新的、更方便的行政级别。通过提高管理人员的专业素质和薪酬，提高了部门和地区的能力。各区在法律和财政上变得独立。他们监督卫生、教育和供水基础设施，并可以获得投资资金。尽管如此，中央政府的影响力仍然强大，从而限制权力下放所追求的有效性。地方领导人成为行政部门与当地居民之间必不可少的纽带和中间人。通过管理大量资源（约占国家预算的 25%），他们的能力和效率都得到了提高。[1]

在这个体制框架中增加了一些独特的组织机制，这些机制通常被认为是地方行政当局和当地居民之间的本土解决办法。这些机制经常从传统文化中汲取灵感，从而增强了它们对社会的接受能力。在这些机制中，有加卡卡法庭，但也有吉林卡、乌布德赫、伊米希戈和乌穆干达。乌布德赫是收割时一个传统的邻里互助制度，它需要许多参与者的集体努力。最新的版本是每两年举行一系列社区协商和审议，以确定当地最重要的社会经济问题。这些社区大会根据收入和脆弱程度，将当地居民按类别列入名单。他们还确定了优先的社区项目。政府提供的服务，如补贴医疗保险或助学金，都是根据这些清单来确定最需要的人和家庭的优先次序。2004 年至 2006 年，乌布德赫进行扩建。

2006 年推出了在提供公共服务方面有效的其他社会行政手段，如伊米希戈等绩效合同。这些合同旨在加强地方行政部门的效力和问责制。传统上，伊米希戈指军队指挥官和伟大的战士在战斗前夕在国王或军队首领面前所做的功绩，他们承诺在即将到来的战斗中表现得

---

① Benjamin Chemouni, "Explaining the design of the Rwandan decentralization: elite vulnerability and the territorial repartition of power", *Journal of Eastern African Studies*, Vol. 8, No. 2, March 2014, pp. 246 – 262.

很英勇。① 伊米希戈的现代版本是区长和共和国总统之间关于来年进展情况的年度业绩合同。伊米希戈通常在议会中举行庄严的签字仪式。伊米希戈所创造的竞争精神，通过每年公布表现最好的地区的记分牌，加强了各地区提供服务的效率。

这种效仿也有其缺点，例如做出虚假的业绩声明，无视居民的发展选择，盲目支持中央政府的决定，以及胁迫当地民众。2010 年开始一项更全面和严格的地区表现评估，不仅要考虑所取得的成果，还要考虑地区取得成果的方式。赋予各区更大财政责任的后果之一是腐败的蔓延。2015 年年初，几位以业绩好著称的区长被指控欺诈，其他人则因为虚假的绩效声明而辞职。② 乌布德赫和吉林卡是受影响最大也是最受欢迎的两个机制。

另两个机制加强地方行政当局对当地居民的责任。第一个是全国对话（基尼亚卢旺达语：Umushikirano），这是由共和国总统主持的年度公共集会，讨论各种社会经济问题及其对当地居民的影响。政府部长主持为期两天的大会，各区区长出席，并通过电台和电视台进行现场直播。大会通过电视、短信、电话和脸书实时接收当地居民的问题和要求。许多人使用此论坛抱怨并谴责政府的糟糕表现和不公正案例。第二年，全国对话从宣读报告开始，报告中列出了对上一年提出的问题所采取的措施及其实施日期。

问责制的另一个方面表现在总统访问各地区时，在访问期间，民众可以直接向国家元首提问，表达他们的关切。这些集会在国家广播电视台进行现场直播。为避免公众批评，地方官员听到国家元首将访问他们所在地区时，会尽一切努力解决当地问题。

经济增长战略

尽管他们倾向由私营部门主导的经济重建，但由于生产部门的资

---

① 在战争结束时举行的一次汇报会上，对这些承诺进行审查和严格核查。

② Edmund Kagire, "Questions emerge as mayors hit country with flurry of resignations", *The East African*, 16 January 2015.

金不足，政府不得不对生产部门进行再投资。为了快速振兴经济，政府采取了一项促进增长的三极战略，以改善商业环境，发展基础设施，并投资于具有强大增长潜力的传统部门。

2001 年，政府制订了"卢旺达国家创新和竞争力方案"，通过制定全面的增长战略，促进咖啡、茶叶和旅游部门的增长。另一个目标是增加附加值。政府鼓励私营企业家投资并建立咖啡洗涤站，从而鼓励生产完全洗净的高品质咖啡。洗涤站数量从 2000 年的 1 个跃升至 2013 年的 210 个。生产合作社配备咖啡洗涤站，鼓励出口商和外国买家直接联系。政府还鼓励取消和替换旧的咖啡种植园以提高生产率。生产商的价格大幅上涨，从 2004 年的 60—80 卢旺达法郎上涨到 2008 年的 160—180 卢旺达法郎。2015 年，大约 45 万人的收入至少有一部分来自咖啡，而在 2000 年，该行业一直处于衰退状态，90% 的产品都是劣质咖啡。15 年后，卢旺达向星巴克、绿山、森宝利、好市多和沃尔玛等大型国际买家出售咖啡。咖啡出口收入从 2003 年的不到 2000 万美元上升到 2017 年的 6000 万美元左右，尽管产量较低。即便如此，卢旺达咖啡业仍受到高生产成本的影响。[①]

茶叶产量迅速上升到 1994 年前的水平，但质量并没有提高。2001 年，政府试图将其 9 个茶叶加工厂私有化，但没有找到买家。因此，政府决定投资恢复工厂，重组茶叶，加快私有化进程，并于 2012 年完成私有化。同年，政府改变了支付给种植户的价格制定依据，向生产者支付的价格不是由加工厂根据其声明的成本确定，而是与卢旺达茶叶在国际市场上的价格挂钩。除了根据质量支付奖金和罚款，还规定了最低价格来保护种植者。几年后，高质量的卢旺达茶叶在欧洲的专门商店出售，而不是像传统的那样只在肯尼亚批量销售。茶叶出口的增长曲线与咖啡相似，2000 年的茶叶出口额只有 2000 万美元，2010—2014 年上升到约 6000 万美元。

[①] Rwandan Ministry of Agriculture and Animal Husbandry and the Ministry of Trade and Industry, 2014；Rwanda National Agricultural Export Board（NAEB），2018.

旅游业和采矿业逐渐成为国家外汇的主要来源。1990 年在游客人数达到 2.2 万人的高峰后，由于内战和种族灭绝，旅游业几乎完全崩溃。[①] 2001 年，政府成立了一个旅游工作小组，在私营部门的参与下，起草了一项国家战略，以重振此行业。该小组重点关注火山国家公园及其山地大猩猩，以发展一个特殊的旅游部门。火山国家公园的开发不仅涉及创收和外汇，而且通过限制游客数量，成为保护山地大猩猩这一濒危物种的保护框架。参观公园还通过一项计划帮助当地社区，每年公园收入的 5% 直接付给这些社区。它还采用积极的国际营销手段，包括创新的维塔·伊莉娜庆典，在庆典上为前 12 个月出生的大猩猩宝宝取名字。比尔·盖茨、娜塔莉·波特曼和泰德·特纳等名人都参加过该活动。

2007 年，扩大对国家旅游战略的审查范围，将会议产业纳入其中。为支持这一政策，同时也为把卢旺达变成一个物流枢纽，政府在 2009 年投资战略性基础设施，重建国家航空公司——卢旺达航空，建设布格塞拉机场和宏伟的综合会议厅——基加利会议中心。这种旅游业基础设施的发展吸引了四星级和五星级酒店项目，这些酒店由丽笙和万豪等大公司管理。随着 2016 年 5 月在基加利举行的世界经济论坛和两个月后在基加利举行的非盟峰会等大型会议的召开，这些努力已初见成效。2014 年，国际会议协会按举办国际会议的数量分类，卢旺达在非洲排名第 13 位，而在 2016 年和 2017 年，国家上升至第三位。[②]

旅游业带来的收入从 2000 年的 2700 万美元增长到 2017 年的 4.38 亿美元，成为国家主要外汇来源。[③] 采矿业也是类似现代化努力

---

① Hannah Nielsen and Anna Spenceley, "The success of tourism in Rwanda—Gorillas and more", Background paper for the African Success Stories Study, a joint paper of the World Bank and SNV (The Netherlands Development Organization), April 2010.

② International Congress and Convention Association, "ICCA Statistics Report Country & City Rankings", 2016, 2017.

③ Rwanda Development Board, Annual Report 2017; International Monetary Fund, "Rwanda Country Report", No. 18/13, January 2018.

的目标。2003 年的矿产品出口额为 1100 万美元，到 2013 年其价值为
2.25 亿美元，占出口总额的三分之一。① 在此高峰之后，由于国际需
求的急剧下降，矿产品出口收入骤然下降，导致国际收支恶化，外汇
缺乏，卢旺达法郎对美元汇率的迅速下降。② 自那时起，经济增长和
国际收支明显好转。

　　国家基础设施的发展继续以两个已定需求为基础：政府规划和当
地居民愿望。这些需求包括发展基础设施，如道路、医院、电力线路
和覆盖市场等，这些都是民众所要求的，也是总统和其他高级官员访
问内陆地区时所承诺的。

　　国家在道路的建设和修复方面取得相当大的进步。目前，大约有
73% 的国家公路状况良好，大大降低国内公路运输成本。③

　　电力是一个历经远低于预期发展的领域，对国家经济竞争力造成
严重影响。2013 年，卢旺达的电力成本是肯尼亚、坦桑尼亚和乌干
达平均价格的两倍，这是对所有规模企业最不利的限制之一。④ 然而，
自 2010 年以来的投资使得发电能力翻了四倍，从 2006 年到 2016 年
底从 45 兆瓦增加到 208 兆瓦。2010 年至 2016 年，电力供应增加了两
倍，达到总人口的 30%。2016 年年底，191 个行业和最贫困家庭的
价格也分别下降了 30% 和 50%，与肯尼亚和乌干达的电价基本
一致。⑤

　　"2020 愿景" 的支柱之一是将信息和通信技术作为发展的加速
器。2000 年，启动国家信息通信基础设施计划 I，该计划呼吁建立
相应的法律和管理环境。随后，国家信息通信基础设施计划 II 于

---

① Republic of Rwanda, Natural Resources Authority, "Mining in Rwanda", 2014.

② International Monetary Fund, "Rwanda Country Report", No. 16/153, June 2016.

③ 据 H. B. Lunogelo and S. Baregu 称，超过 17 至 20 千米的公路运输成本下降了三分之
二，"Agriculture and rural development status in LDCs", LDC IV Monitor, (ed.) *Istanbul Pro-
gramme of Action for the LDCs* (2011 – 2020), *Monitoring Deliverables*, *Tracking Progress—Analyti-
cal Perspectives*, Commonwealth Secretariat, London, 2014, pp. 167 – 194。

④ Republic of Rwanda, "EDPRS 2", 2013.

⑤ *The New Times*, "REG intensifies household and industrial electricity connections to im-
prove livelihoods and meet national development targets", 23 January 2017.

2005 年成立基础设施战略。根据该计划，安装光缆，并与肯尼亚和坦桑尼亚近海水下的主干电缆网相连，该电缆网连接了三十个区首府。同时，政府建立国家数据中心。2010 年，国家信息通信基础设施计划Ⅲ开始用于通信技术的商业开发，作为该领域发展的一部分，卢旺达吸引新技术研究和创新的全球领导者——宾夕法尼亚州匹兹堡的卡内基梅隆大学，该校在基加利开设工程学研究生课程，颁发与美国相同的文凭。

在 2016 年衡量信息和通信技术发展的网络准备指数中，卢旺达位居撒哈拉以南非洲首位，南非除外。然而，该计划组成部分显示，政府在使用通信技术方面的优势作用，远远超过私营部门。通信技术具有重要的社会影响，但直接经济影响不大。① 最近，许多年轻的程序员，无论男女，都开始在国际上销售他们的应用程序。

政府继续努力促进私营部门发展，并将其作为首要任务之一。2007 年 7 月，新成立的总统顾问委员会在纽约与卡加梅总统举行了首次会议。这批国际企业家和学者为总统提供有关如何通过私人投资实现"2020 愿景"目标的建议，同时还提供了业务联系和业务网络。根据这些建议，政府成立国家营商环境专责小组，以管理改善商业环境和国家在世界银行营商环境排名中的地位所需的多项改革。卢旺达多年来一直是世界上实施改革最多的国家，在这一排名中取得令人瞩目的进步。卢旺达从 2008 年的世界第 150 位上升到 2017 年的第 41 位和非洲第 2 名。②

国家在增获信贷方面取得的进展最大，这对当地私营部门产生重要影响。这项改革使国家从 2008 年的世界第 158 位跃升至 2016 年的世界第 2 位。然而，在一个投资回报率相对较低的小市场中，高利率抵消了获得信贷的便利。③

---

① 在信息和通信技术的社会影响水平方面，卢旺达在 143 个国家中排名第 38 位，在经济影响方面排名第 99 位。World Economic Forum, "Networked Readiness Index 2016".

② World Bank, "Doing Business 2018", 2018.

③ International Monetary Fund, "Rwanda Country Report", No. 16/153, June 2016.

卢旺达发展委员会于 2008 年 9 月成立，受新加坡模式启发，其使命集中在促进私人投资。它汇集了有重叠活动的 8 个前政府机构。

2009 年 7 月，卢旺达融入东非共同体，并在 2008 年 10 月采用英语作为教育语言，这对经济和文化产生重大影响。在采取这些措施之前，卢旺达已经很好地利用英语与东非建立起更紧密的经济联系。尽管几乎所有人都说基尼亚卢旺达语，但在行政、教育和商业领域，国家在使用法语和英语之间处于分裂状态，这是造成社会分化的根源，并阻碍国家至少掌握一门外语。这一措施立即在各级教育中实施对教育体系造成冲击，用法语教育的专业人士比例逐渐增多。资源集中于一种外语，促进了教育的扩展。近年来，教育质量逐步提高，特别是在中学阶段。[1]

经济融入东非共同体使卢旺达能够更靠近拥有更大市场的地区，如肯尼亚和乌干达，并加强与那些依赖其海运通道国家的联系。卢旺达加入东非共同体后，从东非共同体国家的进口继续增加，损害了其小型进口替代工业。但是自 2010 年以来，与其他东非共同体国家的贸易逆差已趋于稳定。另外，卢旺达受益于外国直接投资，特别是来自肯尼亚的直接投资，这是卢旺达的主要资本来源。肯尼亚的很大一部分投资集中在金融部门，这极大促进了其活力。区域一体化使大幅度降低非关税壁垒和行政成本成为可能。即使自 2008 年以来，进出口集装箱的成本保持不变——超过世界平均水平的两倍，但需要填写的天数和文件数量却急剧减少，这使得卢旺达在世界银行跨境贸易营商环境的排名从 2008 年的第 166 位上升到 2015 年的第 87 位。[2] 肯尼亚和乌干达也提供有价值的经济活动的各级人力资源。

长期以来，人力资源不足是私营部门，特别是雇员超过 100 人的

---

[1]　在 2009 年 12 年的基本免费公共教育体系建立几年后，公共部门的零学费和教学质量的提高迫使许多私立学校关门。SYFIA Grands Lacs，"Private schools closed their doors in the competition with public schools"，February 2015.

[2]　World Bank，"Doing Business Reports（2008 and 2017）"；World Bank，WDI（世界发展指标），2016。

大企业，所面临的主要制约因素之一。① 年轻人遇到的就业问题更多是由于需求不足而非供应不足，教育质量低下和培训与市场需求不相适应。②

经济和社会进步得到了国际援助组织的大量资助，截至 2016 年，国际援助占国家投资预算的 30% 至 40%，但随后有所下降。这种援助流动通过政府的严格管理得以实现，该援助几乎落实《巴黎宣言》中关于加强援助有效性的原则。该政策的主要支柱是国家拨款，卢旺达政府积极参与协调援助，以及捐助者与受援者之间的相互问责。

惊人的社会经济进步

2000 年至 2011 年，在卢旺达有 100 万人脱贫。有四个省的进展比首都基加利快。社会最贫穷和最富裕阶层是这一进展的主要受益者。但与此同时，城市中产阶级的生活水平停滞不前。尽管不平等现象仍很严重，但较之前已有所减少。③ 卢旺达最重要的变化之一是生育率从 2005 年的每名妇女 5.1 个孩子下降到 2014 年的 3.8 个孩子，"这是人口统计学和历史上最大的下降之一"。④ 随着生育率的迅速下降，卢旺达在 2000 年进入人口结构转型期，活跃人口（15—64 岁年龄段）比受抚养者（15 岁以下和 65 岁以上）的增长速度快。到 2020 年，15—64 岁年龄段的人口将占总人口的 60%。⑤ 这些结果遭到许多批评政权者怀疑，他们后来谴责政府对统计数字的操纵。⑥ 根据区域统计数据进行的独立研究往往会证实官方结果，

---

① EDPRS 2，第 10 页。

② World Bank，"Rwanda Economic Update：Rwanda at Work"，February 2016.

③ World Bank，"Rwanda Economic Update：Maintaining Momentum"，May 2013，p. 37.

④ World Bank，"Rwanda Economic Update：Maintaining Momentum"，May 2013，p. 45.

⑤ 受抚养人数减少以及年轻人和活跃的流动人口增加可能会产生有利于经济增长的人口红利，但如果管理不当会有社会问题风险。Tom Bundervoet，"Is Rwanda Set to Reap the Demographic Dividend?"，World Bank Blog，14 February 2013.

⑥ Filip Reyntjens，"Elite Ambitions：Engineering a New Rwanda and New Rwandans"，in Cristiana Panella（ed.），*Lives in Motion，Indeed：Interdisciplinary Perspectives on Social Change in Honour of Danielle de Lame*，Tervuren：Royal Museum for Central Africa，2012.

因为它显示出 2002 年至 2008 年期间所研究的人口生活条件显著改善的事实。[①]

2015 年 9 月,"家庭生活状况综合调查 4"(2013—2014)以及"人口与健康调查"(2014—2015)的出版似乎表明,先前观察到的进展仍在继续。[②] 十五年来,卢旺达在减少贫困、人口增长和依靠自给自足农业生活的人口比例方面取得迅速进展。此外,预期寿命、城市化率和教育水平显著提高。这一演变反映出一个正在迅速转型的社会,它正在摆脱传统的农业根基,摆脱极高的出生率和极端贫困,同时仍然经历着严重的不平等。(见表 8.2)

表 8.2　　　　　　　　选择指标(2000—2014 年)

指标	2000	2005	2014
赤贫率(%)	40	35	16
贫困率(%)	56.7	44.9	39.1
基尼系数	0.52	0.49	0.44
生育率(%)	5.6	5.1	3.8
平均寿命(岁)	48.1	54.7	63.9
城市人口(%)	14.9	19.2	27.8
自给农民(%)	85	71	58
中学净入学率(%)	6.9	10.4	23.0

资料来源:卢旺达国家统计研究所,家庭生活状况综合调查 1、2、3 和 4;2016 年世界银行《世界发展指标》。

2015 年 9 月,卢旺达几乎实现了所有的千年发展目标,但那些要

[①]　Marijke Verpoorten,"Growth,Poverty and Inequality in Rwanda:A Broad Perspective",United Nations University,UNU-WIDER,September 2013.

[②]　与前两版本相比,卢旺达国家统计研究所改变计算家庭生活状况综合调查四贫困线的方法。使用较早的方法和新数据进行预测得出的贫困率与家庭生活状况综合调查四报告中的相近,即使新方法不允许与前两个版本结果进行严格的比较。Lee Crawfurd,"No,Rwanda didn't 'fiddle' its poverty stats,"Roving Bandit Blog,23 November 2015.

求将贫穷程度减半、降低儿童死亡率以及增加农业以外的职业女性比例的目标除外。另外，关于赤贫和某些健康目标已超额完成。[①] 一个显著的挑战是，与其他具有相同收入水平的非洲国家相比，卢旺达的发育迟缓程度仍然很高。[②]

从 1990 年（联合国人类发展指数创立之年）到 2014 年，卢旺达已是世界上在该指数上取得最大进步的国家。[③] 2001 年至 2014 年，国内生产总值增长 8%，增速位居世界前列。[④]

正在进行的结构转型

尽管自 2001 年以来，卢旺达经济一直保持强劲增长，但经济结构转型仍处于初级阶段。这种转型要求将活动从非生产性部门转移到生产性较强的部门。就卢旺达这样的农业国家而言，意味着生产多样化，从自给农业转向制造业，同时扩大服务部门的规模，提高服务部门的先进性，这将带来出口的增加。[⑤] 另一种转型将通过资本积累和技术变革以及企业间较好的分配资源，从而提高第一产业即农业的生产力。在这种情况下，缺乏转型不是因为农业部门继续保持其重要性，而是因为该部门没有实现现代化。[⑥]

卢旺达的经济已在很大程度上实现多元化：农业部门占国内生产总值比例从 1998 年的 45.51% 下降到 2017 年的 30.95%；同期，服务业从 35.77% 上升到 46.38%。工业从 1998 年的 18.70% 下降到

---

① Republic of Rwanda, National Institute of Statistics of Rwanda (NISR), "Statistical Yearbook", 2016 edition (SYB2016), November 2016, p. vii.

② World Bank, "Rwanda Economic Update: Tackling Stunting", June 2018, 18.

③ UNDP, "Human Development Report 2015".

④ Republic of Rwanda, National Institute of Statistics of Rwanda, "Fourth Integrated Household Living Conditions Survey" (EICV 4 2013/2014), Dissemination Workshop, September 2015.

⑤ African Center for Economic Transformation, "2014 African Transformation Report: Growth with Depth", 2014.

⑥ Haroon Bhorat, François Steenkamp and Christopher Rooney, "Africa's Manufacturing Malaise", United Nations Development Programme, September 2016.

2005 年的 13.46%，并在 2017 年再次上升到 15.76%。① 然而，国家经济在转型道路上面临着许多结构性挑战。最近的努力尚未显著提高制造业在经济中的水平，2005 年的制造业水平为 GDP 的 6.58%，2017 年为 5.92%。② 相对较高的投资水平，约占 GDP 的 25%，由公共投资主导，是私人投资的两倍。③ 增长主要取决于非出口部门，如政府提供的服务、卫生、教育、建筑和零售贸易提供的服务。因此，出口水平很低。这个国家仍然依赖国际援助，以弥补贸易逆差。

非洲转型指数显示，2000 年至 2010 年，在 21 个非洲国家中，卢旺达是第 3 个转型程度最大的国家，同时仍是实际转型结果最少的国家之一（在 21 个国家中排名第 18）。④ 卢旺达与大多数非洲国家一样，经历了一个经济相对广泛多样化的过程，其生产力从农业向服务业转移。对于非洲国家来说，发展制造业比高产的采矿业和服务业具有更高的结构转型潜力。这是由于制造业创造了更多非农业就业机会，大大加强了出口。⑤

2016 年，联合国非洲经济委员会强调，卢旺达近期的强劲增长表明，重视发展服务业损害了制造业，这也是国家经济结构转型水平相对较低的原因。⑥ 然而，在改善体制、基础设施和商业环境方面取得的进展使其成为撒哈拉以南地区经济较为复杂的国家之一，因此卢旺达将有能力在未来实现强劲增长。⑦ 2017 年，在"经济发展与减贫战略 2"（2013—2018）评估期间，政府意识到需要加快国家经济转型进程。为此，它设计了一项"国家转型战略"（2017—2024），作为到 2035 年达到中上收入水平的第一步。这份尚未定稿的文件提出

---

① World Bank, WDI, 2017.

② World Bank, WDI, 2017.

③ World Bank, "Rwanda Economic Update: Financing Development", June 2015, p. iv.

④ African Center for Economic Transformation, "2014 African Transformation Report", 2014, p. 4.

⑤ Bhorat et al., op. cit.

⑥ United Nations Economic Commission for Africa, "Transformative Industrial Policy for Africa", Addis Ababa, 2016, p. 116.

⑦ Bhorat et al., op. cit.

新的、更平衡的战略支柱，即建立知识型经济、促进工业化、农业现代化、城市化和国内储蓄。

卢旺达经济转型仍处于初期阶段，这是卢旺达在不久的将来可能要面对的两大经济挑战的根源：援助水平下降的趋势下，国内疲软的出口水平较低，导致贸易平衡出现严重的结构性赤字；创造就业的能力不能满足需要。[①]

2017 年，16 岁及以上劳动年龄人口劳动参与率为53%，失业率为17.9%，仅比上年下降1%。在失业人员中，有24.8%的人拥有中学学历，17.5%的人拥有高等教育文凭。失业现象尤为影响受过良好教育的城市青年。16 岁至 30 岁年轻人的失业率为 21.7%。其中，中学31.9%完成了中学教育，29.4%完成了大学教育。[②]

涵盖 2013—2018 年的"经济增长和减贫战略2"，计划每年创造20 万个新的非农业就业岗位，但在 2006 年至 2014 年，只创造了12.2 万个新就业岗位，而且大部分都在非正规部门。预计在不久的将来，所需的工作岗位数量会增加。[③]

国家面临的主要社会挑战之一是普遍的就业不足。平均每周实际工作时间为 33.1 小时，属于就业不足。这进一步造成低收入，并且主要集中在农村地区。卢旺达统计局再次记录到，2017 年的工作时间与上一年相比略有增加，[④] 但大多数员工的收入很低，2011 年，他们三分之一的工资低于国家贫困线。[⑤] 2017 年，90%的员工从事非正

[①] 2000 年，出口占 GDP 的 6%，2014 年为 14%，2018 年有望达到 20%（国际货币基金组织）。2000 年进口占 GDP 的 24%，2014 年占 31%，2018 年有望达到 34%（国际货币基金组织）。"Regional Economic Outlook，Sub-Saharan Africa：Restarting the Growth Engine"，2017.

[②] Republic of Rwanda，NISR，"Labor Force Survey 2017"，August 2017. 国家人口研究所最近采用国际劳工组织标准，该标准从活跃人口的定义中排除收入来自自给农业的人。

[③] World Bank，"Rwanda Economic Update：Rwanda at Work"，February 2016，p. 55. 根据世界银行预测，从 2016 年到 2025 年，每年将增加 24 万劳动力。

[④] Republic of Rwanda，NISR，"Labor Force Survey 2017"，August 2017.

[⑤] World Bank，"Rwanda Economic Update：Rwanda at Work"，February 2016，p. 5.

式工作，其中相当一部分人在正规部门工作。①

然而，就业形势的这幅图景隐藏了更为积极的方面。自 2001 年以来，劳动力迅速发生内部转移。那一年，89% 的人口主要从事农业。十年后，这一比例下降到 70%。② 不幸的是，此运动在之后三年里似乎有所减缓。从 2006 年到 2011 年，所有行业的工资增长了 66%。在农业方面，这一增长几乎使低于贫困线的收入减少一半。这是这一时期贫困率急剧下降的主要原因。离开农业的工人收入增长最快，但大多数新工作都在非正规部门。③

在需求方面，情况也发展迅速。世界银行的一份报告提出三项重大改进。第一，2011 年至 2014 年，正规和非正规私营企业的数量增长了 24%，其雇员数量同期增长了 34%。第二，2011 年至 2014 年，新增正规企业约 1000 家。伴随着这种发展，这类企业的工作岗位增加了 50%。第三，大型企业——在卢旺达中，这指的是拥有 100 名或更多员工的企业——的数量增加了一倍；尽管一开始数量很低，但这类企业的就业人数却增加了一半以上。大型公司仅占卢旺达私营企业的 0.1%，但提供了私营部门正规工作的近 20%。④ 自 2008 年以来，新增企业数量增加，制造业出口大幅增长。工业部门，特别是采矿业，为正规就业的发展做出最大贡献。⑤ 公司创建和提供的就业岗位数量的增长基数非常低，需要持续下去才能产生更大的影响。

自 2012 年以来，当政府编制"经济增长与减贫战略 2"时，就业问题促使对工业化的重要性进行调整，尤其是服务业。针对国家的两大经济挑战，即就业和贸易逆差，采取了与制造业和出口有关的分

---

① Republic of Rwanda，NISR，"Labor Force Survey 2017"，August 2017.

② World Bank，"Rwanda Economic Update：Rwanda at Work"，February 2016，p. 39.

③ World Bank，"Rwanda Economic Update：Rwanda at Work"，February 2016，p. 5.

④ World Bank，"Rwanda Economic Update：Rwanda at Work"，February 2016，p. 56. National Institute of Statistics of Rwanda，"Labor Force Survey 2016（Pilot）"，Kigali，June 2016.

⑤ Michele SaviniZangrandi and Maria Paulina Mogollon，"Rwanda's New Companies. An Overview of Registrations，Taxes，Employment and Exports"，World Bank，*Policy Research Working Paper*，No. 7527，December 2015.

部门政策。

这一转折点最引人注目的具体政策是卢旺达制造倡议。这是一项名为"2015 年国内市场夺回战略"新政策的公开面孔，该政策是对其他现有产业政策的补充和强化。长期以来，制造业政策主要与以改善商业环境和基础设施为特点的自由放任方针相反，这项新政策是干预性的，尽管其基础是与私营企业（往往是外国企业）建立伙伴关系。① 它的主要目标是通过瞄准三个优先部门来替代进口：建筑材料、轻工业和农产品转型。

最初，目标产品是糖、大米、水泥和纺织品。2015 年，这些产品的进口成本为 2.21 亿美元，占贸易逆差的 16%。② 政府提供增加产量援助、出口贸易便利、降低信贷利率以及政府合同的机会。③

"国内市场夺回战略"初见成效。2016 年前 8 个月，与上年同期相比，糖和类似产品的进口量下降了 25%，水泥的进口量下降了 40%。2014 年至 2017 年，水泥产量增加了两倍，糖和大米产量增长了 40%，得益于 2016 年中二手服装和鞋子价格上涨，纺织业产量大幅提高，创造了许多就业机会。④

"卢旺达制造"运动和其他替代进口或出口的举措极大地促进了经常账户赤字从 2016 年的 15% 下降到 2017 年的 7%，尤其是使卢旺达法郎得以稳定。⑤ 这一动态在今后几年中应得到加强。⑥ 在 2016 年和 2017 年的增速降至 6% 之后，世界银行预测，2018 年增长 7.2%，2019 年增长 7.5%，2020 年增长 7.8%。⑦

在过去二十年中，政府的经济政策被证明是有活力的，并在必要

---

① 在新政策下保留的第一批合作伙伴中没有卢旺达企业。
② International Monetary Fund, "Rwanda Country Report", No. 17/8, January 2017, p. 12.
③ Republic of Rwanda, Rwanda Defense Forces, March 2017.
④ International Monetary Fund, "Rwanda Country Report", No. 18/13, January 2018, p. 15.
⑤ World Bank, "Rwanda Economic Update: Tackling Stunting", June 2018, p. 18.
⑥ International Monetary Fund, "Rwanda Country Report", No. 18/13, January 2018.
⑦ World Bank, "Rwanda Economic Update: Tackling Stunting", June 2018, p. 13.

时毫不犹豫地做出必要调整。在继续大胆下注的同时，面对挑战，它的反应也越来越精细。卢旺达经济已变得多样化，并具有了一定的弹性，但仍然面临就业和贸易赤字等重大挑战。经过 2013—2015 年的大力投资后，最近的经济反弹也凸显私营部门在改善商业环境方面的不力，这促进了经济增长的复苏，同时又使当地私营部门受到某种程度的压制。①

展望未来，世界银行建议将公共努力集中在三个部门，以促进和维持增长，同时更好地应对快速增长的就业需求。第一，鉴于在未来 5 年到 10 年，大部分人口仍将从事农业工作，农业收入的持续增长至关重要。按照这些原则，提高农业生产率很重要，但发展能为大量不熟练的工人提供就业机会的农业企业和农业工业也很重要。

最近的事态发展可能会加速企业和就业机会的创造。到目前为止，国家在改善商业环境方面取得了重大进展，同时保持了很高的经商成本。随着电价大幅下降和前面提到的非关税壁垒成本，这种情况正在慢慢改变。财政方面，据国际货币基金组织称，2013 年至 2016 年期间，在对基础设施进行大量投资后，国家债务增加，这不会明显阻碍中期增长或计划的公共投资。②

第二，劳动力市场上大多数离开生计农业的新进入者将在非正规部门工作。一个重要问题是找到使非正规部门至少在短期和中期内建设性增长的战略，然而正规部门还没有足够的活力来吸收迅速增长的活跃人口。当然，还需要继续投资能源、交通和培训部门，以吸引更多的大型企业提供正式岗位。

---

① World Bank，"Rwanda Economic Update：Tackling Stunting"，June 2018，p. 4.

② International Monetary Fund，"Rwanda Country Report"，No. 17/8"，January 2017，p. 11.

第九章　公众支持

卢旺达以疯狂的速度在公众生活各方面进行了 15 年改革。自
2000 年以来，地方行政部门的空间划分和组织发生了巨大变化，城
镇名称、妇女社会地位甚至使用的主要外语也发生了变化。这个国家
已经进入现代化，并融入东非的文化和经济区域。它正采用新技术，
并正在摆脱以前的农村特征和赤贫。

在困难的情况下，现代化倡议的影响和政府官员对当地居民施加
的压力，要求他们迅速接受变化，这造成一些短期的困难，当局认为
这些困难是迈向更美好未来不可或缺的步骤。当地居民如何看待政治
重建过程中固有的权衡取舍以及社会经济进步的节奏？本章将探讨卢
旺达人对这段近期历史的评价。

该评价从三个方面进行：个人满意度、公民与政府的关系、公民
之间的关系。为此，我们使用在卢旺达进行的两次世界价值观调查结
果：一次是在 2007 年 5 月，另一次是在 2012 年 12 月。我们还使用
两项定性调查：一项是由和平与研究与对话研究所于 2011 年进行的，
另一项是由民族团结与和解委员会于 2013 年完成的。①

除了在调查中寻求公众的看法，1994 年难民的返回节奏也提供

---

① World Values Survey, Wave 5 (2007) and Wave 6 (2012), Rwanda; Institute of Re-
search and Dialogue for Peace (IRDP), "Les Enjeux de la paix, vus par les rwandais, 17 ans
après le genocide", Kigali, August 2011; Republic of Rwanda, National Unity and Reconciliation
Commission, "Assessment of the 2010 Rwanda Reconciliation Barometer's Findings", Kigali, July
2013.

了一种方式，以具体的方式估计这一敏感人群如何判断该国的总体气候。2013 年 6 月，根据联合国的官方数据，在 1994 年 7 月种族灭绝的 180 万名难民中，只有约 10 万名难民仍在国外。① 当然，1994 年的难民大多数在 2000 年之前就已返回，但在 2002 年至 2013 年期间，又有超过 16.5 万名难民自愿返回，主要来自刚果民主共和国和中非以及南非。② 21 世纪初，遣返工作在刚果东部相对安全的环境下进行，而中非和南非则处于和平状态。这些遣返也是政府通过"回家看看"行动积极努力的结果。难民社区的代表有组织地访问卢旺达，并报告前景。21 世纪，这些难民的返回正好发生在加卡卡和反对"种族灭绝意识形态"运动如火如荼的时候，这或许表明，考虑回返的难民将这些举措与国家的总体治理之间的紧张关系放在了正确的位置。考虑到这一变化，联合国难民事务高级专员于 2009 年 10 月启动了一个倡议，宣布 1959 年至 1998 年期间逃离该国的卢旺达人的难民地位终止条款将于 2017 年 12 月 31 日明确生效。③

社会经济状况认知

2007 年至 2012 年期间，在世界价值观调查中，受访者对个人状况的满意度以及他们对社会精英特质的看法有了切实改善，对平等的渴望也有所增加。（见表 9.1）

这些结果得到和平与研究与对话研究所（2011）定性调查和民族团结与和解委员会（2013）的证实。④ 2011 年，参与者认识到他们的生活水平有所提高，主要是因为基础设施和农村得到发展。他们强

---

① 联合国难民署卢旺达国家办事处在基加利的书面沟通，2013 年 10 月 18 日。

② 联合国难民署卢旺达国家办事处在基加利的书面沟通，2013 年 10 月 18 日。

③ Reliefweb, "Rwanda ready to receive all returning refugees as cessation clause comes into effect", 3 July 2013. http: //reliefweb. int/report/rwanda/rwanda-ready-receive-all-returning-refugees-cessation-clause-comes-effect/.

④ Institute of Research and Dialogue for Peace（IRDP），op. cit. ；Republic of Rwanda, National Unity and Reconciliation Commission, op. cit.

调，发展道路极大地便利了他们的生活，以及供电和小范围的供水方面取得进展。在地方发展和消除贫困问题上，参与者认为下列方案是最有用的：吉林卡、与"2020 愿景乌穆仁格计划"相关的计划、土地整合以生产更多专业作物，并鼓励建立合作社。"对于大多数接受咨询的人来说，他们对政府采取的发展计划感到满意和乐观。"①

表 9.1　　　　　　　　　　　　**个人满意度水平**

问题	2007 年	2012 年
生活满意度	40	77
当前家庭收入满意度	32	65
幸福感	85	91
想得到更大的收入平等	40	68
成功来自努力，不是命运或关系	42	75

资料来源：第五次和第六次世界价值观调查（卢旺达）。

和平与研究与对话研究所研究的参与者认为发展进程是公平的。参照 1994 年以前的情况，他们强调教育要给予每个人同样的机会。同样，他们强调在全国各地都是以同样的方式发展基础设施的，人人都能获得公共服务平等。②

至于个人和家庭生活水平的演变，最明显的问题是对日益严重的不平等现象的看法："虽然已经取得了进步，并且促进卢旺达人福利的项目是件好事，但仍然存在一个问题。从政府方案中受益的人确实在进步，但这些方案并没有以同样的方式惠及每个人，富人变得越来越富有。"③

应该指出，这里提到的不平等首先是一种接近不平等。更笼统地说，即使统计数据没有证实这种不平等的加剧，这种感觉也是真实

---

① Institute of Research and Dialogue for Peace（IRDP），op. cit.，p. 39.
② 这种反应似乎专门针对区域主义动力，因为它们在先前的政权下已经存在。
③ Republic of Rwanda，National Unity and Reconciliation Commission，op. cit.，p. 105.

的。马里克·维普顿利用自己的研究结果，得出了同样结论，即关于不平等演变的客观数据与穷人对不平等的看法存在滞后性。研究人员解释说，穷人中存在相对的赢家和输家，他们进步了，但还不够上升到下一个贫困类别。①

民族团结与和解委员会调查的参与者指出，在他们看来，有三个领域值得关注。首先是高等教育的质量。高等教育培养出的毕业生不合格，因此成为成功企业家的可能性很小。其次是大学毕业生的失业率上升，最后是城市地区的征地问题，在这些地区，报酬较低，并不总是符合公共用途的要求，而是为私人利益服务。②

公民与政府之间的关系认知

表9.2 显示，人们对机构的信任度很高，但在两次世界价值观调查相隔的五年里，信任度有所下降，特别是对警察和司法系统的信任度。民主的重要性一向很高，但随着其不可缺少的性质而降低。

表9.2　　　　　　　　　　**对事业单位的看法**　　　　　　（单位:%）

问题	2007 年	2012 年
政府信赖度	—	64
军队信赖度	—	65
司法信赖度	76	61
警察信赖度	83	63
民主重要性 （绝对重要）	94 (48)	88 (19)

资料来源：第五次和第六次世界价值观调查（卢旺达）。

表9.3 显示出受访者认为国家应优先考虑未来十年的事项。2007

---

① Marijke Verpoorten，"Growth，Poverty and Inequality in Rwanda：A Broad Perspective"，United Nations University，UNU-WIDER，September 2013.

② Republic of Rwanda，National Unity and Reconciliation Commission，op. cit.

年，安全是最重要的考虑因素，五年后，经济增长成为最重要的考虑因素。更多的决策权在当地人口中排名第三，而且正在下降。近年来，国家发展的一个重要因素——增强城镇吸引力，却排在最后并急剧下降。

表9.3　　　　　　　　　卢旺达未来十年发展的优先次序　　　　　　（单位:%）

优先权	2007 年	2012 年
高水平的经济增长	26	69
一支强大的军队	44	15
公众有更多的决策权	18	12
更具吸引力的城镇和乡村	11	4

资料来源：第五次和第六次世界价值观调查（卢旺达）。

　　两表所反映的调查结果显示，公民对政府机构高度信任，但信任度有所变化。此外，他们表示坚决支持重建进程背后的价值观和优先事项，特别是优先考虑经济发展而不是为人民提供更多的决策权。

　　2011 年 8 月，和平与研究与对话研究所在全国各地不同群体、个人以及散居侨民中开展了一项广泛的定性研究，探讨巩固卢旺达和平的关键所在。在国外，参与者强调国际舆论对国家的二分法看法，同时将国家视为重建和独裁国家的杰出典范。针对这种看法，与会者解释说，必须把卢旺达的具体特点放在国家种族灭绝后的情况下。他们认为，在这种情况下，"必须在建立民主制度和所有人安全需要之间进行权衡，满足人际关系和公民基本需求方面的最小条件"。[1] 参与者还强调将善政作为和平支柱的作用。他们引用的事实表明，"卢旺达正走在善政的道路上"，例如"恢复安全，努力执行权力下放政策，打击腐败的意愿明确，改善向公民提供的服务和努力共享促进民

---

① Institute of Research and Dialogue for Peace（IRDP），op. cit. ，p. 89.

族和解的强大而有效的战略"。①

但是,一些参与者提到实现善治的障碍,例如"一种似乎是结构性的、持续了几代人的自我审查文化",特别是当一个政策、项目或立法法案直接涉及公民利益时。政府自然希望获得控制权,这在种族灭绝后的时期可能是合理的,但在当时不是这样。由于立法机构的选举制度是按全国名单的比例投票,因此被选人和选举人之间的界限太多;结果,当选的人将更感激他们的政党,而不是公众。有的人提到政治家出国后,一旦出国就加入反对派的现象。研究报告没有说明提出这些说法的散居者和居民的比例。

和平与研究与对话研究所调查的参与者表示支持政府的基本政策和主要成就,但有些人也表示愿意在公共生活的某些方面采取灵活的态度,希望对直接影响当地居民的政策有更大的发言权,这种政策包括需要他们做出财政贡献的政策或通过乌穆干达(政府指定的每月社区服务)工作的政策。

公民之间的关系感知

刚结束工作的加卡卡法庭对公民之间关系性质的认识,包括后来提出的社会凝聚力,都产生很大的影响。

正式结束加卡卡审判阶段三年后,人们普遍感觉减轻对种族灭绝记忆的分量已达到一个里程碑。② 然而,更直接地说,加卡卡法庭所揭露的种族灭绝的物质后果,标志着卢旺达农村地区遭遇的巨大挫折。许多种族灭绝的幸存者失去被抢劫或破坏的财产,也失去支持他们的家庭网络,陷入了贫困,他们无法理解,要求对他们的财产进行赔偿。这些掠夺者往往没有办法补偿幸存者。强迫那些有能力的人这样做,引起他们强烈的不满,这种情感甚至传播给下一代。③ 在社区

---

① Institute of Research and Dialogue for Peace(IRDP), op. cit., p. 89.
② 2015 年 9 月 24 日在基加利接受 E. N. 和 A. M. 的采访。
③ Jean Hatzfeld, *Un papa de sang*, Paris, Gallimard, 2015.

和个人层面上，一些罪犯在审判期间为了获得减刑而认罪并要求赦免，这种狡猾和不真诚的方式使许多幸存者感到不满。

尽管如此，加卡卡诉讼程序使社区"破冰"成为可能，这使认真讨论种族灭绝期间发生的事情成为可能。对幸存者来说，加卡卡审判最明显的好处是，他们中许多人终于找到父母的遗体，有尊严地埋葬、哀悼他们。加卡卡向公众展示出那些最孤立的幸存者的痛苦。据种族灭绝的一名幸存者说，认罪和请求受害者宽恕的过程，即使不完美，也为最终实现更和平的社会互动奠定了基础。

> 在加卡卡之前，人们几乎没有信心。事实上，根本没有任何信心。被遣返的难民不想说出人们是如何被杀害，杀害他们的人以及尸体在哪里的真相。自加卡卡之后，随着真相的逐渐显现，我感觉人与人之间的距离越来越近。即使有人隐瞒了真相，那些在狱中的人也说出了真相。囚犯们说出了人们是如何被杀害的真相。这就是我们取得进步的方式：感谢那些在明白自己应该说出真相后坦白的囚犯。我们学习、理解并最终接受。[1]

在加卡卡审判中期和结束时进行的世界价值观调查表明，主要通过对"您可以信任大多数人吗？"这一问题的回答而增强了社会凝聚力。在 2007 年的调查中，卢旺达人是世界上社会信任度最低的国家之一，只有 5% 的积极回答。[2] 2012 年，卢旺达的得分大幅提高，对其他国家的信任度达到 17%，是撒哈拉以南非洲地区最高的国家之一。[3]

大部分的加卡卡审判结束三年后，两次世界价值观调查中的第二

---

① Republic of Rwanda, National Unity and Reconciliation Commission, op. cit. , p. 83.

② World Values Survey, Waves 5（第 5 次），Rwanda. 根据 2011 年之前世界价值观调查结果，全球互信水平指数，卢旺达在 58 个国家样本中排名倒数第二，见 Esteban Ortiz-Ospina and Max Roser，"Trust"，2015. our world Indata. org 在线发布（http：//ourworldindata. org/data/culture-values-and-society/trust/）。

③ World Values Survey, Waves 6（第 6 次），Rwanda。

次在 2012 年底确定社会关系的总体改善，这似乎是由共存困难迅速转变的结果，是 2010 年民族团结与和解委员会的和解晴雨表。这项调查显示，市民对主要政府机构信心很高。在有关和解和社会凝聚力的问题上，2010 年的调查回答更为复杂。

在涉及种族灭绝重演可能性问题上，有一个回答较为突出。关于人们是否认为"如果有机会，某些卢旺达人会试图再次犯下种族灭绝罪行"的问题，在 2010 年的和解晴雨表中，40% 的受访者给出了肯定的回答，18—34 岁的受访者持这种观点最多（43%）。以此往上到 65 岁，年龄越大的受访者越不这么认为。然而，在 65 岁以上的受访者中，有 29% 的人是这样认为的。对这个问题的回答似乎常常表明，受访者对种族灭绝概念理解更多的是血腥的政治暴力，而不是种族灭绝本身。[1]

三年后，为了更好地了解 2010 年和解晴雨表的某些应对措施，特别是关于一些卢旺达人可能重复种族灭绝意愿的响应，民族团结与和解委员会委托进行一项定性研究。这项研究是在重点小组中进行的，并进行了个别访谈。在这项调查中，所有参与者都认可卢旺达社会仍存在种族灭绝的意识形态。那些为不可能重复种族灭绝观点的辩护人说："民族团结政府坚决通过教育和镇压防止种族灭绝的重演。"他们还注意到影响种族灭绝实施者和幸存者的灾难性后果。一名参与者解释说："犯下种族灭绝罪行的人除耻辱、失败和贫穷之外一无所获，这是一个重要的教训，将有助于卢旺达人防止种族灭绝，并与所有企图重演种族灭绝的人进行斗争。"[2]

那些认为种族灭绝会再发生的人，他们的理由是：种族灭绝意识形态在一些人头脑中根深蒂固；种族灭绝留下深刻而尚未愈合的伤口和后果；一些人，包括种族灭绝的实施者，继续积极传播种族灭绝意识形态；幸存者在某些地方继续遭到迫害甚至杀害，担心未来的宗派

[1] Republic of Rwanda, National Unity and Reconciliation Commission, op. cit., p. 52.
[2] Republic of Rwanda, National Unity and Reconciliation Commission, op. cit., p. 72.

或软弱的政府可能容忍种族灭绝意识形态及其行为；最后，卢旺达持续存在贫困和不平等现象。为了纠正这种可能性，与会者强调要防止该国历史上出现的暴力政治权力更迭和权力垄断。

该研究的许多参与者坚持认为，贫穷问题以及与赔偿有关的贫穷问题，是导致种族灭绝重演的可能因素。

> 归还财产的问题也依然在造成一些麻烦，并可能引发另一场种族灭绝。有时会发生这样的情况：财产被毁人会在不公正的条件下被强迫赔偿或得到赔偿。这就造成了分歧……当人们生活不体面，处于贫困中，他们很容易陷入恶行……贫穷导致人们互相指责，寻找替罪羊。由于人们所受的创伤与贫穷有关，种族灭绝有可能再发生。[1]

在执行赔偿时，有时欠债人"每次都将对方视为自己不幸的原因，而不是看到他们所造成的伤害"。对于其他参与者来说，社区已经恢复信心。

> 我们向前迈出了一大步。人们和谐地生活在一起；他们聚在一起在田里工作……他们互相帮助，彼此之间没有猜疑……卢旺达人互相信任，双方都愿意宽恕。现在他们通婚了，大家和睦相处，互不猜疑。[2]

但也有人把社会和谐放在了首位。

> 也许，将来出生的孩子会得到信任。人们现在由于政府而生活在一起，但是要说人与人之间的信任还为时过早；过去的后果

---

① Republic of Rwanda, National Unity and Reconciliation Commission, op. cit., p. 75.
② Republic of Rwanda, National Unity and Reconciliation Commission, op. cit., p. 78.

仍然太过沉重，信任不可能就这样产生，我们必须要等。人们并肩生活，或者在市场上、在社交活动中碰到，并不意味着信任的存在。①

人们经常提到，当前的社会和平是政府干预的结果。

这些不同的反应无疑反映出经验的多样性。但是，社会和谐的现实并不是讨论的源头，而是它的深度严重依赖于政府的行动。有些参与者批评说，重建社会信任的进程，并没有从"罪犯真诚地说出真相，悔过、辩解和请求宽恕"中受益。

参与者进一步解释说，鉴于目前的情况，种族灭绝直接参与者之间进行深度和解的预期必然有限。许多人还强调，由于政府在教育方面的努力，年轻人之间的种族仇恨似乎正在消失。但必须强调城镇之间，特别是基加利和农村地区之间存在这种演变的差异。在基加利，种族灭绝的幸存者和参与者之间面对面的交流并不是那么直接和激烈，而是更加客观和多样化，年青一代更容易将种族仇恨抛在身后。②在农村地区，彼此之间非常接近，与种族灭绝有关且相互矛盾的物质主张，使事情变得更加困难。③尽管存在种种局限性，但许多参与者似乎对社区之间的和睦能够感到满意。他们通过唤起种族灭绝留下的深度创伤来解释这些局限性，并且还需要时间来愈合。④

---

① Republic of Rwanda, National Unity and Reconciliation Commission, op. cit. , p.80.

② 2015 年 9 月 24 日在基加利接受 E. N. 和 A. M. 的采访。

③ Hatzfeld, op. cit.

④ Republic of Rwanda, Rwanda Unity and Reconstruction Commission, "Assessment of the 2010 Rwanda Reconciliation Barometer's Findings", Kigali, July 2013.

结论　发展轨迹说明

自 2000 年以来, 鉴于卢旺达在种族灭绝后面临挑战的严重性, 卢旺达所经历的变化是惊人的, 也是出乎意料的。本部分旨在分析提供卢旺达种族灭绝后的发展轨迹, 并指出决定它的主要基本动力。

重建过程的基本动力

卢旺达爱国阵线改革抱负的由来

与普遍的看法相反, 促使卢旺达爱国阵线(重建的主要行为者)产生改造卢旺达的愿望, 并非主要源于内战和种族灭绝的破坏性影响。

一些历史因素有助于解释这种改革社会愿望的出现。第一个因素是卢旺达难民社区感到其原籍国体系的脆弱性。[①] 这说明了难民社区对拟议的在卢旺达爱国阵线下武装返回卢旺达的支持力度, 以及这些社区同意为其成功做出的牺牲。它解释了难民社区大力支持卢旺达爱国阵线提出的武装返回卢旺达建议, 以及这些社区同意为此建议的成功而做出牺牲。这种系统性的脆弱感产生于难民离开卢旺达时的暴力状况, 1963 年的大屠杀使这种状况变得更加严重; 这也是源于卢旺

---

① 这一概念首先被用来解释东亚发展中国家的出现。在这种情况下, 系统性脆弱感源自对政权生存的外部威胁和/或政治冲突, 这要求人们建立广泛的联盟, 以免下层阶级在得不到经济利益情况下, 加上严重缺乏资源, 地方叛乱有可能摧毁国家。Richard F. Doner, Bryan K. Ritchie, and Dan Slater, "Systemic Vulnerability and the Origins of Developmental States: Northeast and Southeast Asia in Comparative Perspective", *International Organization*, 59 (Spring 2005): 327 – 361.

达政府后来将图西族排除在卢旺达国内外合法的民族社区之外。

自 20 世纪 80 年代以来，区域各国收容难民的暴力和敌意不断蔓延，加剧了这种对卢旺达的脆弱情绪。秉承卢旺达爱国阵线创始人的精神，如果不改变国家的政治特性和一般生活水平，就难以想象在安全的条件下永久返回卢旺达，这一想法最终为许多难民所接受。1994 年 4 月爆发的种族灭绝事件使卢旺达爱国阵线成员和领导人重感体系脆弱感加强，增强了他们彻底改造国家的决心。

民族主义可作为第二个因素来解释卢旺达爱国阵线改革卢旺达的抱负，这是"前大卢旺达"的历史记忆的产物，也是最致力于回返事业的难民所保持的这一宏伟理想的永久化。这种历史记忆孕育了难民对个人和集体自我价值的追求，因为他们面临着严峻的流亡现实，并为保持卢旺达的文化特性而斗争。卢旺达的回归和随后的最终转变被认为是重新使用这种集体自我价值条件。

在卡加梅总统第二任期，他开始将追求集体自我价值理论化，并首先在年轻人中普及"尊严"（卢旺达语：Agaciro）的概念。

> Agaciro 即自我价值。对我们卢旺达人来说，我们从我们的历史，从我们 20 年前的历史悲剧中了解到这一点。我们能够充分理解自我价值的意义。因为，很长一段时间以来，我们从未拥有过自我价值。自我价值感被剥夺，教会我们并赋予我们它的全部意义。无论我们做什么，我们内心深处有一种自我价值感，那就是尊严，那就是 Agaciro。①

这种对集体自我价值的追求，帮助卢旺达爱国阵线成员能在返途中最黑暗的日子里去证明自己的韧性。因此，一些观察家对他们在种族灭绝后的重建热情感到震惊。②

---

① 卡加梅总统在卢旺达纪念日致辞，亚特兰大，佐治亚州，2014 年 9 月 20 日。

② JoséKagabo，"Après le génocide：notes de voyage"，*Les Temps Modernes*，No. 583，1995.

这一历史记忆中所固有的反殖民主义和泛非主义并不怨恨西方，但这一历史记忆解释了卢旺达爱国阵线领导人在国家重建中走自己的道路的愿望。这种记忆还强调了一些卢旺达爱国阵线领导人的敏感，关于卢旺达和非洲在世界上的地位，以及帮助他们摆脱不发达和依赖的必要性。

这种改革抱负也有代际层面。它代表着改革思想的后期复苏，这种思想独立后吸引了许多非洲精英。它最初也是由爱国阵线的政治乐观主义服务的，这种乐观主义来自唯物主义—决定论的意识形态，根据这种意识形态，如果改变社会结构——特别是经济条件——那么也可以改变人民及其机构。

在卡加梅总统领导下，卢旺达爱国阵线改革国家的抱负得以实现和扩大，卡加梅总统是重建进程的基石。在运动和国家发展的关键时刻，他坚持它们，重新制定它们，并推动它们向前发展。

种族灭绝后重建项目的自主性

1994 年夏天，卢旺达爱国阵线面临着非同寻常的巨大挑战和孤立。当通过意识形态角度对其受到的限制进行研究时，它所受到的制约因素使它走上了自主重建的道路。[①] 作为国际合法性、资金和技术手段的重要提供者，国际社会经常对这种自治行动边缘进行争论。

尽管如此，卢旺达爱国阵线反对国际社会提倡的政治自由重建想法，特别是当它的早期要求之一是同种族灭绝力量达成协议时。这种独立选择限制了国际社会影响力。阻止种族灭绝的暴力情况也使卢旺达爱国阵线成为长期反对该社会最激进的部分。[②]

然而，由于国际援助的重要性，重建进程的自主性并非绝对，国

---

① Jeremy M. Weinstein, "Autonomous Recovery and International Intervention in Comparative Perspective", Center for Global Development, Working Paper No. 57, Washington, D. C., April 2005.

② David Chandler, *Empire in Denial: The Politics of State-Building* (London: Pluto Press, 2006).

家从国际援助中得到财政捐助和技术援助。尽管如此,结束冲突和随后的重建过程主要是在卢旺达爱国阵线的条件下实现的。[1]

统一的军事胜利

1994 年 4 月至 7 月,种族灭绝本身的极端性质,以及临时政府拒绝为与卢旺达爱国阵线举行会谈而停止屠杀,使得通过谈判结束冲突变得极为困难。卢旺达爱国阵线在 1994 年 7 月取得决定性的军事胜利,使其得以巩固对国家的控制,并一致确定了冲突后的未来轮廓。[2]这种一致性受到重建进程初期内部分歧的威胁,最终对该运动产生了宣泄作用。无论是在 1992 年、1993 年还是 1994 年夏天,卢旺达爱国军都在非常不利的情况下成功超越了前卢旺达武装部队。之所以能够取得这一胜利,不仅因为战士们坚信正义,而且因为全世界支持他们的团体都坚信正义。

然而,对敌对者的开放也在对抗的最终结果中发挥非常重要的作用。卢旺达爱国阵线通过说服很大一部分以前的敌人和支持他们改变立场的公众来巩固自己的胜利。因此,战争的政治层面在实施卢旺达爱国阵线的全国一体化项目方面发挥了关键作用。温斯坦很好地解释了这一动态。

> 战争的后勤需求——随时间推移招募和留住单个的参与者——要求领导人制定出足以填补其队伍的动员战略。建立民族身份或至少是超种族身份通常是这项工作的重点,因为少数族群

---

① Danielle Beswick, "The Return of Omnibalancing? A Multi-Level Analysis of Strategies for Securing Agency in Postgenocide Rwanda", draft paper.

② Jeremy M. Weinstein, "Autonomous Recovery and International Intervention", pp. 12 – 13. 迄今为止,与国外谈判或强加程序相比,决定性的军事胜利,特别是叛乱集团取得的胜利,是最能建立持久和平的。Roy Licklider, "The Consequences of Negotiated Settlements in Civil Wars, 1945 – 1993", American Political Science Review, 89, No. 3 (September 1995): 681 –690. Monica Duffy Toft, "Peace Through Victory: The Durable Settlement of Civil Wars", unpublished manuscript, Harvard University, 2003. Monica Duffy Toft, *Securing the Peace: The Durable Settlement of Civil Wars* (Princeton: Princeton University Press, 2009).

的领导人试图为他们能争夺权力打下基础。[①]

建立稳定的、以发展为导向的政治秩序

国家的统一与新旧难民的回归、国家稳定和进行改革能力，以及雄心勃勃的项目需要参与的人，很大程度上标志着支持后者的重建过程中提出的卢旺达爱国阵线和它的盟友。

这种支持是一种艰难发展的结果，尽管存在压制相互竞争的政治建议，但仍使之成为可能。这些提议都带有种族灭绝性质，带有民主共和运动宗派色彩，或者是在 20 世纪 90 年代末由部分政治和军事领导层支持的新世袭。卢旺达爱国阵线通过促进包容性的民族认同感，改善人民的生活条件和相当公平的治理形式，将其思想强加于人，以捍卫普遍利益。同其他大多数发展中国家一样，在卢旺达，国家是获取资源的主要渠道，促进民族认同感和社会公平并不意味着没有可以优先获得国家权力及其资源的圈子。但是，我们目睹这些特权的局限性，这些圈子的组成有一定流动性，这维护了国家发展的优先地位。[②]

这些在非洲罕见的特征是解决集体行动问题的结果，在这个问题上，各事业单位"执行规则，限制搭便车，并激励参与者为他们的集体利益而行动"。[③]

2003 年宪法通过后，这种有时强制执行的合作动力受到许多压

---

① 温斯坦对这一推理给出以下解释，"战争的后勤需求——随时间推移招募和留住个人参与者——要求领导人制定一个足以填补其队伍的动员战略。建立民族身份，或至少是超种族身份，往往是这一努力的重点，因为少数族群的领袖试图建立一个基础，让他们能够争夺权力"。Weinstein, "Autonomous Recovery and International Intervention", pp. 12 – 13.

② David Booth et FréderickGolooba-Mutebi, "Developmental patrimonialism? The case of Rwanda", the Africa Power and Politics Working Paper series, Overseas Development Institute, Mars 2011. PritishBehuria et Tom Goodfellow, "The political settlement and 'deals environment'" in "Rwanda: Unpacking two decades of economic growth", Effective States and Inclusive Development Research Centre (ESID), Working Paper, n° 57, avril 2016.

③ 关于对卢旺达适用的"集体行动"概念分析，请参见 David Booth, "Development as a collective action problem: Addressing the real challenges of African governance", *Synthesis report of the Africa Power and Politics Programme*, London, Overseas Development Institute, October 2012.

力。西方舆论制造者——而不是他们的国家——不断推动卢旺达走上政治自由主义和对抗政治的道路。最后，还有一些经常性活动由主要身处国外的个人或团体执行。

许多卢旺达人对宗派或新世袭行为持怀疑态度，并担心这些行为可能造成破坏。然而，即使削弱宗派主义和新世袭主义交叉轴心，因为政治提案经常表现对政治自由化的渴望，因而它们还能吸引某些个人或群体。许多卢旺达人认为，由于卡加梅总统的领导，得以维持目前所实行的治理，这给各事业单位的稳固性蒙上一层阴影。在这一点上，他们与穆斯塔克一起捍卫政治对事业单位的首要地位，以解释发展型国家的成功治理。①

走向持续的转型过程？

尽管存在压力，种种迹象表明，仍有大部分人和精英人士希望维持国家目前的政治解决方案，这有利于在卢旺达爱国阵线领导下寻求共识而不是政治对抗。在不同地区，人们的印象仍是，国家转型还不够先进，还需要进一步稳定。接下来问题是前进的道路是什么，赞成延续现有政治轨迹还是选择改变，在这种情况下，选哪一个？在2015年12月的全民公投中，卢旺达人有机会表达自己对这一问题看法，98.3%的人投票赞成修改宪法，取消对总统卡加梅任期的限制。

这种连续选择基本从西方国家强烈的外部反对表现出来。许多批评人士希望看到卢旺达放弃对言论自由和结社自由的限制，这形成了"共识民主"，并采取更具竞争性的政治手段。然而，尽管重建进程受到各种限制，总的来说，卢旺达人受其个人历史熏陶，似乎对目前的国家发展比较满意，他们常常为自己国家在过去二十年中取得的意

---

① Mushtaq H. Khan, "Political Settlements and the Governance of Growth Enhancing Institutions", Research Paper Series on Governance for Growth, School of Oriental and African Studies, University of London, 2010. http://eprints.soas.ac.uk/9968/1/Political _ Settlements _ internet.pdf.

想不到的进步感到自豪。许多1990年成年的人在体系限制和这些进步之间建立因果关系。

从两个角度可以解释政权的自由主义批评家和许多卢旺达公民的观点分歧。第一个可以追溯到20世纪80年代末全球传播民主运动的开端。柏林墙倒塌后，鉴于在建立民主方面迅速取得进展，即使在那些尚未准备好采用民主的国家中，人们对民主化问题的看法也发生反转。国际自由主义核心思想成为主流，承载着吸引力和自由民主拯救力的观点。[①] 随着历史的发展，采用自由民主需有先决条件的观点变得过时。一个国家的历史渊源、政治和社会凝聚力水平、经济发展、制度的稳固性，在决定民主化成功前景方面，似乎都不重要。

与第一个角度相反，专家使用世界价值观调查数据解释说，后现代工业社会已达到繁荣和安全的水平，自我表达的价值观已占主导地位，促进民主本身就是目的。这些研究人员认为，尽管人们普遍渴望自由选择和自治，但当人们在成长过程中感到自己的物质生存没有保障时，这就不是首要任务。在这种情况下，对物质和经济安全的渴望要优先于民主。[②]

从这个角度看，种族灭绝后的卢旺达无疑是一个极端案例。因此，鉴于卢旺达最近的悲惨历史，卢旺达人很难摆脱其生活经历。年纪更大的人还记得1959年革命时的杀戮；1990年初期民主化期间混乱、暴力和不宽容的出现；当然，还有种族灭绝。

年轻的卢旺达人缺乏鲜明的对比，生活在卢旺达和难民营里的他们饱经种族灭绝后的痛苦。对于许多人来说，他们在国家发展的现实中面临着矛盾的争论，分区域国家的发展也有助于正确看待问题。美国之音用基尼亚卢旺达语播放区域信息，英国广播公司甚至从邻国、

---

① David Chandler, "Rhetoric without responsibility: the attraction of 'ethical' foreign policy", British Journal of Politics and International Relations, Vol. 5, n°3, août 2003, pp. 295 – 297. Thomas Carothers, "The End of the Transition Paradigm", *Journal of Democracy*, Vol. 13, n° 1, 2002, pp. 5 – 21.

② Ronald Inglehart, and Christian Welzel, "Changing mass priorities: The link between modernization and democracy", *Perspectives on Politics*, Vol. 8. 2, 2010, pp. 551 – 567.

社交网络、互联网以及跨境旅行，特别是当地旅行中播放，使许多卢旺达人了解次级区域的发展。布隆迪停滞不前的贫穷，以及陷入不安全和政治不稳定的局面，发挥了特别的启发作用。直到最近，这个国家还被认为是反卢旺达模式的国家，卢旺达以民主和后种族的方式摆脱了危机。

尽管国际社会做出巨大承诺，但北基伍（DRC）的长期混乱是另一个基准。乌干达和肯尼亚腐败的侵蚀性、自由放任的状态和与选举有关的政治紧张局势反复出现，也使人们能够更好地了解卢旺达的演变情况。即使是那些对卢旺达爱国阵线重建进程的说法或对卢旺达经常发表的国际排名持怀疑态度的人，在次级区域甚至非洲大陆背景下观察国家发展轨迹，似乎也暗中证实了这种说法。

自 1994 年以来，国家局势的正常化、大量新年龄群体的出现，这些一直贯穿着这个国家的历史，但他们并不是事件的直接主角，新的长期挑战的出现应该描绘出一种与今天明显不同的政治现实。如果在国家发展过程中政治凌驾于制度之上的观点得到证实，那么未来这个国家的转型进程是否是开放的，取决于当下的政治权力平衡。随之而来的问题是，当社会和政治现实明显不同于卢旺达爱国阵线赋予的改革精神时，新一代继续改革国家进程的灵感来源是什么？

人们可以想到这样一个事实来回应，即新兴的几代人已长期接触到这个国家的发展治理体系，因此可能已经将其内在化。在这方面，人们提到可以加强伊托雷罗公民教育方案，他们目的是向青年灌输受古代卢旺达启发的爱国主义价值观。人们指出还可以逐步改变监护制度，这种情况正在发生，国家中许多负责任的职位已被年轻人占据。自 2014 年以来，几乎所有在卢旺达爱国军和卢旺达武装部队中服役换岗的高级军官都将朝着这个方向发展。[①]

一项罕见的比较研究涉及五个主要为亚洲的发展中国家和四个经

---

① *The East African*, "Retiring military officers honoured", July 18 2014, AthanTashobya, "RDF retires over 800 officers", *The New Times*, 07 July 2018; Jean de la Croix Tabaro, "RPF Congress Elects New Executive Committee", *KTpress*, 16 December 2017.

济活跃的非洲国家，这些研究涉及持续的长期增长与政治继承之间的关系，这提供了有趣的见解。该研究旨在了解为什么一些国家在政治交接后能够保持长期强劲的经济增长（增长率为7%），从而深化其转型进程。[①]

三个条件似乎有利于成功的延续。第一，广泛支持市场和外国投资的一揽子政策，但包含国有工业和产业政策的元素。第二，中等水平的"系统漏洞"。第三，政策制定过程要嵌入具有共识决策传统的执政党，或者更少的是一个与政治领导层变动绝缘的强大官僚机构。"民主"制度并没有在政治交接后的高增长中发挥作用。该研究还指出其他促成因素，如领导人在继任时年龄不足75岁，种族结构单一，扎根于确定的前殖民政治形态国家以及有利的外部经济环境。

在种族灭绝后重建进程开始25年后，不可否认的是，卢旺达似乎将多数情况结合在一起，即使在种族间政治和谐程度方面需要谨慎。尽管国家目前的政治格局有利于转型进程的继续，但需要提出的问题是，这种以一个主导政党为中心的格局（可以说具有统一的野心），是否会抵御在继承时破坏前两个政权主导政党的分配紧张关系。

卢旺达社会目前的轨迹既无法预示未来，也无法减少新的挑战和更长期的挑战，例如与分配紧张关系有关的挑战或历史上棘手的政治竞争问题，但如果能保持其激进的实用主义和自动纠正的特质，国家的变革进程就有希望在发起变革的领导层中存活下来。

---

① Tim Kelsall, "Economic Growth and Political Succession: a study of two regions", the Developmental Regimes in Africa Project, Working Paper, Overseas Development Institute, January 2013.

缩略语

汉语名称	英语/法语全称	英语缩写	法语缩写
刚果民主力量解放联盟	Alliance des forces démocratiques pour la libération du Congo （Alliance of Democratic Forces for the Liberation of Congo）	ADFLC	
法新社	Agence France Presse	AFP	
卢旺达解放军	Armée pour la Libération du Rwanda （Army for the Liberation of Rwanda）	ALiR	
群众社会进步协会	Association pour la promotion sociale de la masse （Association for Social Promotion of the Masses）	APROSOMA	
共和国国防联盟	Coalition pour la défense de la République （Coalition for the Defence of the Republic）	CDR	
农作物集约化计划	Crop Intensification Program	CIP	
全国解放委员会	Conseil National de Libération	CNL	
民主党（乌干达）	Democratic Party（Uganda）	DP	
经济发展与减贫战略	Economic Development and Poverty Reduction Strategy	EDPRS	
家庭生活状况综合调查	EnquêteIntégrale sur les Conditions de Vie des Ménages （Integrated Household Living Conditions Survey）	EICV	
卢旺达武装部队	Forces arméesrwandaises （Rwandan Armed Forces）	FAR	

续表

汉语名称	英语/法语全称	英语缩写	法语缩写
国内生产总值	Gross Domestic Product ProduitIntérieur Brut	GDP	PIB
信息通信技术	Information communication technologies	ICT	
卢旺达问题国际刑事法庭	International Criminal Tribunal for Rwanda Tribunal pénal international pour le Rwanda	ICTR	TPIR
国际货币基金组织	International Monetary Fund Fonds monétaire international	IMF	FMI
和平研究与对话研究所	Institute of Research and Dialogue for Peace	IRDP	
民主共和运动	Mouvementdémocratiquerépublicain （Republican Democratic Movement）	MDR	
人民革命运动	Mouvement Populaire de la Révolution （Popular Movement for the Revolution）	MPR	
全国革命发展运动	Mouvementrévolutionnaire national pour le développement （National Revolutionary Movement for Development）	MRND	
全国民主与发展共和运动	Mouvementrépublicain national pour la démocratie et le développement （National Republican Movement for Democracy and Development）	MRNDD	
全国执行委员会	National Executive Committee	NEC	
全国抵抗军	National Resistance Army	NRA	
全国抵抗运动	National Resistance Movement	NRM	
国家统一与和解委员会	National Commission for Unity and Reconciliation	NURC	
非洲统一组织	Organisation of African Unity Organisation de l'unitéafricaine	OAU	OUA
胡图解放运动党	Parti du mouvement de l'émancipationhutu （Party of the Hutu Emancipation Movement）	Parmehutu	
基督教民主党	Partidémocrate-chrétien （Christian Democratic Party）	PDC	

汉语名称	英语/法语全称	英语缩写	法语缩写
自由党	Parti liberal （Liberal Party）	PL	
社会民主党	Parti social démocrate （Social Democratic Party）	PSD	
卢旺达民主联盟	Rassemblementdémocratiquerwandais （Rwandan Democratic Rally）	RADER	
卢旺达国家统一联盟	Rwandese Alliance for National Unity	RANU	
卢旺达国防军	Rwandan Defense Force	RDF	
卢旺达爱国军	Rwandan Patriotic Army （Armée patriotiquerwandaise）	RPA	
卢旺达爱国阵线	Rwandan Patriotic Front Front patriotiquerwandais	RPF	
卢旺达人民民主联盟	Union Démocratique du Peuple Rwandais （Democratic Union of the Rwandan People）	UDRP	
联合国卢旺达援助团	United Nations Assistance Mission for Rwanda Mission des Nations unies pour l'assistance au Rwanda	UNAMIR	
联合国难民事务高级专员办事处	Union nationalerwandaise （Rwandese National Union）	UNAR	
联合国开发计划署	United Nations Development Programme Programme des Nations Unies pour le développement	UNDP	PNUD
联合国难民事务高级专员	United Nations High Commissioner for Refugees Haut Commissariat des Nations Unies pour les réfugiés	UNHCR	HCR
联合国卢旺达人权实地行动	United Nations Human Rights Field Operation in Rwanda	UNHRFOR	—
联合国乌干达—卢旺达观察团	United Nations Observer Mission Uganda-Rwanda Mission d'Observation des Nations Uniesen Ouganda et au Rwanda	UNOMUR	MONUOR
乌干达人民代表大会	Uganda People's Congress	UPC	
世界发展指标	World Development Indicators	WDI	

参考文献

African Rights, *Insurgency in the Northwest*, London, African Rights, September 2008.

Aga Khan Sadruddin, "Rapport de la tournée des camps des réfugiésrwandais au Congo, Tanganyika, Uganda, Burundi et au Rwanda par le Prince Sadruddin Aga Khan", UNHCR, Additif au rapport du Haut commissaire des Nations unies pour les Réfugiés, Annexe II, 1963.

Ba Mehdi, "Rwanda: l'aventureambiguë de Victoire Ingabire", *Jeune Afrique*, 25 October 2015.

Behuria Pritish and Tom Goodfellow, "The political settlement and 'deals environment' in Rwanda: Unpacking two decades of economic growth", Effective States and Inclusive Development Research Centre (ESID), Working Paper, No. 57, April 2016.

Beswick Danielle, "The return of Omnibalancing? A multi-level analysis of strategies for securing agency in postgenocide Rwanda", Draft Paper, n. d.

Booth David et Fred Golooba-Mutebi, "Developmental patrimonialism? The case of Rwanda", *African Affairs*, Vol. 111, n°444, May 2012.

Booth David, "Development as a collective action problem: Addressing the real challenges of African governance", Synthesis report of the Africa Power and Politics Programme, Overseas Development Institute, October 2012.

Braeckman Colette, *Rwanda*, *Mille collines*, *milledouleurs*, Bruxelles,

272

Editions Nevicata, 2014.

Campioni Maddalena et Patrick Noack (eds.), *Rwanda Fast Forward*, Basingstoke, Palgrave Macmillan, 2012.

Carothers Thomas and Oren Samet-Marram, "The new global marketplace of political change", Carnegie Endowment for International Peace, Mars 2015.

Carothers Thomas, "The End of the Transition Paradigm", *Journal of Democracy*, Vol. 13, n°1, 2002.

Chandler David, "Rhetoric without responsibility: the attraction of 'ethical' foreign policy", *British Journal of Politics and International Relations*, Vol. 5, No. 3, August 2003.

Chemouni Benjamin, "Explaining the design of the Rwandan decentralization: elite vulnerability and the territorial repartition of power", *Journal of Eastern African Studies*, Vol. 8, n°2, mars 2014.

Collier Paul, Wars, Guns & Votes. Democracy in Dangerous Places, London, Vintage Books, 2010.

Collier Paul, *The Bottom Billion: Why the Poorest Countries are Failing and What Can Be Done About It.* Oxford: Oxford University Press, 2008.

Crawford Lee, "No, Rwanda didn't 'fiddle' its poverty stats", *The New Times*, 24 novembre 2015.

Des Forges Alison, *Leave None to Tell the Story*, New York, Washington, London, Brussels, Human Rights Watch, Paris, International Federation of Human Rights, 1999.

Doner Richard F., Bryan K. Ritchie et Dan Slater 'Systemic Vulnerability and the Origins of Developmental States: Northeast and Southeast Asia in Comparative Perspective', *International Organization*, Vol. 59, 2005.

Front patriotiquerwandais (FPR), Digital video disc (DVD) no. 103, 104, 105, 106, 107, "Réunion du Bureau politique élargi Kicukiro II", Archives du Secrétariat du FPR.

Front patriotiquerwandais（FPR），Rapports（1995 – 2000）．

Gasarasi Charles，"The Life of a Refugee Settlement：The Case of Muyenzi in Ngara district"，A research report for UNHCR. Dar es Salaam：University of Dar es Salaam，1976.

Goetz Nathalie H.，"Towards self sufficiency and integration：an historical evaluation of assistance programs for Rwandese refugees in Burundi，1962 – 1965"，UNHCR，New Issues in Refugee Research，Working Paper n° 87，mars 2003.

Gourevitch Philip et Paul Kagame，"After Genocide：A Conversation with Paul Kagame"，*Transition*，72，1996.

Guichaoua André，"Le problème des réfugiésrwandais et populations banyarwanda dans la région des Grands Lacs africains"，Genève，Haut Commissariat des Nations Unies pour les réfugiés，1992.

Helle-Valle Jo，"Banyaruanda in Uganda. Ethnic Identity，Refugee Status and Social Stigma"，Ph. D. Thesis，University of Oslo，1989.

Herbst Jeffrey et Greg Mills，"The Kigali consensus is a mirage"，The World Today，Vol. 70，n°3，Juin 2014.

Impuruza，Sacramento，California，numéros 12 à 17.

Inglehart Ronald，and Christian Welzel，"Changing mass priorities：The link between modernization and democracy"，Perspectives on Politics，Vol. 8. 2，2010.

Institut de recherche et dedialogue pour la paix（IRDP），"Les enjeux de la paix，vus par les rwandais，17 ans après le génocide"，Kigali，août 2011.

International Crisis Group，"Five years after the genocide in Rwanda：Justice in question"，ICG Report Rwanda n° 1，avril 1999.

International Crisis Group，"Consensual Democracy' in Postgenocide Rwanda：Evaluating the March 2001 District Elections"，ICG Africa Report，n°34，Nairobi and Brussels，October 2001.

International Crisis Group, "La fin de la transition au Rwanda: unelibération politique nécessaire", ICG Africa Report, n° 23, 13 janvier 2002.

JefMaton, "Développementéconomique et social au Rwanda entre 1980 et 1993. Le dixièmedécileen face de l'Apocalypse", Ghent, State University of Ghent, Faculty of Economics, Unit for Development Research and Teaching, 1994.

JefremovasVillia, "Loose Women, Virtuous Wives, and Timid Virgins: Gender and Control of Resources in Rwanda", Canadian Journal of African Studies/ Revue Canadienne des études Africaines, Vol. 25, n° 3, 1991.

Jordan Paul, "Witness to genocide. A personal account of the 1995 Kibeho massacre", http: //www. anzacday. org. au/history/peacekeeping/anecdotes/kibeho. html.

Journal of Eastern African Studies, "Rwanda under the RPF: Assessing Twenty years of post-conflict governance", Special Issue, Vol. 8, n° 2, 2014.

Kagabo José, "Après le génocide: notes de voyage", Les Temps Modernes, n° 583, juillet-août 1995.

Kagame Alexis, Un abrégé de l'Histoire du Rwanda de 1893 à 1972, Butare, Éditions Universitaires du Rwanda, 1975.

Khan Shaharyar, The Shallow Graves of Rwanda, I. B. Tauris, New York, 2001.

Khan Shaharyar, "Cable on the Gersony report", United Nations, 14 octobre1994. (www. rwandadocumentsproject. net/gsdl/collect/mil1 docs/index/assoc/HASHc166/6f755cde. dir/doc84106. PDF)

Kelsall Tim, "Economic Growth and Political Succession: a study of two regions", the Developmental Regimes in Africa Project, Working Paper, Overseas Development Institute, January 2013.

Kimonyo Jean-Paul, *Rwanda*, *un génocidepopulaire*, Paris, Karthala, 2008.

Kinzer Stephen, *A Thousand Hills: Rwanda's Rebirth and the Man Who Dreamed It*, New Jersey, John Wiley and Sons, 2008.

Kleine-Ahlbrandt Stephanie, "The Protection Gap in the International Protection of Internally Displaced Persons: the Case of Rwanda", InstitutUniversitaire des Hautes Études Internationales, working paper, mars 2004.

Kuperman Alan J., "Provoking genocide: a revised history of the Rwandan Patriotic Front", *Journal of Genocide Research*, Vol. 6, n°1, 2004.

Lefèvre Patrick et Jean-Noël Lefèvre, *Les Militairesbelges et le Rwanda* (1916 – 2006), Bruxelles, Éditions Racine, 2006.

Leftwich Adrian, States of Development. On the Primacy of Politics in Development, Cambridge, Polity Press, 2000.

Licklider Roy, "The Consequences of Negotiated Settlements in Civil Wars, 1945 – 1993", *American Political Science Review*, vol. 89, n° 3, septembre 1995.

Lipset, Seymour Martin. "Some Social Requisites of Democracy: Economic Development and Political Legitimacy", *American Political Science Review*, Vol. 53, No. 1 (Mar 1959).

Long, Katy, "Rwanda's first refugees: Tutsi exile and international response 1959 – 64", *Journal of Eastern African Studies*, Vol. 6, n° 2.

Malagardis Maria, "Les dix-huitansd' intoxicationd' uneenquêteensens unique", *Libération*, 12 janvier 2012.

Mamdani Mahmood, When Victims Become Killers: Colonialism, Nativism, and the Genocide in Rwanda, Princeton, Princeton University Press, 2001.

Mansfield Edward D. and Jack Snyder, *Electing to Fight: Why Emerging Democracies Go To War*, Cambridge, MIT Press, 2004.

Millwood David (ed.) "The International Response to Conflict and Genocide: Lessons from the Rwanda Experience, Joint Evaluation of Emergency Assistance to Rwanda", Study 2 to 4, mars 1996.

Morel Jacques, *La France au cœur du génocide des Tutsis*, Paris, Esprit Frappeur, 2010.

Mouvementdémocratiquerwandais (MDR), "Position du Parti MDR sur les grands problèmesactuels du Rwanda", Kigali, novembre 1994.

Mugesera Antoine, *Les conditions de vie des Tutsi au Rwanda de* 1959 *à* 1990. *Persécutions et masscresantérieurs au génocide de* 1990, Kigali et Miélian, Dialogue et Izuba, traduit du kinyarwanda, 2014.

Mushemeza Elijah Dickens, *The Politics and Empowerment of Banyarwanda Refugees in Uganda 1959 – 2001*, Kampala, Fountain Publishers, 2007.

Mushtaq Khan, H. , "Growth-enhancing Institutions and Governance Capabilities in Fragile Situations", World Bank Headline Seminar: Promoting Inclusive Growth and Employment in Fragile Situations, 2010.

Mushtaq Khan, H. , "Political Settlements and the Governance of Growth Enhancing Institutions", Research Paper Series on Governance for Growth, School of Oriental and African Studies, University of London, 2010.

Nations-Unies, Report of the Independent International Commission of Inquiry on the Events at Kibeho, Kigali, mai 1995.

NgayimpendaEvariste, *Histoire du conflit politico-ethniqueburundais. Les premières marches du calvaire* (1960 – 1973), Bujumbura, Éditions de la Renaissance, 2004.

NsengiyaremyeDismas, "La transition démocratique au Rwanda (1989 – 1993)", in *Les crises politiques auRwanda et au Burundi* (1993 – 1994), André Guichaoua (dir.), Paris, Karthala, 1995.

Ntezimana Emmanuel, "Histoire, culture et conscience nationale: le cas du Rwanda des origines à 1900", *Études rwandaises*, Vol. 1, n° 4, 1987.

Odom Thomas P. , "Guerrillas From the Midst: A Defense Attaché Watches the Rwandan Patriotic FrontTransform from Insurgent to Counter Insurgent", *Small Wars Journal*, Vol. 5, Juillet 2000.

Organisation de l'UnitéAfricaine (OUA), "Rapport sur le génocide au Rwanda", mai 2000.

Orth Richard, "Rwanda's Hutu's Extremist Insurgency: An Eyewitness", *Macmillan Center GenocideStudies*, n° 25.

Policy Refugee Group, "Older Refugee Settlements in Africa Final Report", Washington DC, November 1985.

Porter Michael et Michael Mccreless, "Rwanda: National Economic Transformation", Havard BusinessSchool, February 2011.

Prunier Gérard, *Africa's World War: Congo, the Rwandan Genocide, and the Making of a ContinentalCatastrophe*, New-York, Oxford University Press, 2009.

Prunier Gérard, "Éléments pour unehistoire du Front patriotiquerwandais", Politique africaine, no51, octobre1993.

Reed, William Cyrus, "Exile, Reform, and the Rise of the Rwandan Patriotic Front", *Journal of Modern African Studies 34*, No. 3, 1996.

Republic of Rwanda, Ministry of Justice, "A Legal analysis of Rwanda's 2008 ideology of genocide law andits application", a study commissioned by the Ministry of Justice, November 2009.

Republic of Rwanda, Ministry of Justice, "Genocide Ideology Law Report", September 2010.

Republic of Rwanda, National Institute of Statistics of Rwanda (NISR) "Labour Force Survey 2016 (Pilot Report)", juin 2016.

Republic of Rwanda, National Unity and Reconciliation Commission, "Assessment of the 2010 Rwanda Reconciliation Barometer's Findings", Kigali, juillet 2013.

Republic of Rwanda, Office of the President, "Report on the reflection meetings held in the Office of thePresident of the Republic from May 1998 to March 1999", detailed report.

République du Rwanda, Chambre des députés, "Rapport de la commission spéciale sur l'idéologie dugénocide dans les écoles", traduit du kinyarwanda, décembre 2007.

République du Rwanda, Chambre des Députés, "Rapport de la Commission Parlementaire*ad hoc* crééendate du 20 janvier 2004 par le Parlement, la Chambre des députés, chargéed'examiner les tueriesperpétréesdans la province de Gikongoro, l'idéologiegénocidaire et ceux qui la propagentpartout au Rwanda", traduitdu kinyarwanda, juin 2004.

République du Rwanda, Courd' Appel de Paris, "Rapport d'expertise".

République du Rwanda, Ministère de l' Administration locale et des Affaires Sociales, Direction de laPlanification, "Dénombrement des victimes du génocide", Kigali, mars 2001.

Républiquerwandaise, "MRND, Position du comité central du MRND face au problème des réfugiésrwandais", juillet 1986.

Reyntjens Filip, "Subjects of Concern: Rwanda, October 1994", *Issue: A Journal of Opinion*, Vol. 13, n° 2, Rwanda, 1995.

Reyntjens Filip, "Évolution du Rwanda et du Burundi, (de 1998 – 1999 à 2004 – 2005)", *L' Afrique des GrandsLacs. Annuaire* (numéros de 1998 – 1999 à 2004 – 2005), L' Harmattan.

Reyntjens Filip, 'Elite Ambitions: Engineering a New Rwanda and New Rwandans', in Cristiana Panella (ed.), *Lives in Motion, Indeed: Interdisciplinary Perspectives on Social Change in Honour of Danielle de Lame*, Tervuren: Royal Museum for Central Africa, 2012.

Royaume de Belgique, Sénat de Belgique, "Rapport de la Commission d' Enquête Parlementaireconcernant les événements au Rwanda", 1997.

Rukatsi Hakiza Boniface, *L'intégration des immigrés au Zaïre. Le cas des personnesoriginaires du Rwanda*, Kinshasa, Éditions État et Société, 2004.

Rurangwa Jean-Marie Vianney, *Un Rwandais sur les routes de l'exil*, Paris, L' Harmattan, 2005.

Rusagara Franck K. , "Unconventional Challenges and Nontraditional Roles for Armed Forces: The Case for Rwanda", *PRISM*, Special Feature, Vol. 3, n°1, décembre 2011.

Rusagara Frank K. , *Resilience of a Nation. A history of the Military in Rwanda*, Kigali, Fountain Publishers, 2009.

Rutayisire Paul, Privat Rutazibwa et Augustin Gatera, *Rwanda: La Renaissance d'une Nation*, Butare, Éditions de l' Université du Rwanda, 2012.

Rwanda, Conseil supérieur du Pays, "Mise au point", dixième session du 16 au 22 Février 1957.

Rwigamba Mu BinaniSilis, "Mémoires de la région des Grands Lacs", sans éditeur, 1998.

Smith Zeric Kay, Timothy Longman et Jean-Paul Kimonyo, *Rwanda Democracy and GovernanceAssessment*, Managements Systems International for USAID Office of Democracy and Governance, WashingtonDC, novembre 2002.

Sparrow John, "Under the Volcanoes: Special Focus on the Rwandan Refugee Crisis", *World Disasters Report*, special focus, 1994.

Stein Barry N. et Lance Clark "Refugee Integration and Older Refugee Settlements in Africa", *Refugee Policy Group Paper*, November 1990.

Straus Scott and Lars Waldorf (eds.), *Remaking Rwanda: State Building and Human Rights after Mass Violence*, Madison, University of Wisconsin Press, 2011.

Tegera Aloys, " Les Banyarwanda au Nord-Kivu (RDC) au XXe siècle. Analysehistorique et socio-politique d'un groupetransfrontalier (1885 – 2006)", thèse de doctoratenhistoire, Université Paris 1 PanthéonSorbonne, juin 2009.

Thibon Christian, "Lesévénements de novembre-décembre 1991 au Burundi", *Politique africaine*, n° 45, mars 1992.

Toft Monica Duffy, "Peace Through Victory: The Durable Settlement of Civil Wars", Unpublished Manuscript, Harvard University, 2003.

United Nations High Commission for Refugees (UNHCR), "The State of The World's Refugees 2000: Fifty Years of Humanitarian Action", Geneva, January 2000.

Verpoorten Marijke, "Growth, Poverty and Inequality in Rwanda: A Broad Perspective", United Nations University UNU-WIDER, September 2013.

Verpoorten Marijke, "The Death Toll of the Rwandan Genocide: A Detailed Analysis for Gikongoro Province", *Population*, Institut National d'EtudesDémographiques, 2005/4.

Watson Catherine, "Exile from Rwanda. Background to an Invasion", The US Committee for Refugees, Issue paper, février 1991.

Weinstein Jeremy M. "Autonomous Recovery and International Intervention in Comparative Perspective", Center for Global Development, Working Paper n°57, avril 2005.

Yeld Rachel, "Implications of Experience with Refugees Settlement", Kampala, Makerere University, EAISR Conference paper.

Young, Crawford. "Nationalism, Ethnicity, and Class in Africa: A Retrospective", *Cahiers d'étudesafricaines* 26, No. 103 (1986).

致　　谢

感谢已故译者夏尔·埃金对本书所做的贡献。感谢所有帮助我写作此书的人。感谢我的孩子丘萨、凯沙和南济以及所有给我提供帮助的朋友们。

我仅撰写了本书的内容。

译者后记

严复先生有言："译事三难：信、达、雅。求其信，已大难矣！顾信矣不达，虽译犹不译也……"也就是说，翻译既要做到忠实于原作，又要让读者读起来顺畅，还要让译文在修辞文体上得体，三者兼顾对译者来说是很难的事情。完全忠实于原作就很难做到，即便能做到这一点，如果读者读起来"佶屈聱牙"，则译了和没译效果就一个样了。严复先生的思想不仅是中国传统译论精华的一个重要部分，同时对于翻译实践也有很好的指导作用。翻译是个良心活儿，一方面要忠实传达原作内容和原作者的意图，另一方面则要考虑目标语读者的接受，无论偏向哪一方，都不会生成理想的译作，学术著作翻译更是如此。学术著作从文本功能上更注重其信息性，即文本所要传达信息的客观性和真值。在此基础上，译者还须进一步考虑目标语中同类文本的行文习惯和目标语读者对此类文本的期待与接受。

《卢旺达转型：重建之路的挑战》（*Transforming Rwanda：Challenges on the Road to Reconstruction*）是关于卢旺达种族灭绝后重建进程的一部社科学术著作，原著作者让 - 保罗·基莫尼奥（Jean-Paul Kimonyo）是在加拿大长大的卢旺达难民后裔，曾担任卢旺达总统保罗·卡加梅（Paul Kagame）的顾问、总统府战略策划小组组长，现任非洲大湖区国际会议组织（ICGLR）机构利维·姆瓦那瓦萨民主与善治中心区域主任（Regional Director at Levy Mwanawasa Centre for Democracy and Good Governance）。基莫尼奥曾于加拿大魁北克大学获得政治学博士学位，除本书外，还曾出版过专著 *Rwanda's Popular Geno-*

cide：A Perfect Storm（《卢旺达种族灭绝：一场完美风暴》），两本专著均曾以法文出版。《卢旺达转型：重建之路的挑战》英文版译者夏尔·埃金（Charles Akin）是一位资深自由职业译员，汉译本译自埃金的英译本。

《卢旺达转型：重建之路的挑战》一书的翻译工作是中国非洲研究院委托西安外国语大学"非洲社科经典丛书翻译"项目的一部分，翻译过程中得到中国非洲研究院、西安外国语大学校领导和非洲研究中心的大力支持。译稿全文约19.25万字，由我作为该翻译项目的负责人和我的6位博士生共同完成，主要由博士生同学翻译初稿，最后由我统一校译、定稿。这六位博士生分别是：邱君（2019级）、宋洁（2019级）、许崇钰（2018级）、宋义国（2018级）、冯晓霞（2018级）、石欣玉（2017级），每人分别承担约3.2万字的翻译工作量，同学们为此项目付出了大量时间和辛苦，在此表示衷心感谢！翻译过程中我们查阅了大量相关资料，并进行多轮多次讨论，反复修改，力争做到整体上术语、专名统一，信息准确无误，语言通顺流畅，且具有社科著作的学术性和通俗性。这里，要衷心感谢中国社会科学出版社的编辑朱亚琪老师，朱老师在本书的后期校对中与我多次反复沟通，付出了大量时间和精力，为本书的出版把好质量关。

最后需要说明的是，由于个人能力，译作难免还是会存在一些不足与谬误，此类问题责任在我，烦请各位读者多多批评指正。

黄立波

2023 年 2 月于西外